JN281880

グローバル化と平等雇用

筒井　清子
山岡　熙子　編

学文社

はじめに

　21世紀は女性の時代だともいわれ，国による格差はあるにせよ政治・経済分野での女性の活躍もかなり定着する方向にある．そうした中で日本での女性の位置づけは今ひとつ遅れていることが国際社会からも指摘されている．20世紀後半，日本でも女性の職場進出は進み，総務省労働力調査によれば，雇用労働者総数に占める女性の比率は平成13年についての統計では40.4％に達している．しかし，その多くはパートタイムや派遣労働などの非正規労働者であるなど，計画管理分野で男性と同格の権限と条件をもつ女性の数は，きわめて少ない．しかも，たとえその地位を得たとしてもその発言力は，一般に男性より低く，トップに達した数少ない女性も多くの場合，R. カンターのいう (Rosabeth M. Kanter, *Men and Women of the Corporation*, 1977)「トークン」("token" すなわち「象徴」) に過ぎない．女性の参画で世界は，社会はどう変わるであろうか？　産業界のあり方は，政界のあり方と同様に社会の進路をリードするものであろう．私たちは性別役割分業を解消して男女が公正・平等に意思決定に参画できるシステムが定着すれば社会の流れは変わると信じている．しかし日本ではまだまだ現実には女性の存在や発言，積極的活動が保障される条件にはない．さまざまな意味でのグローバリゼーションのもと，また日本の少子高齢化の進展の中で，女性ないしジェンダーの視点の組み入れは現実にますます必要になってきているといえよう．社会には能力と意欲をもつパワフルな女性がかなり出番を待っている．

　最近は日本の経営・労働関係の学会でも女性会員が次第に増えてきた．しかし現実にはこれらの学会はまだまだ男性主導で女性の積極的発言や活動が重視される条件にはない．そのような情況下で本書の編集を計画した目的には概ね2つがある．第1に，数的には増加傾向にあるのに，男性同様にはチャンスを

得にくい経営・労務関係の女性研究者が執筆の機会を享有し，その見解を公表すること，第2は，執筆を通して，女性の発想や見解の特徴を打ち出し，女性の視点による経営方法を提示し，女性の参画で産業界と生活方法，社会の流れはどのように変わりうるかの可能性を模索する行動を動機づけ，強化することである．本書の重要な目的のひとつは，女性の目による労働生活，経営管理研究についての私たちの実績を明らかにしつつ，いわれなきガラスの天井を少しでも低く薄くすることにもある．しかもそのことが長期の展望では企業経営の発展にとってもその国際化にとってもけっしてマイナスではないと考えている．

今回，本書執筆のために集まった女性研究者たちは，執筆に当たって，「女性の地位向上」あるいは「男女共同参画」という現在の世界および日本政府の政策の基本を踏まえるが，「地位向上」や「参画」の用語で共通に考えることは，単に女性のみを対象としているということではない．この用語は混沌とした社会諸問題の解決に女性に代表される（代表というのは女性は人類の半数を占めるという意味）多様なマイノリティ（弱小集団）の多様な価値観をどう組み入れるかといった意味を包摂するのである．諸々の社会集団がマイノリティである以上，それらの視点は多分にNGO的ジェンダーとダイバーシティ（多様な異文化価値観）の視点であろう．また生活や人権・公正の立場を長期の視野に組み入れることにより，短期的で現時点のミクロな立場より，持続可能なトータルなマクロ世界を前提とすることとなろう．読者の方々には一旦現状をよしとする潜在思考から離れて，本書の独自性を捉え，考えていただけることを期待したい．

なお，性別役割分業解消を目指す時代に，「女性の視点」などというのは矛盾とも受け止められるかもしれない．しかし，それは過去の生活そして今もなおかなり残留する生活文化の違いによるものであり，調整的なものである．基本的には性差，人種差，年齢差などによる差別化より，個々人による能力・性格差を第一義的に重視する制度が大原則だというべきであろう．

本書の編集に当たり，執筆上の共通基盤とした点は次の4点である．

1．性別役割分業解消ないしマイノリティの視点の導入を前提として，各執筆者が考える政策特徴の明示
2．国際比較的観点の考慮
3．人間性重視の生活と労働のバランス
4．長期的展望に立ったグローバリゼーションと企業の社会的責任の見解

　各々の執筆者は，これらのポイントを踏まえながら男女共同参画とグローバル・フェアネスに向かう経営・労務論を，やや経営社会学的になる場合もあるが，各自の専門分野について論述することになる．なお各執筆者の独自見解により，11人の執筆者の執筆内容の間には多少とも見解の相違が存在することとなるかもしれない．しかしこの点については調整は行わず，各自の立場で主張を明らかにすることとした．とはいえ，関東，関西，はては北海道と執筆者の活躍の場は散在しているにもかかわらず，何回かの研究懇談の機会および，交流をもちながら，相互理解を深めつつ執筆に臨んだものであることを付記しておきたい．
　なお，本書の構成は，前半にいくつかの外国の事例を取り上げ，後半では主として日本での諸問題を配置することとした．

　編著者の筒井と山岡はかつては経営学・労務管理分野の数少ない女性研究者であった．古くから「この分野の研究また関係学会の運営や活動に女性の視点を」と頑張ってきたが，最近は，多少とも増加傾向となってきた女性研究者が交流の機会をもち，その諸見解を組織化に向けて，纏めて公刊できればと内心の思案を話合っていた．今回，㈱学文社のご厚意を得て，また10人に及ぶ同志の参加を得て，本書の出版を実現できる運びとなったことを執筆者とともに喜んでいる．
　研究者，学生，経営管理者また市民団体の方々など多数の方々にご購読，ご活用いただき，また，発展的ご助言もいただけることを心から願っている．
　最後になったが，本書が11人という多数の執筆者によって，完成に至るま

でには，学文社代表取締役社長の田中千津子様をはじめ同社のスタッフの方々から，細やかなご配慮をいただき，大変お世話になった．執筆者一同を代表して厚く御礼を申し上げたい．

 2003年2月1日

筒　井　清　子
山　岡　煕　子

目　次

はじめに …………………………………………………………………… i

序　章　男女共同参画への世界の動きとその意味
第1節　世界女性行動の発展と国際基準 ………………………………… 2
　1　女性の参画の国際的潮流の発端と歴史的経過 ……………………… 2
　2　世界女性行動の性格の変化 …………………………………………… 4
　3　世界女性行動計画・女子差別撤廃条約と国際労働基準 …………… 5
第2節　男女共同参画とは何か …………………………………………… 7
　1　女性の地位向上から男女共同参画へ ………………………………… 7
　2　「男女共同参画」の意味と本質 ……………………………………… 8
　3　雇用平等と家族的責任 ………………………………………………… 10
第3節　日本の男女共同参画政策と最近の労働諸問題 ………………… 11
　1　男女雇用平等の法制化と男女共同参画社会基本法，男女共同参画
　　　基本計画 ……………………………………………………………… 11
　2　規制緩和の推進と女性労働 …………………………………………… 14
　3　家庭・仕事・社会生活への男女共同参画 …………………………… 16

第1章　ダイバーシティ・マネジメント
第1節　ダイバーシティ・マネジメントの定義と概念枠組み ………… 20
第2節　IBMにみる多様な能力を活かす雇用の方針と実態 …………… 22
　1　ダイバーシティ・マネジメント担当役員が語るIBMの取り組み … 22
　2　日本IBMにおける女性の活用の取り組み …………………………… 24
第3節　多様性を活かす企業の事例と指針としてのマインドウェアの
　　　　提言 …………………………………………………………………… 28
　1　多様な人材を活かす戦略としてのダイバーシティ・マネジメント … 28

2　ダイバーシティ・マネジメントの事例 ……………………………29
　　3　多様性を活かすマインドウェア ……………………………………31

第2章　ドイツの女性雇用の現状と男女雇用平等政策の展開
　第1節　女性雇用の現状と社会的条件 ……………………………………36
　　1　女性の就業状況 ………………………………………………………36
　　2　女性の就業形態 ………………………………………………………37
　　3　女性の労働条件 ………………………………………………………38
　　4　保育施設の現状 ………………………………………………………38
　第2節　女性雇用をめぐる法制度 …………………………………………39
　　1　雇用機会均等法制 ……………………………………………………39
　　2　ポジティブ・アクション ……………………………………………40
　　3　職業と家庭の両立支援策 ……………………………………………45
　第3節　ドイツの男女雇用平等政策からの示唆 …………………………47
　　1　モデルとしての公務部門 ……………………………………………47
　　2　人事手続きの透明化 …………………………………………………49
　　3　差別されないパートタイム労働の可能性 …………………………50

第3章　日本とチュニジアにおける女性労働の比較研究
　　　　　── 女性労働者と教育 ──
　第1節　チュニジアの女性と教育 …………………………………………54
　　1　チュニジアの教育システムの概論 …………………………………54
　　2　学術分野におけるチュニジアの女子学生の分布 …………………55
　第2節　日本とチュニジアにおける女性労働者の叙述 …………………57
　　1　年齢階級別労働力率 …………………………………………………57
　　2　教育による女性労働者の叙述 ………………………………………60
　　3　大学卒の女性労働者 …………………………………………………63
　第3節　雇用に向けた日本人とチュニジア人の女性労働者の姿勢と意識…67

	1	日本人女性の労働観	67
	2	チュニジア人女性の労働観	69
	3	日本人とチュニジア人の女性労働者の異なる姿勢と意識	70

第4章　韓国における「男女雇用平等法」の14年目の現状と課題

第1節　「男女雇用平等法」施行14年の到達点 …………………74
　1　「男女雇用平等法」・「男女差別禁止法」の成立 …………74
　2　男女雇用平等の現状 …………………………………………75
第2節　男女雇用平等法と母性保護の現状 …………………………78
　1　育児休職制度の現状 …………………………………………78
　2　保育施設の設置状況 …………………………………………79
第3節　IMF経済危機と男女雇用平等法の実効性 …………………81
　1　IMF経済危機と雇用平等問題 ………………………………81
　2　男女雇用平等法と女性の権利意識 …………………………82
　3　雇用平等の実現に向けて ……………………………………85

第5章　グラス・シーリングと女性上級経営者
── 米国の事例を中心にして ──

第1節　1980年代の女性管理者，経営者とグラス・シーリング ………90
　1　1980年代の女性労働 …………………………………………90
　2　女性上級経営者の昇進を妨げる障害 ………………………91
　3　上級経営者になれた成功の鍵 ………………………………92
　4　将来の展望 ……………………………………………………93
第2節　1991年公民権法第2編グラス・シーリング法 ……………94
　1　グラス・シーリング法制定の意義 …………………………94
　2　グラス・シーリング委員会 …………………………………95
　3　上級経営者の多様性と優秀性に対する国家賞 ……………96
　4　グラス・シーリング委員会報告書 …………………………97

第3節　米国における女性経営者の現状 ……………………99
　1　企業における上級女性経営者 ……………………99
　2　女性企業経営者 ……………………102
第4節　日本におけるグラス・シーリングに関する若干の考察 ………102
　1　日本における女性管理者，経営者の現状 ……………………102
　2　積極的改善措置（ポジティブ・アクション）とコンプライアンス（法令遵守） ……………………103

第6章　女性ホワイトカラーの昇進と管理職の増加

第1節　日本企業における女性管理職 ……………………108
　1　女性の管理職の現状と問題点 ……………………108
　2　日本型雇用慣行と均等法 ……………………109
　3　管理職への道 ……………………111
第2節　女性は管理職登用の対象となっているのか ……………………113
　1　女性は景気の調整弁か？ ……………………113
　2　女性総合職・基幹職のキャリア形成 ……………………117
第3節　女性の昇進と就業継続にむけて ……………………122
　1　企業と従業員の新たな関係の構築 ……………………123
　2　育児サポート制度 ……………………125

第7章　女性のキャリア形成と職場ストレス

第1節　女性のキャリア形成 ……………………130
　1　働く女性の状況 ……………………130
　2　キャリア・パターン ……………………131
　3　性別役割分業観とキャリア形成 ……………………133
　4　キャリア形成の特徴 ……………………134
　5　キャリア形成における課題 ……………………135
第2節　職場ストレス ……………………138

1	職場におけるストレス	138
2	ソーシャル・サポート	141
3	労働環境の整備	142

第3節　メンタリング ……………………………………………143
 1　メンタリングの働き …………………………………………143
 2　制度的なメンタリング ………………………………………145
 3　キャリア形成を促進するメンター …………………………146
第4節　まとめ ―― 女性のキャリア形成を促進するために ―― ……147

第8章　テレワークと女性労働の可能性

第1節　情報化社会における就労形態・就業形態の多様化 ……152
 1　情報化社会と女性労働力の増大 ……………………………152
 2　情報化社会と就労形態・就業形態の多様化 ………………153
 3　就労形態・就業形態の多様化と女性労働との相互関係 …154
 4　テレワークの類型（在宅勤務・SOHO・在宅ワーク）……155
第2節　在宅勤務 …………………………………………………155
 1　在宅勤務の実態と女性労働 …………………………………155
 2　在宅勤務の実例 ………………………………………………159
 3　在宅勤務と男女共同参画 ……………………………………161
第3節　SOHOと在宅ワーク ……………………………………163
 1　男性のSOHOと女性の在宅ワーク …………………………163
 2　「ネットオフィス（チームSOHO)」における試み ………166
 3　SOHO・在宅ワークと女性労働 ……………………………168

第9章　企業による育児支援の有効性

第1節　女性の就労継続と育児支援 ……………………………172
 1　育児支援の必要性 ……………………………………………172
 2　女性就労と育児支援の現状 …………………………………173

第2節　企業内保育所とその事例 …………………………………174
　　1　企業内保育施設への取り組み …………………………………174
　　2　アメリカの企業内保育所 —— パタゴニアの事例 —— ………177
　　2　日本の企業内保育所 —— エトワール海渡の事例 —— ………179
　第3節　育児支援の課題と展望 ……………………………………182
　　1　企業内保育所の効果と課題 ……………………………………182
　　2　育児休業にみる現状 ……………………………………………183
　　3　育児支援の展望 …………………………………………………186

第10章　アンペイド・ワークと主婦の労働

　第1節　アンペイド・ワーク概念と家事労働 ……………………190
　　1　グローバル経済とアンペイド・ワーク概念 …………………190
　　2　経済活動概念の拡大とインフォーマル・セクターの認知 …190
　　3　賃労働の残余部分と主婦 ………………………………………192
　第2節　主婦の確立と労働量の増減 ………………………………193
　　1　世帯経済の工業化と「家事労働」の成立 ……………………193
　　2　家事労働の担い手 ………………………………………………195
　　3　ケアワークをめぐる関係性と主婦労働の管理的要素 ………198
　第3節　市場経済と主婦のアンペイド・ワーク …………………199
　　1　生活水準と快適さ ………………………………………………199
　　2　世帯経済の集合体としての市場 ………………………………201
　　3　日本の社会政策と主婦の労働の評価 …………………………202

第11章　持続可能な経営社会のためのワークシェアリングと平等処遇

　第1節　ワークシェアリング政策のアイディアとその論点 ……208
　　1　ワークシェアリングの発端と定義 ……………………………208
　　2　ヨーロッパ諸国における多様なアプローチとEU的グローバリ

　　　　　　　　　　　　　　　　　　　　　　　　目　次　xi

　　　　ズム ………………………………………………………209
　　3　ワークシェアリングとジョブシェアリング …………………211
第2節　日本における雇用制度の変革と男女共同参画の視点 ………212
　　1　日本的雇用慣行の変化と雇用の多様化・非正規化 ……………212
　　2　日本的ワークシェアリングと男女雇用者たち ………………214
　　3　日本の社会の革新と女性・マイノリティの参画の条件整備 ……216
第3節　オランダモデルの特徴と国際的モデル性 ……………………217
　　1　オランダモデルと革新的パートタイム労働制度 ………………217
　　2　コンビネーション・シナリオとアンペイド・ワーク …………219
　　3　新しいワークシェアリング概念と残された問題 ………………220

索　引 …………………………………………………………………223

序章

男女共同参画への世界の動きとその意味

　この序章は各章での執筆の基盤となる世界の状況と考え方について枠組みを示すことを主要な目的とする．本書は女性の経営労働問題を中心に世界の動向とあり方を論述しようとするものであるが，そこで執筆者一同が目指したい目標は，当面は男女平等雇用の確立であるが，より大局的には「家庭ないし諸個人の生活と組織的効率追求の職場生活とのバランスのとれた関係」および「地球レベルで未来へと発展する公正と安心の社会システム」の形成を企業経営との関係で検討することである．この方法的基盤として注目したいのが，今国際社会で発展しつつある「女子差別撤廃」と「男女共同参画」，その実現のための暫定措置としての「ポジティブ・アクション」である．

　この章では先ず女性の地位向上の世界的取り組みが，第2次世界大戦終了後の国連の設立過程で始められ，20世紀の第4四半期に国連で採取された女子差別撤廃条約と世界女性会議を核とする女性行動の中で発展させられたことを認識したい．続いてその動向の中で女性会議では単に政府代表の政策会議ではなく，多数の世界市民が関心を持ち参加する形が育成された．「男女共同参画」は間もなく女性を超える諸々のマイノリティの多様な価値観を政策決定へ参入させる方法によって「社会の流れを変える」という意味を包摂するものとなった．進行するグローバル化の要求と「男女共同参画」の調和は可能か，平等雇用が遅れているといわれる日本での男女共同参画政策の概況についても提示することとした．

第1節　世界女性行動の発展と国際基準

1　女性の参画の国際的潮流の発端と歴史的経過

①　女性の平等参画への世界の動きは，国際連合設立時から始まる

「ジェンダー・フリー」あるいは「男女共同参画」は，いま国際的に広く通用する理念として定着しつつある．この言葉は「女性の地位向上」とは別の意味を持つようでもあるが，やはり女性の地位向上に深く根ざしたものだと受け止めるべきであろう（後述）．本書のテーマとする雇用における平等また職場・家庭・社会の生活の公正かつバランスのとれた分かち合いも 20 世紀の第 4 四半期に国連を中心として展開されてきた世界女性行動の成果を抜きにして考えることはできない．

現在世界を挙げて推進されている女性参画行動の発端は，第 2 次世界大戦後，国際連合（以下，「国連」と略記）が設立された時に遡る．国連設立の企画者たちは，原子爆弾まで投下された悲惨な戦争が 2 度とこの地球上であってはならない，そのためには，世界の人口の半分を占めているのに，従来，社会的政策決定の場に殆ど組み入れられることがなかった女性たちを参加させ，人類の能力を結集して新しい世界を作っていくことが必要だと考えたといわれる．その結果，国連が設立した翌年の 1946 年には国連の下部機関，経済社会理事会に「女性の地位委員会」（当初は「婦人の地位委員会」と呼んでいた）が設置された．以後，世界の女性の地位に関する諸問題，諸政策はこの機関によって推進されている．

②　世界女性行動に弾みをつけたのは 1975 年の国際婦人年

ところでこのようにして始められた女性の地位向上と参画の政策の飛躍的推進に弾みをつけたのは 1975 年の国際婦人年であった．この年，「平等・発展・平和」をスローガンに，メキシコ・シティで開催された「世界女性会議」では，「世界女性行動計画」を採択したほか，1976 年から 1985 年までを「国連女性の 10 年」とし，その中間年である 1980 年には各国代表が自国に持ち帰った世

界女性行動計画がどの程度，どのように進捗しているかを点検するために，再び世界会議を開くことが申し合わされた．それが1980年にデンマークのコペンハーゲンで開催された国連女性の10年中間年会議である．

③ NGOフォーラムの同時開催

ところでこの国際年の世界会議の注目すべき顕著な特徴は，これがいわゆる政府代表による政府間会議（Conference of United Nations：以下，「UN会議」と呼ぶ）のみでなく，多数の自発的民間人（その際は大部分が女性）が集い，多様な問題を語り合う「NGOフォーラム」と並行して同時開催されたことである．この民間会議はその後の世界女性会議においても毎回開催され，東西の壁も南北のギャップも乗り越えて，世界の女性のネットワーク形成を促進し，女性会議と女性の行動を活気づけている．とりわけNGOとして参加した各国の女性ジャーナリストやカメラマンの自主的組織は，会期中，土日を除く毎日，UN会議の情況をも含めて新聞の編集に当たり，「フォーラム新聞」までも発行されていることなども驚くべきことである．この新聞は，会期中の参加者たちのコミュニケーションに役立つばかりでなく，事後にまで残り，活用されうる最高の部類の資料になっているということができよう．

④ 女性の国際的ネットワーク活動は今も続いている

女性行動は「国連女性の10年」が終わった1985年以後も引き続き定期的に世界会議をもちながら，いまもなお続けられている．現在までに開催された国連女性会議と採択文書は次頁の表序―1に示すとおりである．

回を重ねる世界女性会議では，そのつど国際文書が採択されている．これらはそれぞれ，独立のものではなく，前進に向けて戦略的改定を重ねているものであるので，総括的呼称として「広義の世界女性行動計画」と呼ぶこととする．「世界女性行動計画」という場合は一般的にはこの広義の概念を指すこととする．

各国の女性の地位向上と参画政策はこれらの会議とその成果を基盤に進められている．世界女性会議は今後も引き続き，開催されるであろう．ところで一

表序—1　世界女性会議開催経過および採択文書

年次	会議名および開催場所	採択文書
1975	第1回世界婦人会議（メキシコ・シティ）国際婦人年	世界婦人行動計画（狭義）
1980	第2回世界婦人会議：国連女性の10年中間年会議（コペンハーゲン）	国連婦人の10年後半期プログラム
1985	第3回世界会議：国連婦人の10年世界会議：（ナイロビ）	婦人の地位向上のためのナイロビ将来戦略
1990	第34回拡大婦人の地位委員会	ナイロビ将来戦略の実施に関する第1回の見直しと評価に伴う勧告及び結論
1995	第4回世界女性会議（北京）	北京宣言，行動綱領
2000	国連特別総会・女性2000年会議：Beijing+5（ニューヨーク）	政治宣言，成果文書

方で経済のグローバル化と反グローバル化の運動が二律背反的に発展する中で，この女性会議のNGOフォーラムの開催システムまでが制約される雰囲気も一部で現れ始めていることが憂慮されている．

2　世界女性行動の性格の変化

　国際婦人年の頃，先進国の多くの女性リーダーたちは「女性の地位向上」といえば女性なら世界のどこでも反対するはずはないと考えていた．しかし発展途上国の庶民，また，当時はまだアパルトヘイト政策のもとで苦しんでいた南アフリカの現地人などにとってはそのような考え方は容易に受け入れられなかったという．1985年ナイロビ会議の最中に発行された7月18日号フォーラム新聞「Forum '85」には，1980年コペンハーゲン会議中のNGOフォーラムにおける討論の状況が，アメリカのフェミニズム理論家シャロット・バンチ(Charlotte Banche)の言葉を引用しながら記されていた：「水や住い，食べ物に悩む女性には女性解放を考えている余裕はない」．その時，女性の運動は一部

のエリート女性たちの贅沢な発想から，全世界の「分かち合い」(Sharing)，すなわち「新国際経済秩序の確立」を考える大衆運動的見解へと変化したのだと．ナイロビ会議のフォーラム会場では，アパルトヘイトに苦しむ南アフリカから訪れた男女参加者が，「われわれには今，女性のみの地位向上など語っている余裕はない．南ア原住民は男女ともども一体となって，隔離政策の解消のために闘わなければならないのです」と訴えていた．世界の国連加盟国また女性会議の参加国（ナイロビ会議参加国は157ヵ国）のうちの実に3分の2は発展途上国からの参加なのである．1980年コペンハーゲン会議の頃に女性行動の第1の変化が起こったのである．これにより女性会議といいながら，その検討対象は女性の問題に限定されない全人類の基本生活の安定をめぐる諸問題に変化した．私たちが本書で考えようとしているテーマも狭い女性の地位や利害ではなく，地球世界の公正の実現を見据えた多様な視点でなければならないであろう．

　第2の変化は，女性行動の目標達成方法が，「女性の地位向上」から「男女共同参画」ないし「フェミニズム」から「ジェンダー・フリー」へと変ったことである．もともと国連の女性の地位向上の政策も，「女性の参画」を目指していたことはいうまでもない．しかし1979年の国連総会で「女子差別撤廃条約」（正式名称：女性に対するあらゆる形態の差別の撤廃に関する条約）が採択となり，その条約の批准が進むにつれて，表面上のウェートの見え方は，「女性の参画」から，むしろジェンダー・フリーを主眼とする「男女の平等参画」に移行することとなった．しかしこれは「女性に対する地位向上政策」を特別扱いとみなして，もはや過去のものとするということではないと考えたい．この詳細は次節に譲るが，「ポジティブ・アクション」などの政策が重視されている点からも推測することができよう．

3　世界女性行動計画・女子差別撤廃条約と国際労働基準

　女性の参画，発言力の程度は国によって異なるが，国連に加盟する多くの国々でその政策の基準となっているのは国際基準である．国際的基準にもさま

ざまなものがあるが女性政策について，今グローバル・スタンダードといえるのはまず次の2つであろう．

a．女子差別撤廃条約

b．世界女性行動計画（広義）

「女子差別撤廃条約」は1979年に第34国連総会で採択された国際条約である（囲い文参照）．また広義の「世界女性行動計画」は各女性会議で採択された宣言や文書の総称である．正確には第1回目のメキシコ会議で採択された行動計画をこの名称で表したが（狭義），その後の会議ではそれを基盤とする女性行動の推進のために，より具体化した行動を計画した，いわば目的達成のための改定が重ねられている．そこで私はその後の採択文書を総括して広義の世界女性行動計画と呼ぶこととした．a，bの2つはそれぞれ別個の生い立ちをもつが，相互依存的関係をもちながら，この世界的行動の強力な国際基準となっている．「女子差別撤廃条約」は国連総会が採択した条約であり，2002年6月18日現在，170国が批准，国連加盟国の実に90％という高い批准率を達成している．この意味でも世界女性行動は単に女性の地位向上のみを目指す狭隘なものではないといえよう．

国連の専門機関として歴史も古いILOは労働分野についての国際労働基準を設定し，女性労働者の保護や平等についても大いに貢献してきたが，このILOの政策も女子差別撤廃条約が発効して以来，保護より平等に力点を移すこととなった．たとえば，家族的責任についても1965年の「家庭責任を持つ

女子差別撤廃条約　この条約の起草は国連の「婦人の地位委員会」で準備されたものであり，その提案国は多くの読者にとって意外であるかもしれないが，ソビエトとフィリピンであった．

この条約の第1回署名式は1980年にコペンハーゲンで開催された第2回世界女性会議の際に行われ，その時51カ国が署名，日本も署名に加わった．この条約が国際条約として発効したのは，20カ国が批准した1981年9月3日，日本は1985年6月25日に第72番目の批准国として条約を批准した．

婦人の雇用に関する勧告（ILO 123 号勧告）」に見られるように，家庭責任が女性にあるという前提で設定されていた女子保護基準は，国連の女子差別撤廃条約採択以後，男女労働者をともに対象とする「家族的責任を有する労働者の機会均等及び平等待遇に関する条約（第156号）及び勧告（165号）」（1981年採択）に改定された．

第2節　男女共同参画とは何か

1　女性の地位向上から男女共同参画へ

　国連が女性の地位向上を強調する重要な意味のひとつに，人権・公正の視点がある．女性は過去において絶えず社会的に差別されてきた．この事実を示す統計的根拠として有名になったのは国連女性の10年後半期プログラム（第2回世界女性会議採択文書）の中にある次のような言葉である．

> 「婦人は世界の人口の50％，公的労働の3分の1を占め，全労働時間の3分の2を占めているにもかかわらず，世界の所得の10分の1しか受け取っておらず，世界の生産の1％しか所有していない．」（後半期プログラム16）

　女性の置かれたこのような一般的実態から女性の地位向上が求められるが，もうひとつ重要なのは性別役割分業の慣行の中で女性には社会参加や社会的発言権が制約されているという点である．すなわち，社会的支配は主として男性によって行われてきた．すでに触れたように女性の地位向上には女性のもつ能力の活用が期待されている．ところで「女性の社会参加」には諸々のレベルのものがあるが，多くの場合考えられるのが，家事のあい間に行うボランティア活動であったり，パートタイム労働であったりで，「家庭役割は女性が主」という性別役割分業から依然として解放されることはなく，しばしばアンペイドワークないし補助的労働の領域に位置づけられることとなっている．その限りにおいて，女性は上記の分配の不公正からも免れず，「社会の流れを変える公

的決定に加わる公式的地位」を持つこともできない。女性は人類の半数を占めるといっても社会を動かす力の面からは，所詮は少数派，すなわちマイノリティに過ぎないということになる。女子差別撤廃条約は性別役割分業の解消を意味するものであり，その条件の実現によって，女性の計画管理分野への公正・平等な組み入れが可能となると考えられよう。1980年代半ば以降，この条件が強調され，女性の地位向上の行動は必然的に単なる「参加」から「参画」へ，女性の解放（フェミニズム）から「ジェンダー・フリーの参画」（男女共同参画）へと移行が推進されることとなった。ところで女性の持つエネルギーの半分が男性と共同する社会的ペイドワークへの組み入れに向けられる時，従来，女性がほぼ一手に引き受けていた，アンペイドの家事・育児・ケアなどの仕事はどうなるであろう。これもまた「男女共同参画」の範疇で解決しなければならない課題だといわなければならない。

2　「男女共同参画」の意味と本質

　日本語でいう「男女共同参画」は，英語の「ジェンダー・フリー」にほぼ対応する用語だといえよう。長い間，世界は概ね男性支配の組織社会を発展させた。20世紀以来の世界の諸情勢はこの支配制度の問題点を露呈し始めている。公正なる平等，持続可能な開発，地球規模の平和などを求める「男女共同参画」という新しい支配の方法について，ここでは主として3つのポイントを挙げておこう。

　① 性別による共通特性より諸個人の個性による評価

　「男女共同参画」の発想はまず第1に，性別役割分業を解消して，性別を超えて支配管理分野にも女性の参画を実現しようという考え方である。性別役割分業の解消は先決の要件である。その上で特徴的なのは，男女の性による特性を過大に特殊化してきた従来の人間評価の方法を改め，原則的に諸個人の個性によって個人別に評価し，諸個人の多様な能力を組織化して計画管理に当てるということである。ここでは女性の保護や優遇という発想より，むしろ男女に

こだわらない平等が基盤となる．ところで当面無条件にこの方法を受け入れれば旧来の男性基準が依然優位を保つことにもなろう．そこでここで留意すべきこととして，男女共同参画が平等基盤に立つといっても，当面必要なのは女性の価値観をより多く導入しなければ変化は起こらないということを指摘しておかなければならない．

②　男女の生活文化の違いと暫定的ポジティブ・アクション

①のポイントと矛盾するように感じられるかもしれないが，社会的生活をする人間にはその環境ないし生活基盤などによって，個人に固有の個性とは別個に，社会的性格すなわち文化が形成される可能性がある．この生活文化は男女に限るものではないが，たとえば，性別役割分業下で主に家庭責任を担当し，育児・介護生活や育児・介護をインフォーマルに遂行してきた女性にはそれなりの生活や人間の情緒性に根ざした女性文化が形成される．また，主に組織社会の中で利潤追求や合理的思考を第一義的によしとして，冷徹に繰り返してきた男性には人間的情緒よりも合理的性格が形成される傾向があるであろう．今社会に必要なのは，伝統的支配構造に，新しい価値観や方法を内包する女性を参画させることである．この参画によってはじめて「男女共同参画」のシステムが実現するであろう．男女共同参画下で「ポジティブ・アクション」や「アファーマティブ・アクション」すなわち「暫定的参画促進措置」の導入が強調される一因はここにあるといえよう．これはけっして「逆差別」といった批判が適合するものではない．（「ポジティブ・アクション」等の目的として，他に過去における教育上の格差によって形成された事実上の能力の差を早期に回復するなどのものもある．詳しくは本書第2章，また山岡，2001年，第4章などを参照）．

③　「男女共同参画」は女性以外の多様な価値観の導入・参画をも内包する

「男女共同参画」といえば男性と女性の分かち合いだと考える向きがあるかもしれない．しかし先に第1節—2で述べた発展途上国との分かち合いの問題，また第2節—1で触れた国連女性の10年後半期プログラム16が示しているような構図は男女に限定されたものではない．こうした情況の解消が今や世界女

性行動の推進プログラムの本流をなしていると受け止める以上,「今なぜ女性の参画か」のテーマの「女性」は「社会的マイノリティ」に置き換えられなければならない．女性は数的に世界の人口の半数を占めているという点ではマイノリティを代表するものではないであろう．しかしここで求められているものは旧来の支配層の伝統的価値観の修正であり,「多様な価値観の導入」である．たとえば,米国公民権法の平等は女性のみでなく人種,高年齢者等々のマイノリティにも適用されるものとなっている．持続可能な地球環境開発問題,グローバリゼイションの発展,宗教・異文化問題等,21世紀に解決を求められている問題はますます複雑多岐にわたり,潜在する多様な能力を結集することが広く求められている．その時,政策決定や管理に必要なことは「多様な価値観の組み入れ」である．「ジェンダー・フリー」ないし「男女共同参画」の国際的潮流は多様なマイノリティの多様な価値観の導入の意味を内包するものであるという理解が必要不可欠であるといえよう．

3　雇用平等と家族的責任

　上記のような「男女共同参画」の実現は政策決定・管理分野への女性ないしマイノリティの参画だと述べた．この参画の場の多くは政界であろうと産業界であろうと組織社会で形成された雇用というシステムを通して行われている．国際諸基準に沿った平等雇用,また見えにくいガラスの天井の撤去,間接差別の廃止等,今後に残されている課題は多い．

　一方,家族的責任については,これが女子差別撤廃条約・性別役割分業解消の一半の課題であることを示した．これへの対応は男性の家事・育児・介護参画等によるペイドおよびアンペイド両労働分野の男女相互乗り入れが求められなければならず,新しい方法の研究・開発を要する課題である．

序章　男女共同参画への世界の動きとその意味　11

第3節　日本の男女共同参画政策と最近の労働諸問題

1　男女雇用平等の法制化と男女共同参画社会基本法，男女共同参画基本計画

　1975年の国際婦人年以来，国連が展開してきた女性の地位向上のための種々の施策は前述したとおりであるが，日本は，国際社会における種々の取り組みと密接な関係をもち，それに連動して男女均等を規定する種々の法律を制定し，また国連の世界行動計画を受けて国内行動計画を策定してきた．女性労働者にかかわる法律としては，男女雇用機会均等法（1985年制定，1997年改正），労働者派遣事業の適正な運営の確保及び派遣労働者の就業条件の整備等に関する法律（労働者派遣法，1985年制定，1999年改正），育児休業，介護休業等育児又は家族介護を行う労働者の福祉に関する法律（育児・介護休業法，1991年「育児休業に関する法律」制定，1995年改正で「育児・介護休業法」となる．1999年改正で介護休業制度は事業主の義務規定，さらに2001年改正で看護休業制度の創設が企業の努力義務規定となった），短時間労働者の雇用管理の改善等に関する法律（パート労働法，1993年制定），男女共同参画社会基本法（1999年）が制定された．国内行動計画は1990年以降でいえば，「男女共同参画2000年プラン」（1996年）と「男女共同参画基本計画」（2000年）である．そこでここでは，男女共同参画社会基本法と男女雇用機会均等法および男女共同参画基本計画について見ていこう．

　① 　ポジティブ・アクションと間接差別

　男女共同参画社会基本法（以下「基本法」と略記）では男女共同参画社会の実現は21世紀のわが国社会を決定する最重要課題と位置付けるとともに，基本理念を明確にし，社会のあらゆる分野で男女共同参画を実現するために，国，地方公共団体，国民の責務を明確にし，取り組みを総合的，計画的に推進することを目的としている．施策を行う上で，よりどころとなる基本法が制定されたことはこれからの男女共同参画の推進にとって，大変意義のあることである．

　基本法の前文には，男女共同参画社会について，「男女が互いに人権を尊重しつつ責任も分かち合い，性別にかかわりなくその個性と能力を十分に発揮す

ることができる社会」であると述べている．さらに第2条は男女共同参画社会について定義をしている．すなわち，「男女が，社会の対等な構成員として，自らの意思によって社会のあらゆる分野における活動に参画する機会が確保され，もって男女が均等に政治的，経済的，社会的及び文化的利益を享受することができ，かつ，共に責任も担うべき社会」であると定義されている．したがって，男女共同参画社会における男女は，男だから，女だからこうしなければならないと制約されることなく，互いに人権を尊重し，自らの意思で選択し，責任も負わなければならない，男女共に自立した人間であるといえるであろう．基本法はあらゆる分野において男女共同参画を実現しようとするものであるが，そのためにとられる施策には，積極的改善措置（ポジティブ・アクション）が含まれている．

　積極的改善措置とは，「社会のあらゆる分野における活動に参画する機会に係る男女間の格差を改善するために必要な範囲内において，男女のいずれか一方に対し，当該機会を積極的に提供すること」であると定義されている（第2条）．欧米諸国では，法律の制定だけでは男女の機会均等はなかなか実現せず，これまでに積極的改善措置（ポジティブ・アクション，アファーマティブ・アクション）を採って強力に実現が図られている．わが国では，1997年改正均等法においてはじめて規定されたが，雇用の場において，企業にいかにしてポジティブ・アクションを採らせるか，そのための方策は何かがこれから論議され，施策を考えなければならないであろう．厚生労働省の調査（2000年度女性雇用管理基本調査）によれば，ポジティブ・アクションに取り組んでいる企業は26.3％，今後取り組む予定の企業は13.0％である．規模5,000人以上の企業では67.7％に達している．ポジティブ・アクションの取り組みにはその企業のトップの女性を活用しようとする理念，経営戦略や企業文化が関係してくるであろう．国や地方公共団体はファミリー・フレンドリー企業の表彰や経営者，管理者の意識改革のための啓発等を行ってはいるが，ポジティブ・アクションを採り，女性の活用を図れば，企業の利益に繋がるような方策を考えなければならない

であろう．ともあれ，基本法にポジティブ・アクションが規定されたことは男女平等の促進と女性のエンパワーメントにはきわめて有効な方策である．しかしながら，基本法では「間接差別」の禁止を規定していない点が不十分であり，法案提出時に衆議院において，「性別によるあらゆる差別をなくすよう，現行の諸制度についても検討を加えるとともに，施策の実施に必要な法制上又は財政上の措置を適切に講ずること」という付帯決議が出されている．均等法制定前後から大企業で導入された「コース別雇用管理」は運用において新たな男女別雇用管理となっている間接差別を含んでいるが，それについても論議し，間接差別を含めて女性に対する差別禁止を規定すべきである．

② 努力義務から差別禁止へ

1997年の改正均等法の主要な改正点は次のようである．募集・採用，配置・昇進における差別が努力義務規定から禁止規定になった（第5条，第6条）．機会均等調停委員会に関しては，調停開始には労使双方の同意が必要であったが，一方の申請を可（第13条）とするものとなった．新たに規定されたのは，ポジティブ・アクション（第9条），セクシュアル・ハラスメントに対する事業者の配慮義務規定（第21条），募集・採用，配置・昇進における差別禁止規定に違反し，勧告に従わないときは制裁措置として企業名の公表（第26条），女性のみ・女性優遇は適法であったが原則禁止，となった．均等法の改正と同時に，労働基準法が改正され，これまで規定されていた女子の時間外・休日労働・深夜業の就業規制の女子保護規定は解消された．激変緩和措置として育児・介護休業法が改正され，育児または家族介護を行う労働者の深夜業の制限が規定された．

③ 男女共同参画計画の推進

男女共同参画基本計画は，基本法に基づいて策定されたはじめての国内行動計画である．基本計画は，1996年に策定された「男女共同参画2000年プラン」の内容を基礎にして，国連特別総会「女性2000年会議」の成果を考慮し，さらに「女性に対する暴力に関する基本的方策について」（2000年）を受けて策

定された.

　基本計画には「政策・方針決定過程への女性の参画の拡大」を基本理念のひとつとして掲げ, 国の審議会委員への女性の参画の促進 (2005年までに30％の目標値), 女性国家公務員の採用, 登用の促進が盛り込まれ, これを地方公共団体, 企業, 教育, 研究機関, その他各種機関, 団体に対してもその取り組みを求め, 支援することとしている. もちろん, 施策の中には, ポジティブ・アクションが含まれている.

　この国の基本計画を受けて, 各都道府県は義務としてそれぞれの都道府県の計画を策定することが基本法に規定されているので, すべての都道府県において行動計画が策定されている. さらにそれは各市町村におろされ, 基本法では策定が努力義務となっているが, 各市町村においても策定されている. このように, 国連で策定された世界行動計画は国連加盟の国々が持って帰り, 国の行動計画が策定され, さらにそれが下ろされてその国の隅々まで行き渡ることとなる.

　さらに, 各都道府県では, 実効性を高めるために, 条例の制定が相次ぎ, これまでに39の都道府県が条例を制定している (2002年12月現在). それは条例に基本的な事項を盛り込んでおき, 条例に則って, 行動計画をより強力に推進することができるからである.

2　規制緩和の推進と女性労働

　1990年頃から先進諸国において規制緩和が進展しているが, 日本も米国からの強い要請により, 通信, 金融, 貿易, 農業, 流通等あらゆる分野において, 市場の開放を迫られ, 規制緩和を行ってきた. 最近では, 労働の分野においても, 次々と規制緩和が推し進められている.

　① 労働時間規制の緩和

　先に触れたが, 均等法の改正に伴う労働基準法の改正によって, 女性の時間外・休日労働・深夜業の就業規制が緩和された. これまで女子保護規定のため

に働けなかった女性にとっては男性と同様に働き，十分に能力を発揮することが可能になった．しかし家庭責任を有している，特に育児責任を担っている女性にとっては，男性正社員の長時間労働の現状では正社員で働くことは非常に厳しくなったといえるであろう．バブル崩壊以降，リストラの名のもとに企業は人員削減，正社員の非正規社員への置き換え等を行い，残った正社員が長時間の残業で過剰な業務を行い労働強化になっている状況が一般的になっている．人件費削減のための雇用調整によって，残業，特にサービス残業が当たり前のようになっている働き方を変え，人間らしい生活ができることが求められる．労働時間に関しては，男性は休暇，休日の増加で労働時間の短縮を望んでいるのに対して，女性は1日の労働時間の短縮を希望している．このような違いは女性が家事，育児の家庭責任を担っている現状では，当然の結果である．日本も批准をしているILO第156号条約（家族的責任を有する男女労働者の機会均等及び平等待遇に関する条約），第165号勧告の中には，労働条件に関して特に留意すべき事項として「1日当たりの労働時間の漸進的な短縮及び時間外労働の短縮」が規定されていることに留意すべきであるし，批准をしている以上，それを実現する義務が課せられている．最近，労働局がサービス残業を取り締まり，割増賃金を支払うよう指導しだしたのは当然であり，労働時間に関しても過労死問題が出ている現状に鑑み，法律を守るように強力に行政指導をすべきである．

　裁量労働制は1987年の労働基準法の改正（第38条の3，同条の4）によって，研究開発や情報処理システムの業務等の専門業務に認められたが，2000年からは，企画，立案，調査および分析（いわゆるホワイトカラー）にまで対象が拡大された．さらに2002年からは証券アナリストやゲームソフト製作等7業務が対象となった．現在，対象を営業所等の企画，調査，立案などのホワイトカラーにまで拡大する改正案が検討されている．裁量労働制は成果さえ上げれば，働いたものとみなされる制度であり，柔軟な働き方として子育てをしている女性には関心のあるところだが，成果を上げるためにかえって労働時間が増えるケースも見られ，労働強化に繋がる可能性が懸念されている．

② 有期雇用

パートや契約社員などの有期契約期間は一律1年であったが，1998年の労働基準法の改正で高度な専門職と60歳以上の者は3年に延長された．そして現在1年契約は3年に，3年契約は5年に延長することが検討されている．パートタイマー等の非正規社員の女性は働いている女性全体の47.0％（1999年）を占めるまでに増大しているが，中高年の既婚女性が中心であるパートタイマーは2ヵ月，3ヵ月という1年未満の契約期間で何度も更新して長期雇用になっているのが実態である．上限1年を3年にしても果たして企業が上限いっぱいの契約期間で雇用をするかは疑問のあるところである．

③ 派遣労働

労働者派遣法は1985年に制定されてから何度も改正され，少しずつ規制緩和されてきた．制定当時，派遣労働は専門職に限って認められていたが，1999年の改正で対象業務が拡大され，一部の業務を対象外として原則自由化された（ネガティブ・リスト方式）．派遣期間は専門性の高い26業種（通訳，秘書，研究開発など）については3年，それ以外の業務は1年である．現在，派遣期間の延長と工場などの製造現場への人材派遣が論議され，労働者派遣法の改正案が2003年の通常国会に提出されようとしている．しかし契約期間の延長がそのまま雇用の延長につながり，雇用が安定するかは疑わしい．最近の傾向では，規定よりもむしろ短い期間で派遣されることが多い．

有期雇用，派遣労働については規制緩和をすると同時に，不安定雇用が増大するだけというのではなく，雇用のルールを定めたり，セーフティネットを強化する必要がある．企業は人件費削減のために正社員をパートや派遣社員に替える傾向があるが，仕事が同じであれば，正社員との均等待遇を確立するなどの規制は強化する必要があるだろう．

3　家庭・仕事・社会生活への男女共同参画

男女共同参画社会は職場，家庭，社会において男女が対等な立場で，差別さ

れることなく，自らの能力を発揮することができる社会の実現を目指している．女性の雇用の場への進出は現在子育てで退職した女性の90％以上が育児に対する支援があれば働き続けたかったと解答していることからみても，もはや止めようもなく，今後25〜34歳層の進出は増大すると考えられる．子育て支援がどこまでなされるかに係っているといってもよいであろう．少子高齢社会はさらに進展すると予測されている現状では，労働力人口が減少し始める2010年までには女性の労働力はますます重要になってくるであろう．共働きが主流となった時，家庭においても男女共同参画でなければ，やっていけなくなるであろう．現状は夫の家事・育児・介護への参加は，共働き世帯で妻4時間8分に対して僅か28分である（総務省「社会生活基本調査」2001年）．しかし，正社員の現在の働き方は，前述したように，残業とサービス残業の長時間労働であり，家事に参加したくても参加できない状況である．まずなによりも労働時間の短縮を実現しなければ，家庭，職場，社会への男女の共同参画は実現しないし，人間らしい生活もできないであろう．そういう意味からも，雇用の場における男女の均等な機会と待遇の確保は重要な決め手であるし，そこにおける雇用管理は収益性，合理性のみの追求ではなく，生活の視点を入れたものに変えていかなければならないであろう．経営者の理念が問われるところである．

　働く者のライフスタイルや価値観に沿った働き方を柔軟に選択できる雇用管理を確立することが求められる．京王百貨店が1991年に導入した「短時間社員制度」を最近取り入れる企業が出てきているが，この制度はこれまでの従業員の知識や技能を生かすことができるとともに，キャリア形成ができる，労使双方にとってメリットがある有効な方策である．失業率5.3％という厳しい雇用情勢の中，失業の不安から長時間労働で働かざるを得ない労働者も多く，当面は景気回復が最重要課題であるだろう．

　企業は国際化，グローバリゼーションの一層の進展で世界的な大競争時代を迎え，それに対処していかなければならない．経済成熟期のわが国において求められる人材は，個性，自律性，創造性といった要素が重視される．男女にか

かわる人材ではない．企業がコアとなる人材として求めているのは個性，創造性があり，自ら決定し，行動し，しかも責任も担える人材である．これはまさしく基本法に規定されている男女共同参画社会における男女である．雇用の場における男女の均等な機会と待遇の確保のためには，法律はかなり整備されたが，現状は女性差別がまだまだ行われている．就業構造の多様化に対応する公正かつ均等な処遇，育児・介護支援の充実，働く女性に不利となっている税制，社会保険制度の中立的な制度への改革が求められる中，アンペイド・ワークの90％以上を女性が担っていることを十分に認識し，男女ともに家庭，仕事，社会のバランスのとれた生活ができる，働きやすい環境の整備等，早急に解決すべき課題は多く残されている．

参考文献

国連広報センター監修，国連ブルーブックシリーズ第VI巻『国際連合と女性の地位 1945〜1996年』国際女性の地位協会，1998年

筒井清子・山岡熙子『国際化時代の女子雇用』中央経済社，1991年

山岡熙子『新雇用管理論 女子雇用管理から生活視点の人材活用経営へ』中央経済社，1995年

山岡熙子『21世紀社会の構造と男女共同参画経営 グローバル・フェアネスの経営を求めて』千倉書房，2001年

閣議決定『男女共同参画基本計画』2000年12月

第1章

ダイバーシティ・マネジメント

　ダイバーシティ・マネジメントとは，これまでの慣習に囚われずに，ジェンダー，国籍，年齢などの多様な属性や価値観を活用して，ビジネス環境の変化に迅速かつ柔軟に対応し，企業の競争力を強化し，また個人のしあわせを実現しようとする，新しいマネジメント・アプローチである．
　この章では，第1にアメリカにおける多様性のアプローチの変遷をたどり，ダイバーシティ・マネジメントの定義づけを行い，その特徴と概念枠組みを明らかにする．第2に，多様性の活用において先駆的役割を果たしているIBMの事例を検討し，女性の登用に関して日本IBMの活動の軌跡を追う．第3に，ベネッセ，松下，伊勢丹などの日本企業のダイバーシティ・マネジメントに関する具体的な取り組みを紹介し，加えて，外資系企業であるエイボンとP&Gにも触れる．最後に，ダイバーシティ・マネジメントの精神として，モチベーションを高める概念であるマインドウェアを紹介する．閉塞状態にある日本企業の明日を切り開く鍵が，ダイバーシティ・マネジメントにある，との願いを込めて．

ビジネスのグローバル化に伴い，企業は市場の多様性とともに，社員の多様性に対処することが求められている．ここで重要なポイントは，多様な労働力を雇用しなくてはならない，という後ろ向きの対応ではなく，多様な能力を活用することが企業の競争力を高めるという信念に基づく積極的な登用である．この章では，ジェンダーや国籍や年齢やハンディの有無を超えて多様な人材の活用を行うダイバーシティ（多様性）・マネジメントに関して，その概念枠組みを明らかにするとともに，先駆的企業であるIBMの事例を紹介し，さらに日本企業での取り組みについても触れたい．

第1節　ダイバーシティ・マネジメントの定義と概念枠組み

　ダイバーシティ・マネジメントとは何であろうか．ダイバーシティ・マネジメントとは，個人や集団間に存在するさまざまな違い，すなわち多様性を競争優位の源泉として活かすために，文化や制度，プログラム，プラクティスのすべてを含む組織全体の変革を志向するマネジメント・アプローチを意味する．また，この組織変革のために企業や組織が率先して行う取り組みを称して，ダイバーシティ・イニシアティブという[1]．

　多様性をいかに管理するべきか，という点において長い歴史をもつアメリカでは，多様性に関するアプローチが次のような変遷を経て今日に至っていると考えられる．マジョリティの文化にマイノリティを同化させるアプローチから始まり，公民権法やアファーマティブ・アクションなどの雇用機会均等法を遵守することに主眼をおいたアプローチを経て，多様性そのものを受け入れて評価するアプローチにたどり着いている．さらに最近では，競争優位の源泉として多様性を活かそうとするアプローチである，ダイバーシティ・マネジメントが注目されてきている[2]．

　ダイバーシティ・マネジメントは1990年代以降，それまでの伝統的なアプローチや多様性を受容するアプローチを超えるものとして，脚光を浴びるよう

になってきたが，その特徴は次の4点にまとめることができる[3]。

第1に，ダイバーシティ・マネジメントは，多様性が企業の売り上げや利益に貢献し，競争力の源泉となるという考えに基づいている（この点は後述するIBMの事例でも明確に示されている）。多様性に基づくマネジメントで優位性があるとされる分野に，コスト，資源の獲得，マーケティング，創造性，問題解決，システムの柔軟性などがある[4]。また，最近では事業の成長そのものを促す機会として認識されるようになっているという指摘もある。

第2に，ダイバーシティ・マネジメントは，個人と人間関係と組織といった3つのレベルを対象としている。つまり，女性やマイノリティのみに適応を押し付けるのではなく，組織文化やすべての人々がこのプロセスにかかわることが求められている。特に企業のトップや人事担当者は，訓練や指導を通じて積極的に支援することが必要である。

第3に，ダイバーシティ・マネジメントでは，多様性を広く定義している。人種，性別，宗教，国籍，年齢，障害などのほか，性的嗜好や価値観や個性なども含まれる。企業における多様性というと，ジェンダーや国籍や人種に焦点が当てられる傾向があるが，個人や集団の間で違いを生み出す可能性のあるあらゆる要素を考慮している。

第4に，ダイバーシティ・マネジメントはプログラムではなく，プロセスである。あらかじめ決められた手続きや数値目標ではなく，実際の取り組みのプロセスで問題点や解決策が見つけ出されるといった，長期的な観点が重視されている[5]。

実際にどの程度取り組まれているか，という点であるが，あるアメリカのコンサルタント会社が1994年に行ったフォーチュン500社に対する調査では，7割以上の企業ですでにダイバーシティ・マネジメントに関連する何らかの取り組みを行っているという結果が報告されている。その内容の多くは，経営陣や管理職や一般社員を対象とした研修や，女性やマイノリティを個別に指導するメンタリング・システムであるが，実際の運用に当たっては，いろいろな形

態が考えられる．

　そこで次に，ダイバーシティ・マネジメントの面で先駆的な役割を果たしているIBMコーポレーションの事例を取り上げて，詳しく検討したい．

第2節　IBMにみる多様な能力を活かす雇用の方針と実態

1　ダイバーシティ・マネジメント担当役員が語るIBMの取り組み

　多様な市場に対応するには社員の多様性が必須であるとの認識に基づき，IBMのガースナー会長は，1993年にダイバーシティをビジネス上の緊急課題とした．この動きは，ダイバーシティを活用する企業は多様化する市場で競争上優位があり，かつ，市場の競争に勝つために企業は優秀な社員にとって魅力的であることが必要で，ダイバーシティがその鍵を握っている，という信念に裏打ちされている．

　IBMは多様性の活用の取り組みを組織内で明確に打ち出しており，ダイバーシティ・マネジメント担当の副社長というポストをおいて，全体の進捗状態を統括している．その担当副社長であるテッド・チャイルズ氏は，「ダイバーシティ・ジャーナル」誌のインタビューで，次のように答えている．[6]

　「ビジネスの担い手がどんどん多様化しています．ということは，自分と違う人々を理解し尊重することがますます必要になっています．もとをたどれば，ケネディ大統領の1962年の呼びかけに行き着きます．大統領は企業に対して，もっとマイノリティを雇用するように要請しました．当時は，主に黒人が対象でした．その後のアファーマティブ・アクションや雇用機会均等の運動ももちろん役立つものでしたが，今はさらに一歩進んだ状況にあります．つまり，市場の多様性に合わせて企業の人員自体も多様化することがアメリカの企業を強化する最大の方策だと思うのです．しかし現実には企業のトップはほとんど白人の男性が占めていますが，数の問題にとらわれてはいけないと思います．たとえばアメリカのプロ野球も1947年までは黒人がプレーすることは許されて

いなかったのです．今では考えられないことですが．ビジネスの場でも，人種や国籍やジェンダーを超えた雇用が行われ始めて，次に障害者への門戸が開かれ，最近ではさまざまな性的嗜好の人々も受け入れられるようになって来ています．そこで大切なメッセージは，多様性を包含することは組織の力を減じるのではなく，むしろ強化することだ，ということです．そして，多様な個性を活かすためには，社員全員がそれぞれの属性にかかわらず，フェアに処遇されていると思えることが大事です」．

　ダイバーシティ・マネジメントは道徳的な側面のみではなく，今やビジネスの戦略上不可欠だというわけである．

　IBM はダイバーシティを促進する機関として，世界各地に 65 のダイバーシティ・カウンシルを設置し，29 のウィメンズ・カウンシルをアジア太平洋地域，北米・南米，ヨーロッパ，中近東，アフリカにおいている．また，日本，韓国，ブラジル，フランス，イギリス，ドイツ，南アフリカ，カナダ，アメリカなどには国別のカウンシルもある．カウンシルの目的は，現地法人のマネジメントに対して，現地社員のダイバーシティの問題についてアドバイスすることにある．このような努力の結果，過去 6 年の間で女性のエグゼクティブの数は全体で 2.5 倍になり，アメリカを除く世界各国をみると 10 倍近くにも伸びている．

　社史をさかのぼれば，IBM がはじめて身体障害者を雇用したのが 1914 年であり，はじめて女性の専門職が誕生したのが 1935 年である．さらに 1946 年にははじめて黒人を営業職に雇っている．さらに 1991 年には，多様性を促進する部門の名称を「機会均等／アファーマティブ・アクション」から現在の「ワークフォース・ダイバーシティ」に変えている．この変更は画期的なことであったとして，チャイルズ氏は次のように語っている[7]．

　「これは単に名前を変えたということではなく，新しい考えを象徴する大きな出来事でした．白人男性の社員に対して，あなたたちもダイバーシティのメンバーなのですよ，という強力なメッセージを伝えることができたのです．そ

して，それまでのような女性やマイノリティといった一部の問題ではなく，仕事とプライベートをどう両立させるかという『ワーク／ライフ・バランス』を含めた，全員の問題であるという認識に立つことができたのです」．

このように，IBM においては，ダイバーシティ・マネジメントは特定のグループの問題ではなく，全社員のキャリアと生活に等しくかかわる問題である，という意識が浸透している．

それでは，日本国内ではどうであろうか．次に，日本 IBM におけるダイバーシティ・マネジメントを，特に女性の登用という面に焦点をあてて，検討する．

2　日本 IBM における女性の活用の取り組み[8]

① IBM のおける女性登用の歴史と全社的取り組み

IBM の女性登用の歴史は長く，70 年近く遡ることができる．米国 IBM ではじめて専門職の女性を採用し管理職にしたのは 1934 年のことである．その後，1943 年には初の女性バイス・プレジデントが誕生した．1956 年には 3 カ月の育児休職制度を設け，1988 年までに 3 年間にこれを延長した．同時に，フレックス・タイムの整備も行い，女性がもっとも働きやすい企業として，数々の表彰を受けてきた．

しかし，実際に数の上で見てみると，IBM における女性の登用は他社と比較すると進んでいたとはいえ，まだ男性とは差がある状況であった．たとえば，1995 年末の時点では，IBM 全体にしめる女性社員の比率は約 30％，管理職は 25％であり，女性エグゼクティブ[9]は全体の 11.5％であった．

1990 年代半ばから，急激にインターネットが普及しはじめ，アメリカのネットによる購買者の 40％以上が女性となった．また，日本においても，インターネットの新規加入者の半分以上が女性で占められ，女性のビジネスチャンスが拡大してきた．さらに女性起業家が生み出す売上高が GDP に占める割合も，アメリカ・カナダ・オーストラリアでは，30％を超えるようになった．

このような社会変化の中にあって，IBMでは各地域に対して，1997年9月までにビジネスの重要な戦略としてダイバーシティをあげ，そのひとつとして「女性能力活用」のための戦略を策定することを指示した．この策定を支援するために，同年6月，本社のある米国ニューヨーク州アーモンクにおいて「グローバル・ウィメンズ・リーダーシップ会議」が開かれ，19カ国から80名の女性社員が集まった．アジア太平洋地域からは10数名，日本からも3名がこの会議に出席した．開催に先立ち行われた調査では，女性の能力の活用を妨げる3つの要因として，「男性中心のカルチャー」「メンタリングとネットワーキングの不足」「ワーク／ライフ・バランスの困難さ」があげられた．この会議での討論を踏まえて出された勧告案が，IBMのコーポレート・エグゼクティブ・コミティ（経営委員会）で発表されたのである．

② 日本IBM ウィメンズ・カウンシル（JWC）の発足と活動の軌跡

日本IBMにおいても，早くから人事政策の一環として「機会均等」を掲げ，「男女同一賃金」を実施してきた．1986年には機会均等に関する専任組織を設置し，1987年には1年間の育児休職制度をスタートさせた．このように日本の他の企業に比べて，いち早くさまざまな制度の導入と実施に取り組み，女性が働きやすい環境の整備に努めてきた．また，社員の意識においてもジェンダーを意識しないで思う存分働けるという社風があった．

さらにこの動きを進めるために，グローバルおよびアジア太平洋地域におけるIBMの施策を受けて，1998年1月に北城社長（当時）が，「女性社員の能力活用」を提唱し，ジャパン・ウィメンズ・カウンシル」（JWC）が発足したのである．（設立メンバーは13名で，その後さらに数名が加わる）．JWCは経営・人事の諮問機関として，「女性の能力活用の阻害要因の発見と解決策の検討」「女性のビジネス貢献を目指したプロフェッショナリズムの育成計画の提言」「経営管理者の多様性を推進するための目標設定と状況把握」という3つの使命をもって任期を決めて活動することとなった．JWCは2003年の実現を目指して，「女性社員の比率の増大」と「管理職比率の増大」という具体的な数値目標を

設定して，さまざまな活動をスタートさせた．

　JWC は，アウェアネス（Awareness），プラウイング（Plowing），シーディング（Seeding）の3段階で活動を行っている．Awareness としては，ビジネス要求や現状に対する共通の問題認識を喚起し，Plowing として問題点を発掘し，アクションを提言し，実行支援やモニタリングを行う．さらに，Seeding として問題点の発掘と改善アクションを中心に，自主的 PDCA（Plan, Do, Check, Action）サイクルへと発展させている．

　JWC の活動は上記の段階に従い，多岐に及んでおり，年月を経て発展してきている．現在も活動は継続中であり，次のようなさまざまな活動が行われている．

1．女性社員の退職理由に関する調査（表面上ではなく真実の理由）
2．エンパワーメントとネットワーキングづくり
3．ラウンド・テーブルの開催とグローバル・イベントへの参画
4．ワーク／ライフ・バランスに関する提言（在宅勤務制度への発展）
5．メンタリングの促進
6．女子学生の啓発活動
7．部門長インタビュー
8．ロールモデルの紹介
9．コミュニケーションの強化（各種カンファレンスの開催）
10．女性管理職・専門職の支援
11．ワーク／ライフ・バランス・セミナーの開催
12．若手女性社員向けのキャリア・アップ・セミナーの開催
13．ディペンダント・ケア（扶養家族）に関する提言
14．評価システムへの提言
15．女子中高生向けのテクニカル・サマー・キャンプの開催

③　進捗状態と今後の課題

　JWC の活動が始まった当初の女性社員比率は約 13％であったが，2002 年

時点では 15 ％を越えており，JWC が目標としたレベルに達している．日本 IBM の社員総数が 2 万人超であることを考えると，明らかな改善である．これは定着率が男女ほぼ同等になったことと，新入社員における女性の比率が毎年 30 ％から 40 ％を占めるようになったことによる．

さらに，管理職の数に関しては，2002 年時点で 1998 年当初の 3 倍を越えており，また，エグゼクティブ・クラスの女性管理職が 5 名になるなど，顕著な進捗がみられる．しかし，男性の管理職比率と女性のそれとを比較した場合，JWC の目標にはほぼ到達したとはいえ，まだ同等ではない．これは近年に入社した女性が多いため，女性の平均年齢は男性より若く，男女社員の年齢構成比が大きく異なっているためである．このような状況に照らせば，管理職の比率が男女同等になるにはまだ時間がかかると思われるが，目標に向かって着実に進歩を遂げていることは確かである．

このような状況に関して，IBM ワールド・トレード・アジア・コーポレーションのアジア太平洋地域担当のワークフォース・ダイバーシティ・マネジャーである西嶋美那子氏は次のように語っている．

「アジア太平洋地域の中でも，フィリピン，タイ，マレーシア，シンガポール，中国，香港などでは女性が大変活躍していますが，韓国と並んで，日本は女性の登用がなかなか難しいところがあります．意識改革が進んでいる IBM 社内でも，男性管理職や女性自身の中には心理的な壁があるような感じを受けることがあります．ただ，それ以上に問題となるのは，社会における男女の役割分担意識で，特にビジネス社会においても影響は大きいと考えています．でもこれからは女性社員の比率が向上し，重要な責務を負う女性も増えていきますので，対等な立場からの意見も受け入れられ，浸透していくでしょうから，徐々に改善していくのではないでしょうか．時間がかかるけれども着実に良い方向に行っていると思います．女性の積極的登用を含むダイバーシティの考え方は，会社の競争力強化にとってきわめて大切なことですから」．

今後も数値目標を掲げて，地道な活動を継続することが重要であるが，同時

に環境の変化について考慮すべきであろう．そのひとつはビジネス全体の急速な変化と激化に対して，日本における家庭・育児への女性の役割分担がなかなか変化しないことである．アジアの諸外国と比較して，日本女性のアンペイド・ワークの負担率の高さは群を抜いている．もうひとつの点は，今までの育児と仕事の両立問題に加えて，高齢社会を迎えて，介護と仕事の両立問題が生じてくることがある．今後は働く女性の問題ではなく，男女にかかわらず日本人のすべてにかかわる問題と捉えて，解決していくことが望まれるであろう．

それでは日本の経営者や企業はダイバーシティをどう捉えているのだろうか．次にいくつかの企業の事例を検討したい．

第3節　多様性を活かす企業の事例と指針としての[10]マインドウェアの提言

1　多様な人材を活かす戦略としてのダイバーシティ・マネジメント

トヨタ自動車会長の奥田碩氏はインタビューに対して次のように答えている[11]．

「もう共通の目標からはエネルギーは出てこないのです．これからの経済社会に必要なエネルギーをもたらすのはダイバーシティです」．

その奥田氏が会長を務めていた日本経営者団体連盟（当時）では，企業や団体の若手人事・労務管理担当者などで構成するダイバーシティ・ワーク・ルール研究会を2000年に発足させ，議論を重ねた結果，ダイバーシティを次のように定義づけした．

「ダイバーシティとは，『多様な人材を活かす戦略』である．従来の企業内や社会におけるスタンダードにとらわれず，多様な属性（性別，年齢，国籍など）や価値・発想を取り入れることで，ビジネス環境の変化に迅速かつ柔軟に対応し，企業の成長と個人のしあわせをつなげようとする戦略」[12]である．

つまり，ダイバーシティは，既存の価値観や方法論にとらわれない発想による人材戦略である．これまでの日本企業は，性別役割分担意識や全員が所定時

間に仕事をするといった硬直的な考えに基づいて，日本人男性を中心とした画一的な人事制度を用いてきた．しかし，市場の多様化とグローバル化がますます進展する今日の混沌とした経営環境においては，異能の人々を活用してこそ企業のダイナミズムと競争力が確保されるのである．次に，実際に日本の企業でダイバーシティ・マネジメントを取り入れているところの事例をいくつか紹介しよう．

2 ダイバーシティ・マネジメントの事例

① 株式会社ベネッセコーポレーション

ベネッセは女子学生の就職人気企業のランキングで上位を占めることからわかるように，女性が働きやすい企業というイメージが定着している．1999年には，労働省（当時）からファミリー・フレンドリー企業として「第1回労働大臣優秀賞」を受賞している．

同社の足跡をたどってみると，1955年に創立された同社は，1970年代後半に書籍と雑誌の事業に参入したものの，知名度がなく，本社が岡山にあるということもあって，人材を確保することが困難な状態に直面した．そこで1980年代前半に，「4年制大学卒の女性」に着目し，均等待遇で雇用する方針を取ったところ，厳しい就職状況におかれていた女性が殺到し，優秀な人材を確保することができた．ところが，当時の女性の勤続年数は3年程度と大変短かったため，今度はその定着を図ることが課題となった．このため，出産や育児で退職した社員を再雇用する制度を導入し，育児休職も子どもが1歳になる直後の3月末まで可能にするなどの支援策を積極的に展開することによって，定着率を改善した．

ベネッセの事例は，人材難という問題を女性の活用で乗り越えた先見性によって，企業イメージとブランドの知名度の向上を実現した興味深いケースである．

② 松下電器産業株式会社

1999年の雇用機会均等法と労働基準法の改正をきっかけとして，松下は男女共同参画企業を目指したイコール・パートナーシップの取り組みをスタートさせた．均等雇用担当部長のポストを設置し，管理職向けの研修やパンフレットの作成や社内報での特集記事などを通じて，社内の意識啓発に努めた．さらに，「イコール・パートナーシップ・アクション・プログラム」を策定し，意欲ある女性の登用や女性幹部社員の育成を計画的に行うポジティブ・アクションを起こした．また，仕事と家庭の両立の実現を支援するために，本社や事業所に相談窓口を設け，「ワーク＆ライフ・サポート・プログラム」を策定し，フレキシブルな勤務制度を導入した．また2001年には，社長直属の組織として「女性かがやき本部」を設置し，副社長が本部長となり，経営トップ2名を中核とする全社的な推進体制を整えた．

松下のこうした動きにおいて注目すべき点は，女性の積極活用を福祉政策ではなく，経営政策として展開しているところにある．すなわち，個人の多様な価値観に基づく感性が仕事に反映され，良い結果をもたらす，というビジョンが貫かれており，トップダウンによる改革が数年来，急速に根づいてきている．

③ 株式会社伊勢丹

百貨店という業種の特徴として，もともと女性が多く働く職場であった伊勢丹（労務構成上6割を女性が占める）では，長年にわたって育児関連制度などの女性社員を支援する施策を実施してきた．1965年にはすでに女子再雇用制度を導入し，退職した女子社員の職場復帰を支援している．

育児休職制度については，育児休業法が法制化する前の1971年にすでに導入し，現在では4歳までの間で一人の子どもにつき3年間の休職が認められるようになっており，短縮勤務も子どもの小学校就学まで可能である．2000年11月からは，デパートの営業時間の延長に伴って，育児シフト勤務制度が始まり，小学校3年までの子どもをもつ社員は早番にシフトが固定されるようになった．また，1992年には，販売マスター職を導入し，販売力のある女性が

係長や課長に登用される機会が多くなった．さらに，1998年には，勤務エリアや専門領域を限定したメイト社員制度をスタートさせ，働き方の多様性を促進してきた．

このように日本企業において女性社員活用の先駆的な役割を果たしてきた伊勢丹は，女性社員の育成が企業全体の活性化につながるという前提が社内で早くから浸透し，理解されており，今後もいろいろな施策を取り入れると期待される．

④　外資系企業：エイボンとP&G

エイボン・プロダクツは1886年にアメリカで設立されて以来，女性のビジネス能力を認め，収入と社会進出の機会を与え続けてきた．現在では世界規模の企業となり，340万人ものエイボンレディが活躍している．日本エイボンでは，グループ長以上の役職者の約40％が女性であり，女性の登用という点では他社を大きく引き離している．1996年には管理職のスキルのひとつに，「ダイバーシティ・マネジメント」を導入し，ダイバーシティが業績評価制度に取り入れられた．

プロクター・アンド・ギャンブル・ファー・イースト・インク（P&G）では，多様性がビジネス戦略の要であると考えられており，グローバル・マーケットで成功し，イノベーションをもたらすために，多様な人材が必要だとして，世界中から優秀な人材を採用している．現在，P&G日本本社に勤務する1,700人のうち約350人が外国人（22ヵ国）であり，管理職の4分の1が女性である．ダイバーシティをさらに進めるためのポジティブ・アクションとして，「女性退職率を男性と同等にする」「マネジャー層における女性の比率の向上」「女性社員の就業満足度の向上」などに取り組んでいる．

3　多様性を活かすマインドウェア

以上，ダイバーシティ・マネジメントに取り組む先駆的な企業の事例をあげた．一般的には日本の企業ではダイバーシティ・マネジメントへの取り組みは

緒に就ついたばかりであるが，徐々に成果を上げている事例もあり，今後の展開が期待される．女性でも若者でも高齢者でも外国人でも，優秀な人を積極的に活用して，組織内に相乗効果とエネルギーを生み出し，従来の延長線上にはないビジネスを作り上げていく，これが今，企業に求められていることではないだろうか．

　さまざまな属性をもつ人々がビジネスの担い手として才能を発揮することができれば，それは個人にとっても大いに励みになり，やる気が上がるに違いない．モチベーションを高めることにより，個人の力が最大限に活かされることの重要性については，筆者は1990年代半ばに日本企業の海外現地法人の調査を行った際に，現地社員の活用とチャンスの平等性に関連性を見出した．そしてそれを「マインドウェア」と名づけ，「多様性を活かし，異質性を尊重しつつ，チャンスの平等性を確保する」と定義した．[13] 今後はこれをさらに進めて，国籍のみならず，ジェンダー，年齢，ハンディの有無，性的嗜好などの多様性をもつ人々が思う存分能力を発揮することが，企業の競争力を強化し，経済をダイナミックなものにすると考える．それはまた組織で働く個人にとっても，さまざまな選択肢が与えられ，伸び伸びと能力を発揮できるという意味で，しあわせなことではないかと思う．

　このマインドウェアの精神をもつダイバーシティ・マネジメントこそが経済の発展や社会の健全な成長につながると信じ，そのさらなる発展を願ってやまない．

注
1）有村貞則「在米企業とダイバーシティ・マネジメント〔I〕」『山口経済学雑誌』第49巻第5号，2001年，pp. 67-68
2）有村貞則「アメリカン・ビジネスとダイバーシティ」『山口経済学雑誌』第47巻第1号，1999年，p. 261
3）以下の部分は，有村（1999）pp. 269-274を参考にしている．文献に関してご指導下さった山口大学の有村教授に心より御礼申し上げる．

4) Cox, T. H. and Blake, S., "Managing Cultural Diversity: Implications for Organizational Competitiveness", *Academy of Management Executive*, Vol. 5, No. 3, 1991, p. 47.
5) Thomas, R. R. Jr., "Managing Diversity: A Conceptual Framework", in Jackson, S. E. & Associates (Ed.), *Diversity in the Workplace: Human Resources Initiatives,* The Guilford Press, 1992, p. 317.
6) *Profiles in Diversity Journal,* January / February 2002, pp. 8-10.
7) *Profiles in Diversity Journal,* March / April 2002, p. 46.
8) 以下の部分は，ジャパン・ウィメンズ・カウンシル編集委員会編「日本IBMウィメンズ・カウンシル報告書（1998-2000年）」日本IBM，2000年，pp. 7-46を参照した．貴重な資料を提供して下さり，インタビューにも応じて下さったIBMワールド・トレード・アジア・コーポレーションのアジア太平洋地域担当のワークフォース・ダイバーシティ・マネジャーである西嶋美那子氏，および同プログラム・マネジャーの越知紀子氏に厚く御礼申し上げたい．また西嶋氏をご紹介くださった，同社の人事担当ディレクターである小島浩氏にも御礼申し上げる次第である．さらに，日本IBMの取り組みに関して最新情報を下さった日本IBMの人事管理／ダイバーシティ担当プログラム・マネジャーである荒真理氏にも心より御礼申し上げたい．
9) IBMでランク付けしている一定以上のレベルをさし，ジェネラル・マネジャー，ディレクター，バイス・プレジデントなども含まれる．
10) 以下は，日経連ダイバーシティ・ワーク・ルール研究会編「原点回帰―ダイバーシティ・マネジメントの方向性」日本経営者団体連盟，2002年，pp. 5-12に基づいている．
11) 同上，p. 1
12) 同上，p. 5
13) 馬越恵美子『心根〔マインドウェア〕の経営学』新評論，2000年，p. 99

参考文献
有村貞則「在米企業とダイバーシティ・マネジメント〔Ⅰ〕」『山口経済学雑誌』第49巻，第5号，2001年
有村貞則「アメリカン・ビジネスとダイバーシティ」『山口経済学雑誌』第47巻第1号，1999年
ジャパン・ウィメンズ・カウンシル編集委員会編「日本IBM　ウィメンズ・カウンシル報告書（1998-2000年）」日本IBM，2000年

日経連ダイバーシティ・ワーク・ルール研究会編「原点回帰―ダイバーシティ・マネジメントの方向性」日本経営者団体連盟，2002年

馬越恵美子『心根〔マインドウェア〕の経営学』新評論，2000年

Cox, T. H. and Blake, S., "Managing Cultural Diversity: Implications for Organizational Competitiveness", *Academy of Management Executive*, Vol. 5, No. 3. 1991.

Profiles in Diversity Journal, January / February 2002.

Profiles in Diversity Journal, March / April 2002.

Thomas, R. R. Jr., "Managing Diversity: A Conceptual Framework", in Jackson, S. E. & Associates (Ed.), *Diversity in the Workplace : Human Resources Initiatives*, The Guilford Press, 1992.

第2章

ドイツの女性雇用の現状と男女雇用平等政策の展開

　ドイツでは3歳未満の子どものいる母親でもその5割弱が就業しており，わが国のように女性の就業率が出産育児期に落ち込むことはない．しかし，女性就業者の4割弱は，家族的責任を負っているため，パートタイム労働に従事しているのが現状である．これに対し，男性のパートタイム労働の比率はきわめて低い．その背景には，わが国と同様に男女の役割分担意識が強く，その上，わが国以上に保育施設が不足していることがある．

　連邦政府は，育児の責任を男女が分かち合うことができるように，育児休暇制度を改革し，夫婦が共にパートタイム労働と育児に従事する共同モデルを基礎とする親時間制度に発展させた．また，パートタイム・有期労働法によりパートタイム労働者の権利を強化し，一定の条件を満たす労働者には自己の労働時間の短縮を求める権利を認めた．この措置により，ワーク・シェアリングによる雇用創出効果も期待されている．

　さらに，平等職場のモデルとなるべき連邦公務部門では，連邦平等法に基づくポジティブ・アクションにより，採用・昇進・配置における男女平等を実現するための努力が行われている．

　ドイツのように伝統的に男女の役割分担意識が強い国であっても，政府は，長期的な観点から男女平等の実現を目指して積極的な取り組みを行っている．特に，差別のないパートタイム労働を確立しようとする努力は，わが国も大いに参考にすべきものではないだろうか．

第1節 女性雇用の現状と社会的条件

1 女性の就業状況

2000年のマイクロ・センサスによれば,女性の労働力人口は1,765万人で,労働力人口全体の43.8%を占める。全人口に対する労働力人口の割合（労働力率）は,男性56.6%に対し,女性41.9%である。

女性の年齢階級別の労働力率を見ると,この20年間に全体的に労働力率が上昇すると同時に,かつては見られた出産・育児を契機とする労働力率の落ち込みが現在ではなくなったことがわかる。2000年には,3歳未満の子どもをもつ母親の48.3%が就業している。

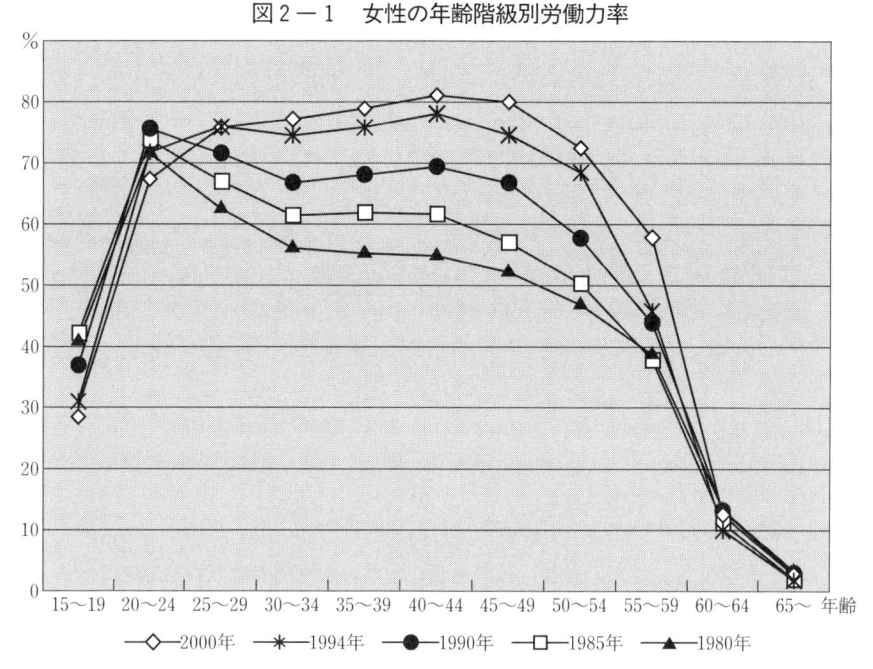

図2-1 女性の年齢階級別労働力率

出所) Statistisches Bundesamt, *Statistisches Jahrbuch für die Bundesrepublik Deutschland*, 1981, 1987, 1992, 1996, 2001 より作成

では女性の就業者はどのように働いているのであろうか．就業者はその従業上の地位によって，自営業者，家族従業者，従属就業者の3種類に分かれる．従属就業者はさらに，官吏，職員（ホワイトカラー），労働者（ブルーカラー）の3種類に分かれる．女性就業者の63.4％が職員，24.1％が労働者である．

産業別では，女性就業者の32.8％が公共・民間サービス業（公行政を除く）で，22.0％が商業・宿泊飲食業で働いている．

職種別では，多い順に，事務員・商事職員21.0％，保健サービス職（医師を除く）9.6％，販売員8.4％，福祉職6.1％，清掃・廃棄物処理職5.5％となっている．この5職種の合計で女性就業者の5割を超える．これらの職種は，いずれも女性比率が7～8割を占める典型的な女性職である．

2　女性の就業形態

2000年のマイクロ・センサスによれば，女性の従属就業者の38.3％がパートタイムで働いている．これに対し，男性の従属就業者のうちパートタイムで働いている者の割合は4.8％に過ぎない．パートタイムの従属就業者の87％が女性である．

このような傾向は，特に旧西ドイツ地域で顕著である．旧西ドイツ地域では，1985年以降，フルタイムの女性従属就業者数が700万人前後で伸び悩んでいるのに対し，パートタイムの女性従属就業者数は，ここ15年間で230万人以上も増加し，2000年には500万人に達しようとしている．女性の労働力率の上昇は，パートタイムで働く者の増加によるところが大きい．旧東ドイツ地域では，もともとパートタイム比率は低かったが，統一後，上昇する傾向が見られる．

2000年のマイクロ・センサスでは，パートタイムで働いている理由についても調査が行われた．旧西ドイツ地域では66％の女性が「個人的・家庭的な責任」をあげた．これに対し旧東ドイツ地域では54％の女性が「フルタイムの仕事が見つからないため」と回答している．

3 女性の労働条件

① 労働報酬

女性の労働報酬は，年間総所得においても時給においても，男性を下回っている．フルタイム従属就業者の年間総所得を比較すると，旧西ドイツ地域では女性は男性の約75％にとどまる．これに対し旧東ドイツ地域では，女性は男性の94％に達している．また従属就業者の時給（手取り）の分布を見ると，男性に比べて女性は低位に集中している．

男性の労働報酬に対する女性の労働報酬の比率を，製造業労働者平均の週給 (2000年) について見ると，旧西ドイツ地域で73.7％，旧東ドイツ地域で77.4％となっている．製造業，商業，金融・保険業の職員平均の月給では，旧西ドイツ地域で70.4％，旧東ドイツ地域で75.2％となっている．

② 労働時間

ドイツの労働時間は短い．就業者平均の通常労働時間 (2000年) は，旧西ドイツ地域で週36.7時間，旧東ドイツ地域で週38.7時間となっている．週の通常労働時間別の就業者数を男女別に見ると，男性の7割近くが週36〜40時間に集中しているのに対し，女性は5割近くが週35時間以下で働いている．

4 保育施設の現状

保育サービスは，特に旧西ドイツ地域において不足している．3歳未満児の保育施設である託児所は，1998年末現在，全国に約17万人分しかなく，3歳未満児の総数に対する供給率は1割をはるかに下回っている．ただし旧東ドイツ地域に限れば3〜5割の供給率が実現されている．3歳から就学前までの子どもの保育施設である幼稚園は，法律によって入園請求権が導入されたこともあって，1998年末現在，全国で249万人分あり，約9割の供給率が達成されている．しかし，問題は全日制の幼稚園の不足である．全日制幼稚園の割合は，旧東ドイツ地域では80.5％に達するが，旧西ドイツ地域では18.8％にとどまる．この結果，旧西ドイツ地域では，就学前の子どもを抱える親は，職業と家

庭の両立に苦労しており，多くの母親が「自発的に」パートタイム労働を選択しているのである．

第2節　女性雇用をめぐる法制度

1　雇用機会均等法制

① 基本法の平等原則

憲法にあたる基本法は，その第3条第1項で「法の前の平等」という原則を定めている．さらに同条第2項は，「男性と女性は同権である．国は，女性と男性の実際の同権の実現を促進し，かつ，現に存する不利益の除去を目指して努力する」，第3項は，「何人も，その性別（……）によって，不利益を受け，又は優遇されてはならない（以下略）」と定めている．第2項第2文は，ドイツ統一に関連して行われた1994年改正の際に，女性運動の要求によって挿入された規定である．男女同権の実際の実現を国の責務とするこの規定によって，国によるポジティブ・アクションの法的根拠が明確になった．

② 民法典の雇用平等関係規定

雇用の分野では，雇用における性差別禁止および男女同一（価値）労働同一賃金を定める民法典の規定がある．これらの規定は，ECの2つの指令を国内で実施するために制定された1980年の「職場における男女平等待遇法」によって設けられた規定である．

募集については，公募でも内部募集でも，性別を指定して行うことは許されない．

使用者が，採用，昇進，指示，解雇の際に性別を理由として被用者を不利に扱うことは許されない．この規定によって禁止されている性差別には間接差別も含まれると一般に解されている．ただし，特定の性別が前提となる職業（男性または女性の役を演じる俳優，歌手，モデルなど）についての募集や採用など「特定の性別がその活動の欠くことのできない前提となっている」場合は例外とさ

れる．雇用について被用者と使用者の間で紛争が生じた場合，被用者が性別による不利益を推測させる事実を疎明すれば，立証責任は使用者に転換され，使用者はその扱いが性別によらない客観的な理由によること，または性別が不可欠な前提条件であることを証明しなければならない．しかし，被用者には採用に対する請求権は与えられていない．救済措置として損害賠償請求権が認められているが，性差別がなければ当該職を得られたはずの応募者以外の応募者については賠償額の制限（当該職の月収3カ月分まで）がある．

同一労働または同一価値労働について性別を理由として労働報酬に格差をつけることは禁止されている．

③　就業者保護法

使用者は，セクシュアル・ハラスメントから被用者を保護する義務を負う．適切な措置が取られない場合，被害者には勤務を拒否する権利が与えられる．

2　ポジティブ・アクション

① 　公務部門

連邦公務部門においては，1994年に制定された「女性の地位向上法」によってはじめて，各事業所はポジティブ・アクションを法的に義務づけられた．2001年には同法に代わるものとして「連邦平等法」が制定され，現在ではこの法律に基づき各事業所でポジティブ・アクションが行われている．連邦平等法は部分的には女性の地位向上法の規定を継承しているが，基本理念を「女性の地位向上」から「平等」に置き換え，従来の規定を強化した．法案の提案理由によれば，「平等」とはまさに基本法第3条第2項第2文が国の責務として定める「実際の同権の実現」のことであり，「法案は連邦行政における形式的・法的な男女同権をめざすものではない．むしろ連邦の領域における女性の同権を実際に実現するという目的を追求するものである」という．なお，州および地方自治体でも同様に，現在では各州の男女平等法等に基づきポジティブ・アクションが行われている．

連邦平等法によれば，各事業所は4年ごとに平等計画を策定する．すべての就業者（特に管理職者）は，男女平等を促進することを義務づけられているが，人事部門ならびに管理職者には特に平等計画を実施する義務が課せられている．平等計画においては，女性の状況を男性の状況と比較して記述し，個々の職務区分におけるそれまでの女性の地位向上の評価を行わなければならない．また，個々の職務区分において女性比率を高めるため，必要な人事上および組織上の改善のための措置を具体的な目標値を含む時間的な段階計画として詳述しなければならない．女性比率が50％未満である職務区分における任用については，その半数以上を女性に割り当てることを定めなければならない．また，人員削減が予定されている場合には，平等計画に，女性比率が50％未満である職務区分の女性比率は少なくとも同じに維持することを定めなければならない．

就業者100人以上の事業所では，女性就業者による選挙に基づき女性就業者の中から4年の任期で平等問題担当者およびその代理人を任命しなければならない．平等問題担当者は，当該事業所において連邦平等法および就業者保護法の施行を促進し，および監視する任務を有する．平等問題担当者は，男女平等，家庭と職業の両立および職場におけるセクシュアル・ハラスメントからの保護に関わる事業所のすべての人事上の，組織上の，および社会的措置に参加する．平等問題担当者はその活動のために最低でも通常の勤務時間の2分の1を免除される．

特に募集・選考手続きおよび選考基準については，詳細な規定が置かれている．この規定の内容と意義については，第3節で詳述する．特に，女性比率が50％未満の職務区分で採用，昇進または職業訓練生の受入れを決定する場合，同一の「適性，能力および専門的業績」（＝資格）を有するときは，競争相手の男性の個人的事情がより重大でない限り女性を優先しなければならない（「個々の場合を考慮したクォータ制」）．

また，職業と家庭の両立のための措置として，家族的責任を有する就業者には，重大な勤務上の理由がこれを妨げない限り，パートタイム勤務または休業

を求める請求権を認めること，パートタイム勤務者および休業者に対する保護として，パートタイム勤務者のフルタイム勤務への転換の希望や家族的責任のための休業者の早期復帰の希望は人員補充の際に優先的に考慮しなければならないこと，パートタイム勤務が昇進を妨げたり職務上の評価に不利益をもたらすことは許されないことを明記している．募集を行う際には，管理職ポストについてのものを含め，重大な職務上の利益がこれを妨げない限り，パートタイム勤務としても行わなければならない．

〈クォータ制〉

ドイツでは，クォータ制とは強制的な割当制のみを指すのでなく，目標値が達成されるまで成績が同一であることを条件に女性候補者を優先する措置も含む用語として使われている．州レベルでは80年代からガイドラインにより「同一（価値）資格」を条件に女性を優先するクォータ制が導入され，89年末以降はこれをそれぞれ州の男女平等法等に規定するようになった．しかし，この規定のために人事で不利益を被った男性からの差し止めを求める訴訟が頻発した．このうち，カランケ事件（1995年）ではブレーメン州の男女平等法のクォータ規定についてEU法（男女平等待遇指令）違反とする欧州裁判所の判決が下されたが，マルシャル事件（1997年）ではノルトライン・ウェストファーレン州の女性の地位向上法のクォータ規定はEU法違反ではないとされた．このように正反対の判決が下されたのは，ブレーメン州法では「無条件かつ自動的に」女性を優遇することを定めていたのに対し，ノルトライン・ウェストファーレン州法は候補者の個人的事情を考慮するという留保条件を付していたためである．

これらの判決を経て，候補者個人の事情に対する配慮を条件とするクォータ制であればEU法には違反しないという了解が成立したといえる．ブレーメン州は，上記判決を受けて男女平等法の改正を行い，クォータ規定にこのような留保条件を付け加えた．また，連邦平等法にも，上記の「個々の場合を考慮したクォータ制」の規定が置かれることとなった．

紛争が目立つためクォータ制が大いに活用されているように見えるが，クォータ制はあくまでも空ポストが生じた場合に限り，「同一（価値）資格」を条件として適用可能である．公務部門が縮小している現在においては，その直接的な効果は限られたものといわざるを得ない．

② 民間部門

民間部門については，ポジティブ・アクションを義務づける法規はない．ただし，州の男女平等法には，公契約によって民間企業のポジティブ・アクションの実施を促進するための規定を有するものがある．たとえば，ベルリン州の男女平等法は，10万ドイツ・マルクを超える公契約を締結する場合には，女性の地位向上措置および職業と家庭の両立促進措置を実施することを受注者に義務づけなければならないと定めている．

このほか，労働協約または事業所協定に基づいてもポジティブ・アクションが行われている．かつては育児休暇やパートタイム勤務に関するものが多く，「母と子のためのプログラム」といわれたが，近年は性差別的な構造の改革を目指す労働協約や事業所協定が増えてきている．たとえば，管理職ポストについて男女の均衡をとるための目標値の設定，性別に中立的な人事募集，募集手続きにおける女性に対する特段の配慮，継続職業教育への男女の同一の参加，育児休業期間中および期間後の継続職業教育，セクシュアル・ハラスメントに関する研修・予防措置・制裁措置・苦情受付機関の設置に関する規定が含まれるようになっている．また，少数ではあるが，フォルクスワーゲン社の事業所協定「女性の地位向上のための基本原則」（1989年）やオペル社の事業所協定「女性の地位向上計画」（1991年）のように，採用および職業訓練生の受入れに関して同等の資格の場合には女性を優先することを定めるクォータ規定を含む例もある．

問題は，このような協定が締結されているのが，化学，金属，金融・保険，商業，食品工業などの大企業に限られていることである．連邦雇用庁労働市場職業教育研究所の事業所パネル調査（1998年）によれば，「男女平等の促進のた

めの事業所協定がある」事業所は全対象事業所の3％程度である．また2,000人以上の事業所ではこのような協定の普及率は旧東ドイツ地域で70％，旧西ドイツで50％に達しているが，200人未満の中小事業所では10％未満である．

連邦政府は，民間部門にも適用される男女平等法の制定を予定していたが，経済界の強い抵抗を受け，当面，立法化を断念し，使用者団体との合意文書に基づき民間部門の男女平等を促進することとなった．2001年7月に締結された合意文書「女性と男性の機会均等のための合意」には，事業所内の積極的な促進措置により女性の職業上の機会および親である男女の家庭と職業の両立を持続的に改善することを目的とすること，女性の少ない領域（特に管理職および将来性のある職種）でも女性比率を顕著に高めること，中央組織は会員企業に対し男女の機会均等と家庭に対する配慮を改善するための事業所内の措置をとるよう勧告することなどが記されている．この合意が成果をあげている限り，連邦政府は立法化を提案しないことになっている．

この合意文書において各企業に利用が推奨されているのが以下の2つのサービスである．

〈トータル・イー・クォリティ〉

「トータル・イー・クォリティ」は，機会均等政策において優れた企業に「トータル・イー・クォリティ」の称号を与える運動である．イー・クォリティ（E-Quality）とは，平等（equality）と質（quality）をかけた言葉である．

称号を希望する企業は，従業員のレベル別男女比の現状と推移に関する表と，7分野（従業員構成の統計的把握，採用，継続職業教育，家庭と職業の両立，職場における男女の協力，機会均等政策の制度化（＝担当者の任命等），機会均等政策の表明）のさまざまな措置について取り組み状況を問う表から成るチェック・リストに記入して審査を受ける．企業の規模別に定められた最低基準を満たした企業には，「トータル・イー・クォリティ」の称号が与えられる．この称号は3年間有効で，証明書とロゴから成り，ロゴはマーケティングに使用することができる．97年から2000年までに65（うち13は更新）の企業・団体に称号が授与されて

〈「職業と家庭」監査〉

　米国の「ファミリー・フレンドリー指標」に刺激されて開発されたこの監査では、10の活動分野（労働時間，労働過程・労働内容，労働の場所，情報提供政策，指導層の能力，人材開発，報酬の内容・金銭価値のある諸給付，家庭支援サービス，企業・人事政策の費用効果分析のためのデータモデル，当該企業の特色ある措置）について、家庭のための措置の現状を把握し，当該企業独自の発展の可能性を体系的に調査する．公益法人「職業と家庭」が専門監査人の協力を得て監査を行い，関係各省や団体の代表，ジャーナリストおよび研究者で構成される独立の監査委員会が証明書の授与を決定する．70の企業，政府機関等が証明書を授与されている．

3　職業と家庭の両立支援策

　職業と家庭の両立のための政策は，ドイツでは女性の地位向上政策のひとつとして重視されてきた．かつては，これらの政策は女性のみを対象とする政策であったが，近年は，男女を共に対象とする性中立的な政策として進められている．1994年制定の新「労働時間法」は，一定の条件のもとに被用者に家族的責任（12歳未満の子の育児または要介護者の介護の必要）を理由として昼間勤務への配転を求める権利を認めた．このように，労働時間法の女子保護規定が，妊産婦保護規定を除き，家族的責任を有する男女の被用者に対する保護規定に切り替えられたのも，このような流れのひとつとして捉えることができる．

①　親時間制度（育児休業制度）

　1986年の「連邦育児手当法」により，育児手当（月額600マルク）と育児休暇（出生後10カ月まで）の制度が導入された．育児休暇は，当初より制度上は父親・母親のいずれも取得することができた．しかし，手当による所得補償が不十分であったこともあって，請求権を有する母親の90％以上が育児休暇を取得しているのに対し，請求権を行使する父親はごくわずかで，育児休暇取得者全体に占める父親の割合は1.5％に過ぎなかった．

2000年に父親の取得促進を目的のひとつとして育児手当・休暇制度の改革が行われた．また，育児という仕事に従事しているのに休暇と呼ぶのは不適切であるとの批判があったため，育児休暇は親時間に改められ，2001年より新制度がスタートした．従来の制度は，基本的には母親の完全休業と父親による生計の維持という「分業モデル」を前提としていたが，改革では，両親が共に労働時間を短縮し育児にあたる「共同モデル」がはじめて提示されたといえる．

　新制度の概要は次のとおりである．育児手当は，子が満2歳になるまで月額307ユーロまたは子が満1歳になるまで月額460ユーロのいずれかの方式で受給できる．親時間は，子が満3歳になるまで取得できるが，使用者の同意があれば，最後の1年分は子が満8歳になるまでの期間に繰り延べることもできる．両親共に就業している場合，どちらがどれだけの期間，親時間を取得するかは自由に決めることができ，同時取得も可能である．親時間中は，週30時間までのパートタイム労働が許される．両親が同時に親時間を取得している場合は，それぞれ週30時間までパートタイム労働を行うことができるので，合計で週60時間までの労働が可能となる．これにより父親・母親のいずれも職業を中断することなく育児に当たることが可能となる．パートタイム労働の具体的なやり方について使用者と合意できない場合でも，一定の条件（従業員15人を超える事業所であること，これを妨げる差し迫った経営上の理由がないことなど）を満たせば，労働時間短縮請求権が被用者に認められる．親時間中は，原則として解雇できない．親時間終了後は，通常は元の職場に戻ることができ，配転が行われる場合は，同価値の職場へのものでなければならない．親時間中に労働時間を短縮していた場合は，親時間終了後，以前の労働時間に戻すことを求める権利が与えられる．

　また，企業によっては，労働協約や事業所協定に基づいて，法定期間を超えて育児休業の期間を延長している例がある．

　② パートタイム労働

　連邦政府は，雇用政策上の目的もあってワークシェアリングの趣旨により，

特に良質なパートタイム労働の拡大を推奨している．2000年には，従来の「1985年就業促進法」の規定を大幅に拡充する「パートタイム・有期法」の制定により，良質なパートタイム労働の拡大のための法的枠組みを整備した．

パートタイム・有期法のうち，パートタイム労働に関する主な規定は以下のとおりである．パートタイム被用者に対する不利な扱いは許されない．労働報酬等の金銭給付は少なくともその労働時間に応じて保障されなければならない(時間比例原則)．フルタイムからパートタイムへの転換，パートタイムからフルタイムへの転換を拒否したことを理由とする解雇は無効である．また，使用者は，管理的地位にある者を含め被用者に対しパートタイム勤務を可能にしなければならない．従業員数が通常15人を超える事業所で6カ月を超えて働く被用者には，自己の労働時間の短縮を求める権利を認める．この場合，まず労使間で協議を行うことが求められているが，使用者は経営上の理由がこれを妨げない限り，労働時間の短縮に同意しなければならない．パートタイム被用者が自己の労働時間の延長の希望を表明した場合，使用者はフルタイム・ポストの補充の際に，差し迫った経営上の理由または他のパートタイム被用者の希望がこれを妨げない限り，同一の適性であることを条件としてその被用者の希望を優先的に考慮しなければならない．使用者は，パートタイム勤務に適したポストについては，パートタイム勤務としても募集を行わなければならない．

第3節　ドイツの男女雇用平等政策からの示唆

1　モデルとしての公務部門

ドイツでは，公務部門においてポジティブ・アクションの手法が制度化されている．かつてワイマール期において女性官吏は結婚すると退職させられていたというが，今日では，連邦，各州および各地方自治体は，それぞれ公務部門の雇用主としても男女平等の実現の責任を課されており，公務職場はモデルとして，シンボルとして職場における男女平等政策が推進されている．ドイツで

は公務部門で働く者の総数は500万人に満たず，公務部門は労働市場では小さな部分を占めるに過ぎないが，民間部門よりも女性比率は高く，女性の職場として重要であることは間違いない．

　80年代に各州政府が州の機関で働く女性の地位向上に関するガイドラインを制定し始めた．ほとんどの州のガイドラインには女性の少ない領域では同一資格であることを条件に女性を優先して昇進させること（昇進におけるクォータ制）が定められていたし，なかには採用に関しても同様の方式（採用におけるクォータ制）を定めるものもあった．連邦政府も1986年に女性の職業上の地位向上のためのガイドラインを閣議決定した．

　1986年に憲法学者のベンダがハンブルク州政府の依頼を受けて提出した鑑定書が，クォータ制についてはガイドラインによって定めるだけでは不十分であるとして根拠法の制定を求めたため，これを契機に1989年以降，各州でポジティブ・アクションが法律によって定められた．1998年のチューリンゲン州の制定をもって全州が男女平等法または女性の地位向上法を有するに至った．連邦レベルでも1994年に女性の地位向上法が制定され，さらに2001年には女性の地位向上法に代わるものとして，より強力な連邦平等法が制定された．

　現行の連邦法および各州法には共通して，女性のためのクォータ制，女性の地位向上計画（平等計画）の策定義務，性差別禁止および構造的性差別につながる選抜基準の排除，家族的責任と就業を両立させるための諸規定，平等問題担当者（女性問題担当者）の任命が定められている．

　わが国においても2001年5月，人事院から「女性国家公務員の採用・登用の拡大に関する指針」が出され，各府省は「女性職員の採用・登用拡大計画」を策定し「積極的改善措置」により女性国家公務員の採用・登用の拡大を図ることとなったが，国レベルでも地方自治体レベルでも，公務職場はモデルとして，より積極的な男女平等政策への取組みが求められるところである．

2 人事手続きの透明化

　公務員の任用は，成績主義によって行われるのを原則とし，基本法には「適性，能力，および専門的業績」のみを評価の基準とすることが定められている．しかし，その具体的内容が不明確であったため，従来，男性に有利に運用されることが多かったといわれる．これを防ぐために，連邦平等法は，募集手続き，面接・選考手続き，資格の評価基準，選考基準としてはならない事項について詳細に定めた．

　まず，募集の原則であるが，連邦官吏法等の規定により，任用を行う際には募集を行わなければならないことが一般原則として定められている．連邦平等法はこの原則に加えて，公募の場合でも内部募集の場合でも，男性または女性に限定して募集を行ってはならないとする．募集要綱は，その表現だけでなくその内容全体が，一方の性の人のみに向けたものになっていないように作成しなければならない．女性比率が50％未満の職務区分で空ポストの人員補充が行われる場合には，女性応募者の人数を増やすことを目的として募集を行うものとし，内部募集によってこの目的を達成できない場合には公募を行うものとする．女性を増やすための補助策として，任用を行う場合には，管理職の職務を含め，重大な職務上の利益がこれを妨げない限り，パートタイム勤務としても募集を行わなければならない．募集の前に当該職についてパートタイム勤務の可否を検討する作業が行われることが前提となる．初めから採用者の決まっている形だけの募集が行われることを避けるために，募集要綱に記載されるべき応募条件は，当該職の必要条件プロファイルに合致するものでなければならないとする．

　次に，女性比率が50％未満の職務区分で空ポストの人員補充を行う場合には，募集要綱に定める資格要件を満たす女性を男性と同数以上，面接に呼ばなければならない．また，面接において，家族状況，妊娠の有無または予定，ならびに就業の際の子，障害者または要介護者である身内の者の世話の確保について質問してはならない．人事選考委員会は，男女同数の構成とするものとす

る．

　資格の評価は，補充される職の必要条件，特に職業教育の要件および職業上の経験のみを基準として行われる．勤続年数，年齢および最後の昇進の時期といった基準は，男性に有利に働くことが多いが，これらは応募者の資格にとって有意である場合に限り考慮される．女性は家庭内での世話および介護の経験を有することが多いが，これによって獲得された特別な経験および能力は，当該職の活動を行うために有意である場合には常に考慮しなければならない．ここでいう経験および能力としては，世話や介護のための技術的能力にとどまらず，柔軟性，コミュニケーション能力，チーム能力，行動力，組織能力などが想定されている．資格評価の基準としてはならない事項として，女性に不利に働くことの多い以下の3種類の事項が定められている．すなわち，a) 家族的責任を引き受けたために，職業生活を中断したこと，実質的な勤務年数が短いこと，労働時間を短縮したことまたは職業教育課程の修了が遅れたこと，b) 配偶者またはパートナーの所得，c) 子または介護を要する身内の者の世話をするために時間的に負担を負っていることおよび労働時間短縮制度を利用する意思のあることである．

　このように，クォータ制が単独で規定されているのでなく，女性の採用・昇進を増やすという目的のもとに人事手続き全体が詳細に規制されているところに注目したい．人事手続きはブラック・ボックスになっていることが多いが，形式的な平等にとどまっている機会の平等を実質的な平等とするにはこのような規制が必要なのである．

3　差別されないパートタイム労働の可能性

　ドイツでは，女性の労働力率の上昇の内実はパートタイム労働者の増大であった．女性がこのような働き方をしているのは，なお家族的責任が女性の肩にかかっており，しかも保育施設が十分に整備されていないため，女性自身が職業活動を制限せざるを得ないからである．

このような現実の中で男女平等を進めるにはどうしたらよいか．究極的には，パートタイムという働き方を女性固有の特殊な働き方から，誰もが自分の人生計画に合わせて選択しうる普遍的な働き方に変えていかなければならないだろう．そのためには，パートタイム労働者には，フルタイム労働者と同等に昇進や職業教育の機会が与えられ，その労働時間に応じた報酬が保障されなければならない．現在の状況に即していうならば，パートタイムの女性がフルタイムの者と差別されることなく昇進の可能性ももてるようにすること，フルタイムの男性が労働時間を短縮して家族的責任を果たすことができるようにすることが必要である．男女が仕事と家庭の世界に相互に乗り入れることが必要なのである．

フルタイムの労働時間を短縮する方式でのパートタイム労働は，公務部門や男女平等政策に熱心な一部の大企業等では，以前から家族的責任を負う者を対象に導入されていたが，パートタイム労働・有期法によって導入された労働時間短縮請求権は，家族的責任を理由としなくとも，使用者に対し自己の勤務時間の短縮を求めることができるという点で，パートタイム労働をより普遍化する方向へ一歩踏み出したものといえる．

連邦雇用庁労働市場職業研究所の調査によれば，パートタイム労働・有期法の施行後2001年秋までに約8万5,000人（女性6万6,000人，男性1万9,000人）のフルタイム被用者が労働時間短縮を請求した．そして労働時間短縮の合意がなされた事業所の4分の3では，特記すべき効果があったという．すなわち，その半数弱の事業所は雇用創出効果（従業員の新規雇用，人員削減の回避，パートタイム労働者の労働時間の延長）があったとし，半数強の事業所は生産性の向上効果（業務の移転，廃止または合理化）があったと回答した．労働時間の短縮はほとんどが合意の上で行われ請求権をめぐる紛争も少なく，パートタイム・有期法の制定に強く反対していた経済界もおおむね好意的に評価しているという．

ドイツでは，特に男性はフルタイム志向が強いので，パートタイム労働はまだ普及していない．しかし，フルタイムの労働時間を短縮する方式でのパート

タイム労働，資格を要する良質なパートタイム労働を拡大しようという努力は続けられている．このようなパートタイム労働がどう受け入れられていくのか，今後の動向に注目したい．

参考文献

齋藤純子「育児手当と親期間―ドイツの新しい育児手当・育児休暇制度」『外国の立法』212 号，2002 年 5 月

齋藤純子「ドイツにおける公務部門の男女平等のための連邦平等法の制定」『外国の立法』213 号，2002 年 8 月

齋藤純子「ドイツにおける女性のためのアファーマティブ・アクション立法」『外国の立法』192/193/194 合併号（特集女性），1995 年 4 月

齋藤純子「ドイツにおけるパートタイム労働・有期労働契約法の制定」『外国の立法』209 号，2001 年 6 月

齋藤純子「ドイツの男女雇用平等政策」『日本労務学会誌』3 巻，2 号，2001 年 10 月

齋藤純子「ドイツの男女平等政策（一）（二）」『レファレンス』564～565 号，1998 年 1～2 月

内閣府男女共同参画局編『男女共同参画諸外国制度等調査研究報告書―イギリス，ドイツ，スウェーデン―』2002 年

Bundesministerium für Familie, Senioren, Frauen und Jugend (Hrsg.), *Frauen in Deutschland : Von der Frauen- zur Gleichstellungspolitik*, Bonn, 2002.

Klammer, Ute/Klenner, Christina/Ochs, Christiane/Radke, Petra/Ziegler, Astrid, *WSI FrauenDatenReport,* Düsseldorf, 2000.

Shiek, Dagmar/Dieball, Heike/Horstkötter, Inge/Seidel, Lore/Vieten, Ulrike M. /Wankel, Sibylle, *Frauengleichstellungsgesetze des Bundes und der Länder : Kommentar für die Praxis zum Bundesgleichstellungsgesetz und den Gleichstellungsgesetzen, Gleichberechtigungsgesetzen und Frauenförderungsgesetzen der Länder,* 2., überarbeitete und aktualisierte Auflage, Frankfurt/Main, 2002.

Statistisches Bundesamt (Hrsg.), *Statistisches Jahrbuch 2001 für die Bundesrepublik Deutschland,* 2001.

第3章
日本とチュニジアにおける女性労働の比較研究
―女性労働者と教育―

　日本人女性の労働参加に関する研究は，欧州や北米といった西洋諸国との比較において為されることが主であった．このことは，西洋諸国の他には女性労働のモデルが存在しないということを意味しているのであろうか．本章における研究は，おそらく，日本とチュニジア（Tunisia）との女性労働の比較を扱ったものという意味において，はじめての試みであろう．

　この研究のオリジナリティーは，(1) 日本とチュニジアというきわめて異なった文化的背景を有する国家間で女性労働が比較されている，(2) 2国間にみられる文化的な根底にある違いを明らかにした，ということにある．日本は，仏教を社会的基盤にもつアジアの国であり，チュニジアは北アフリカおよびアラブ諸国の一員として，イスラムの教えに重きをおいている．

　Junsay & Heaton (1989) によれば，教育は，女性労働者に対して積極的な影響をあたえている，という．そこで，文化的，社会的，および経済的な背景の異なる両国を考察することにより，はたして，これが普遍的な現象であるか否かの検証が可能となる．そこから，この研究が，女性労働者がおかれている社会文化的な局面と，女性労働に向けられる人びとの自覚とに，特別な留意をあたえるものと期待したい．

　本章は，全部で3つの節から構成されている．まずは，チュニジアにおける教育システムと女子学生人口の分布について，簡潔に論じる．次いで，年齢と教育に基づき，日本とチュニジアの女性労働者について述べる．最後に，女性労働者の自覚に表れてくる姿勢と意識の違いの分析から，両国の高学歴女性の労働パターンにみうけられる差異に関する理由の特定を試みる．

第1節　チュニジアの女性と教育

1　チュニジアの教育システムの概論

　日本とチュニジアにおける教育システムには，いくつかの相違点がみうけられる．まず，両国ともに小学校に入学する年齢は6歳であり，通学する期間は6年間である．次いで，日本では中・高等学校を合わせた就業年限は6年間になるが，これに相当するチュニジアの高校の場合は，7年間を要する．そのため，大学への進学が，日本では18歳，チュニジアでは19歳と異なってくる．また，チュニジアでは，要求されたレベルにまで達していない学生たちは，その学年を再履修しなければならない．そのため，学生らの集団のなかに，しばしば当該の学年より年上の学生を見かけるが，これは，さほど珍しいことではない．大学の課程に関していえば，そのコースは専攻によっても違ってくるが，両国ともに，通常，4年間が必要とされている．

　チュニジアでは，教育を受けることは，教育機関の絶対数が限られていること，あるいは家計の状況に余裕がないことなどの理由から，簡単なことではない．そのため，上級の教育，とりわけ高校から大学へと進学できない学生が多く，それを断念し，求職していくことになる．これとは対照的に，日本の場合は，各学校の水準にもよるけれども，公立や私立の機関によって提供される教育の水準は多様かつ高度であるといえる．

　チュニジアでは，最近まで，小学校の段階から，選抜の過程が設けられていた．生徒らは，小学校の6年次に「シージーエム」とよばれる最初の国家試験を経験することになり，この成績の如何により，さらに上級の教育へと進学する道が開かれるのである．ここに，義務教育は，小学校の終了時までとされていた[1]．次いで経験する「バカロレア」という国家試験は，高校時代の教育を総括するものであり，生徒らの大学進学に関する可否は，この試験によって決定されている．

　日本には短期大学と4年制の大学とがあり，いずれも学生らは比較的容易に

修了することができるのに対して，チュニジアでは4年間の研究が大学で必修すべき基準とされており，不十分な成績では，これを修了することができない．Camau (1997) によれば，チュニジアの大学では，入念な選別が行われており，退学率は，第1，第2学年に相当するファースト・サイクルと，第3，第4学年にあたるセカンド・サイクルで高い，と指摘されている．それゆえ，チュニジアの場合，教育水準の低い女性と男性によって，労働力の大部分が構成されているものと考えられうる．逆に日本では，高学歴女性が，労働者として組織されていくことになる．このように，両国の女性労働者は，その質と量において，異なっているのである．

2 学術分野におけるチュニジアの女子学生の分布

表3－1によれば，女子学生のうちでもっとも人気の高い学術分野は，文学・芸術・人間科学の領域であり，医学，法学，そして経済学と経営学が，これに続いている．これらの学術分野は，チュニジアの女子学生らの選好のみならず，両親がその娘に対して抱く希望とも重複するものである．

ある女性の非政府組織（NGO）による調査が実施され，そのなかで，「あなたの娘には，どのような専門知識を身につけて欲しいか」との質問が為された．

表3－1　学術分野にみる女子学生の分布（1998-1999）

	学生総数(人)	女子学生(人)	女子学生の割合(%)
基礎科学	22,569	9,525	42.20
文学・芸術・人文社会科学	43,655	27,650	63.33
医　学	11,306	6,485	57.35
法学・経済学	53,477	24,869	46.50
工　学	19,936	4,804	24.09
農　学	2,949	1,087	37.00
教育学	1,229	504	41.04
合　計	155,120	74,924	

出所）INS, *Annuaire statistique dela Tunisie*, Vol. 42, 2000年，p. 64.

表3－2　自分の娘に身につけて欲しい専門知識
(%)

	男女共	男性	女性
対象となる娘がいない	33.5	30.8	36.1
特になし	8.4	9.0	2.1
自身の選択による	2.2	2.4	7.8
夫の世話をすべき	3.6	5.2	2.1
管理職	18.3	14.7	21.6
教　師	19.3	22.6	16.1
経営者	3.5	3.2	3.6
職　人	2.0	1.9	2.1
責任ある地位	8.0	9.0	7.2
無回答	1.2	1.2	1.3

出所) UNFT, *L'image de la femme dans la societe Tunisienne*, 1995, p.51.

その回答が, 表3－2である.

　これによれば, チュニジア人の多くは, 自分の娘に教職あるいは管理職に就いてほしいとの回答をよせている. 母親たちから自分の娘に家事労働を望む声は少なく, 自由な選択の機会をあたえる傾向 (7.8％) が, 父親たちのそれ (2.4％) よりもつよい. 母親たちの多くは, 娘が将来, 管理職に就くことを切望していることが伺える. 一方で, 父親らの大半からは, 教職を望む回答がもっとも多くよせられた. おそらく, チュニジアの人びとは, 学校の休業期間を有効に利用できることから, 教職が女性にもっとも相応しい職業と考えているのであろう.

　これら教職と管理職は, ともにチュニジアの社会における女性のイメージに基づいて選好されたものである. さきの回答を注意深くみれば, その理由が分かるであろう. つまり, 女性が教師や大学教授であるとすれば, 当然に児童や生徒に関与することになるのだが, これらの職業をこなすために要求される特性は, 育児という, 女性にとって伝統的な役割に相当するものである. くわえて, チュニジアの社会では, これらの職業が責任ある職種であることから, 非常に「高貴なもの」とみなされ, 高く評価されている.

　日本の場合, サービス産業が非常に発達しており, 女性は, 金融業界をはじめとして, 飲食業, ホテル産業, そして小売業といった業種に就くことも多い. しかしながら, チュニジアでは, これらの業種はあまり歓迎されておらず, むしろ, 女性にとって好ましいものではないと考えられている. その理由は, 日

本とは違って，チュニジアでは飲食業や小売業が未発達であり，劣悪な労働条件しか用意されていないためである．レストランや商店で働く者は，おおむねその家族に限定されている．また，いまひとつの理由は，チュニジアの社会文化的な背景に関係が深い．すなわち，チュニジアでは，他のアラブ諸国と同様に，イスラム教の文化を基盤にもつ社会であることから，公衆に接することが要求されるこれらの職業は，最近まで，女性にとって好ましくないものとされてきた．しかしながら，ショッピングセンターの展開に合わせて，飲食業や小売業の拡大がみうけられ，これらの業種に対するイメージが変容してきており，ある程度の能力と訓練が求められるようになってきたのである．

とはいえ，本章の研究は，教育の成就と労働参加との間に明確なる相関関係が必ずしも認められるものではないということを論証するものとなるであろう．すなわち，女性は，教育の成就に関係なく，労働市場から離れていくということが観察されていく．教育が，近代的な経済的部門と教育水準の低い女性の労働参加に門戸を開くということは，もはや，一般的な理解にすぎないのである．

第2節　日本とチュニジアにおける女性労働者の叙述

1　年齢階級別労働力率

女性の労働参加を研究していくうえで，年齢という要因が，きわめて重要である．図3-1をみれば，日本人とチュニジア人の女性労働者との間には，いくつかの違いがみとめられる．

日本の場合，女性の労働力率は，年齢により，2つのピークをもつM字型カーブである．ここでの30歳から34歳までの層の落ち込みは，育児の期間に相当している．やがて，育児が終わり，女性が復職を果たす40歳頃から，労働力率は再び上昇していく．これに対して，チュニジアでは，女性の労働力率が，日本のそれよりも早くから労働市場に加わることになり，ピークは25歳から29歳にかけての1カ所となる．女性労働者は，29歳まで増えつづけた以

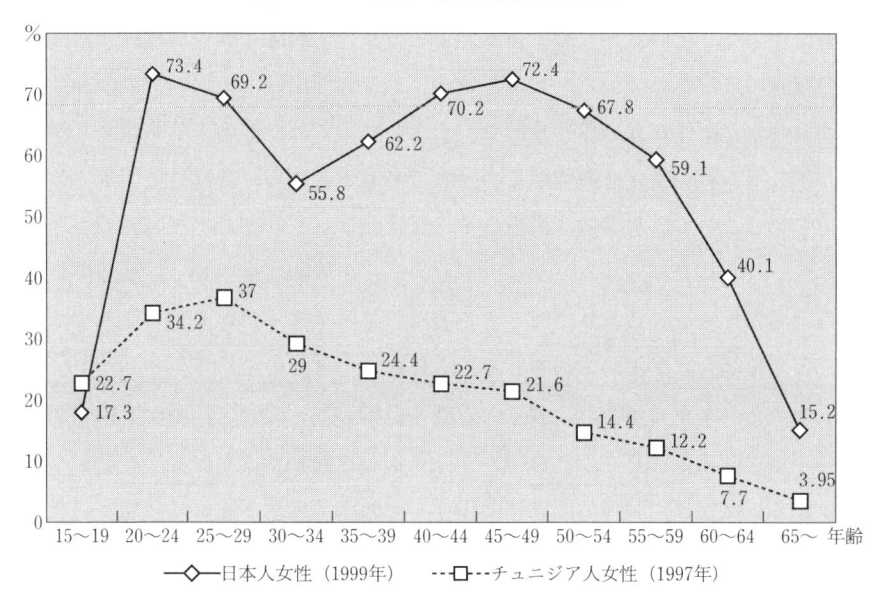

図3−1　女性の年齢階級別労働力率

（グラフ：日本人女性（1999年）とチュニジア人女性（1997年）の年齢階級別労働力率）

日本人女性：15〜19歳 22.7、20〜24歳 73.4、25〜29歳 69.2、30〜34歳 55.8、35〜39歳 62.2、40〜44歳 70.2、45〜49歳 72.4、50〜54歳 67.8、55〜59歳 59.1、60〜64歳 40.1、65〜 15.2

チュニジア人女性：15〜19歳 17.3、20〜24歳 34.2、25〜29歳 37、30〜34歳 29、35〜39歳 24.4、40〜44歳 22.7、45〜49歳 21.6、50〜54歳 14.4、55〜59歳 12.2、60〜64歳 7.7、65〜 3.95

出所）労働省『労働基本調査』2000年
　　　INS survey on the labour force, 1999.

降に減少し，再び元に戻ることはないということが重要である．つまり，チュニジアの女性は，後に復職することなく，労働市場を離れていくといえる．

　両国の女性労働者に関していえば，労働市場への参加のピークは，ともに20歳から30歳の間に集中しており，その後，減少していくことがわかる．しかしながら，日本の場合，そのピークは，大学での教育を終えた直後に仕事を開始する20歳から24歳の年齢層である．一方で，チュニジアでのピークは，やや遅れて25歳から29歳の年齢層で迎えている．この違いは，おそらく，大学での修了の遅れに由来するものと考えられる．いずれにせよ，両国ともに，女性労働者の数は，30代に近づくにつれて減少していく傾向にある．このようにして女性が仕事を辞める理由は，大別して，私的な環境と職業上のそれを起因とする2つの範疇に分類できよう．

① 私的な環境

　両国ともに，女性労働者の減少は，結婚や出産の時期に生起している．これは，家庭責任が増大していくとともに，女性にとって，私的な生活と職業上のそれとの間のバランスを図ることが，とりわけ困難なものになっていくからである．このとき，女性は，仕事を辞め，家族の世話をすることが好ましいと決断する．日本の慣習では，女性は，自分の両親と子供だけではなく，夫の両親の世話も合わせて要求されることになる．日本人の女性は，相当に高い割合で，この義務を負っている．

　その一方で，チュニジアの場合，平均寿命が男性で68歳，女性では71歳と日本と比較しても短いことから，さきの状況は，あまりみうけられない (UN, 2000)．チュニジアでは，女性の労働力率の低さは，結婚後の家事負担の増加と，女性にとって労働者と主婦という2足のわらじを履くことの困難さからでは，説明ができない．すなわち，祖父母がその世話を求めてきた場合であっても，安定した雇用環境にある女性が仕事を辞めるということは，きわめて稀である．そこで，おおよそ頼みとするところは，働く女性が財政的な援助をする傍ら，家計に余裕があろうとなかろうと，年老いた両親の世話をみる家政婦を雇うことになる．日本とは違い，近親者の世話をする慣習がないのである．ここでは，誰に近親者の世話をする余裕があり，家政婦を雇えるかということが問題であり，このことは，家族が互いに相談した後に，同意へと至る．

② 職業上の環境

　日本では，女性が30歳に近づくと，同僚から，いわゆる「肩たたき」とよばれ，結婚や家族の世話をするために退職する時期の訪れを促す間接的なサインが示される．チュニジアには，このような肩たたきと同一視されるシステムはなく，女性は，通常，仕事の内容と労働環境によって離職を決意している．もしも，仕事があまりにも重労働であり，そして給与の水準が労働の疲弊にみあうだけのものでなければ，女性は，自身の仕事に有為性を見出せないと考え，働くことを止めるのである．

世論調査によれば，回答者の32％が，女性はすべての職業に就くことができず，また，女性に相応しくない職業はなにかという問いに対しては，深夜勤務，建設業，そして農業などの重労働であると考えていることが，明らかにされた．つまりは，女性にとって理想的な職業とは，いずれも教育を受けることが必要とされるものばかりであった．そこで，次に，高等教育を受けた女性の労働パターンの分析を行ってみよう．

2　教育による女性労働者の叙述

　図3－2および図3－3は，女性労働者の教育の概要である．日本の場合，高校卒レベルからの表示であるのに対して，チュニジアのそれは，教育を受けていない女性労働者から示されている．

　図3－2によれば，日本の労働力の構成は，高学歴女性が重要な要素として，組織されている．もはや，若年者の97％は高校での課程を修めており，その半数以上はさらに高等な教育へと進んでいく（文部省「学校基本調査」1998年）．その一方で，チュニジアでは，1994年の統計によれば，男性では50.9％，女性は43.5％が，高校の在籍者名簿に記載されているにすぎなかった（Education, recensement general de la population et de l'habit, INS, 1994）．この割合は，日本と比較して，相当に低いものである．

　高校卒の資格は，労働市場において，女性がその才能を示すうえでのきわめて重要な要因とされている．日本の場合，女性の労働力のなかで，68.3％が高校卒程度であるのに対して，チュニジアのそれは，30.76％にすぎない．また，高等教育に関していえば，日本の労働力構成においては，およそ24％が2年制の短期大学を卒業しており，さらに，7.7％が4年制の大学を修了している．これに対して，チュニジアでは，8.9％が大学での教育を終えているにすぎず，両国の女性労働者にみられる教育水準の乖離は，注目に値するものである．つまり，日本人の女性は，チュニジア人の女性と比較したときに，働くうえでの準備段階で，一歩先んじているといえよう．

第3章　日本とチュニジアにおける女性労働の比較研究　61

図3－2　日本における教育と年齢による女性労働者の分布（1999）

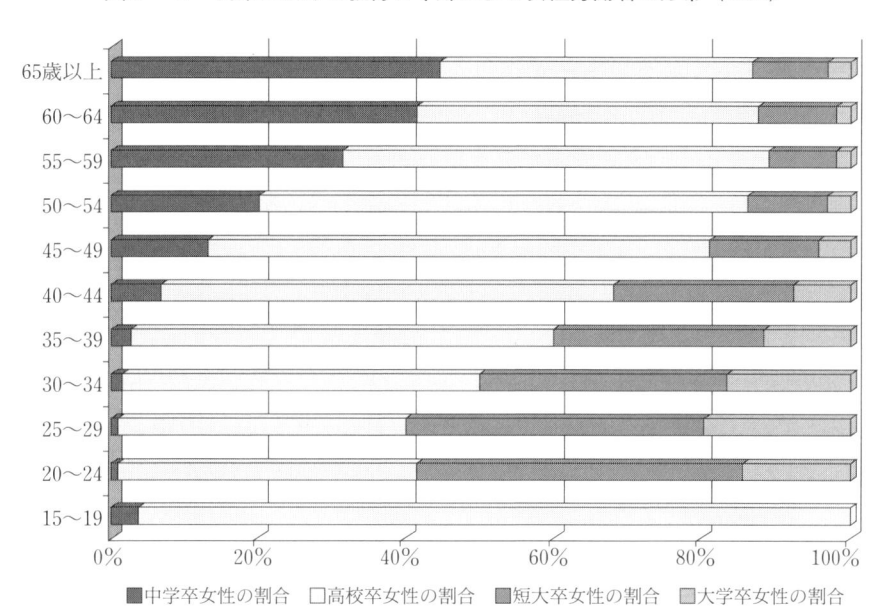

■中学卒女性の割合　□高校卒女性の割合　■短大卒女性の割合　■大学卒女性の割合

出所）『賃金センサス（平成11年版）』1999年，pp. 4-9.

くわえて，さらに調査をすすめるためには，教育を成就するうえでの，これらの背景的な要因の影響を合わせて分析することが，不可欠であろう。概していえば，両親の教育水準は，その子どもにも強い影響をあたえている。たしかに，日本人の女性は，チュニジア人の女性よりも早い時代から，教育を受けることができた。チュニジアの場合，60歳から64歳までの層で94％，45歳から49歳の層では44.15％の女性が，教育を受けてきていないと指摘されている（INS, 1997）。日本人の女性が古くから教育を受けてきたことの優位性は，その子どもにも反映されていく。男性と同じく，チュニジア人の女性は，日本人の教育や労働参加に対する関心を考えれば，未だに大きな遅れをとっているのが現状である。

教育の成就は，また，家計の状況が，その一因となる。チュニジアでは，教育を受けること自体は自由な制度であるが，子どもに教育を施すだけの余裕が

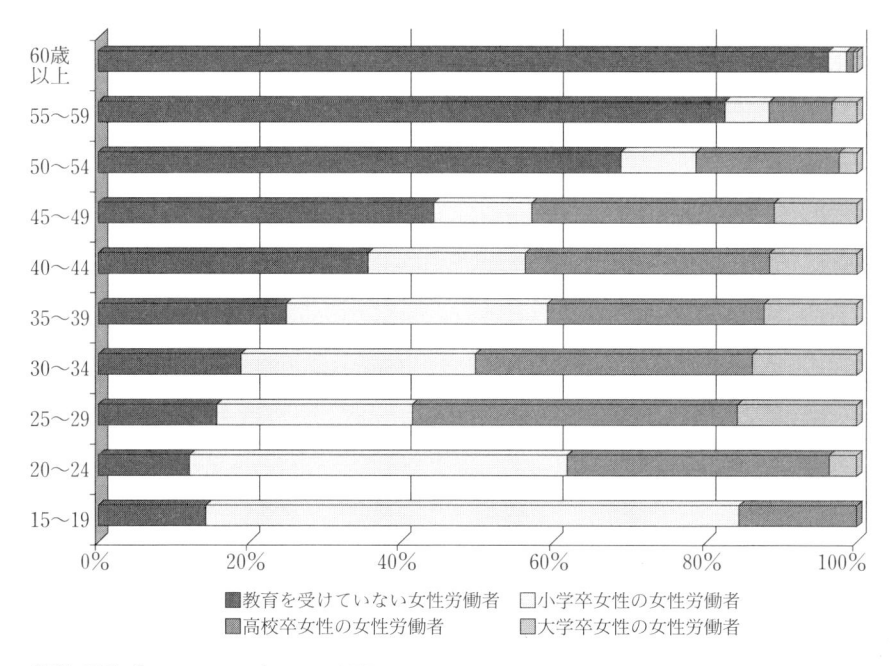

図3－3　チュニジアにおける教育と年齢による女性労働者の分布（1997）

■ 教育を受けていない女性労働者　　□ 小学卒女性の女性労働者
　 高校卒女性の女性労働者　　　　　■ 大学卒女性の女性労働者

出所）INS, *Survey on employment,* 1997, p. 44.

家計にはないとすれば，その子どもは労働市場において要求されるであろう教育を得ることができなくなってしまう．これとは対照的に，日本の場合は，高校や大学に進学するより以前の時期から，子どもの教育にかけるプランが築かれていることが多い．

　日本人の両親は，通常，子どもの教育のために，家計の一部を予め割り当てている．両親が高水準な教育を受けてきたのであれば，それだけで，その子どもは一定の教育水準に達することが期待されうる．なぜならば，教育を受けてきた両親という家庭環境のなかで生まれ育ったならば，教育への関心がきわめて高いことから，教育と労働をつうじての高い社会経済的な地位の獲得にむけた最初のメカニズムが，用意されていることになるからである．残念ながら，チュニジアの社会経済的な背景は，両親の教育水準の低さが明らかに女性の教

育の成就に反映されており，彼女たちが経済的活動へ参加するうえでの限界を生んでいるのが現状であるといえよう．

3 大学卒の女性労働者

教育は，次に挙げる2つの主たる理由から，女性労働者に積極的な影響をもつものとして，期待されている．第1に，高校への高い進学率は，女性が労働力として加わるための基礎的な技術や知識を身につけることを可能にすることから，女性労働者を向上させていく．第2には，大学のような高度な教育水準は，女性労働者の質，数，そして雇用の幅を増大させていく，ということである (Rousseau, 1997)．これにより，女性労働者は，教育をもって，その職位や労働条件の改善を果たしていくことが可能となる．もし，このことが，労働参加の決定に直接的な影響を及ぼしているのであれば，教育要因の分析は，これと密接に関係しているといえる．したがって，両国の女性労働者に対する大学教育の影響を調べることが，より重要視されるのである．

図3-4は，日本とチュニジアにおける大学卒女性の労働力率を示している．日本では，それは，2つの山を描く形になる．まず，ひとつ目の高い山は，20歳から24歳までの年代 (92.7％) であり，次いで，いまひとつは，45歳から49歳にかけての低い山 (66.0％) であり，これらは「キリン型」を描いている．

ここでの問題は，日本の場合，なぜ，貴重な人的資源としての高学歴女性が，およそ10年間もの長期間にわたって，労働から離れることを決意するのかということにある．女性労働に関するある調査によれば，大企業における30歳，ホワイトカラー，大学卒男性の残存率が79.8％であったのに対して，女性のそれは，29.4％にすぎなかった．この状況は，とりわけ不動産業と保険業において，さらに顕著なもの (17％) であった．このような高学歴女性の労働力率が低いことを説明する理由としては，次の5つが挙げられている．

第1の理由は，慣習により，女性は，結婚や育児のために仕事を辞めることにある．大企業の場合，同僚間の結婚 (社内結婚) は，会社から女性労働者が

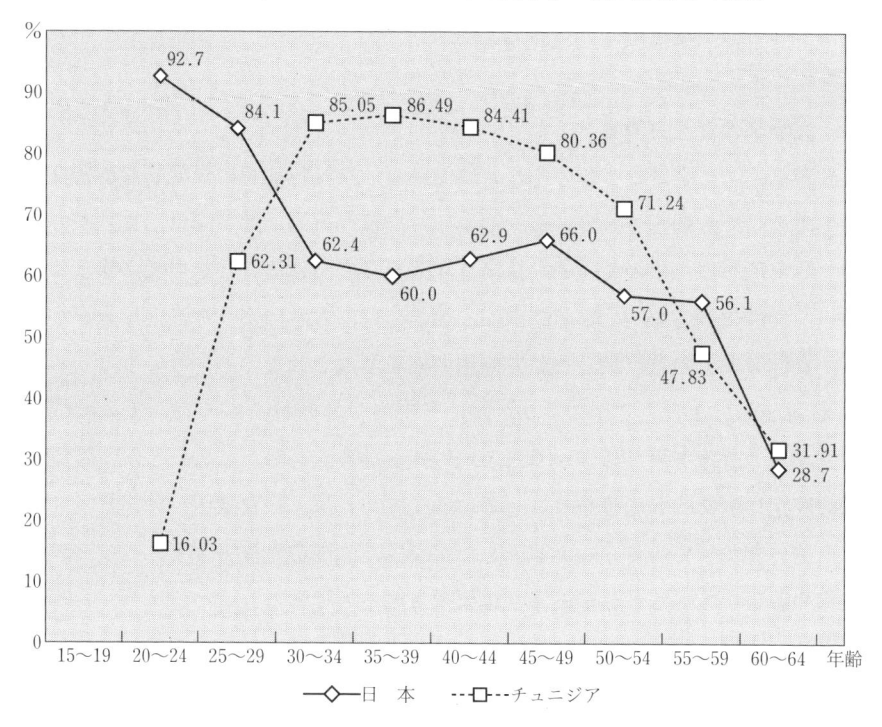

図3－4　日本とチュニジアにおける大学卒の女性労働者の割合

年齢	日本	チュニジア
15～19		
20～24	92.7	16.03
25～29	84.1	62.31
30～34	62.4	85.05
35～39	60.0	86.49
40～44	62.9	84.41
45～49	66.0	80.36
50～54	57.0	71.24
55～59	56.1	47.83
60～64	28.7	31.91

出所）労働女性局『女性労働白書（平成11年版）』1999年
INS, *Survey on employment,* 1995.
Ministry of economic development, *general survey on population and housing,* 1995.

辞めていく端的な例を示している．結婚を機に，女性が退職するという事実は，たとえその女性が総合職であっても，もはや不文律ともいえる．第2は，夫の収入に関係が深い．夫の収入が1,000万円を超えるときには，妻の労働力率は47.1％と低くなる（ダグラス＝有沢の法則）．第3の理由としては，結婚や子育ての後に復職する女性が少ないことである．第4は，適当な仕事が見出せないことであり，第5の理由は，「会社人間」と称される日本の雇用システムによるものと関連している（筒井，1999）．

　チュニジア人の女性労働者の労働力率に関していえば，図3－4でみられる

第3章 日本とチュニジアにおける女性労働の比較研究　65

ように，逆U字型になる．それは，もっとも低い16.03％に始まり，やがて86.49％のピークへと到達する．後に，これは，減少の一途を辿っていく．このような現象は，次の3つの段階において，分析が可能である．

　第1の段階は，もっとも低い最初の点から85.05％に到達するまでの間に相当している．もっとも比率が低いのは，卒業後の女性が結婚すること，あるいは彼女たちが困難な試験を克服した後に休息を取ること，によるものである．ここでの62.31％からうえの上昇は，政府の主導による積極的な取り組みによるものと思われる．それは，政府により導入された，新卒者の雇用の促進を図り，専門的な生活へと導く訓練に立脚する「SIVP: Stage d'Initiation à la Vie Professionelle」と称される2つのシステムをさしている．そのひとつは，高校の既卒者のためのものであり（SIVP 1），いまひとつは，新卒者向けのものである（SIVP 2）．このプログラムの下では，雇い主は候補者を雇い，政府はこの見習いの労働者に対して補助金をあたえる．さらに，見習労働者に賃金を支払う義務がないことにくわえて，雇い主は，納税の義務も免除されるのである．このプログラムは，理論と実務との間の乖離を補完するために，雇用者が新卒者に訓練を施すことを奨励するものであり，また，一方では，雇い主に見習労働者がその力量を示し，自身を売り込む機会を提供することをその目的としている．

　次に，この分析の第2段階は，30歳から54歳までの年齢層に当てはまる．大学を卒業した女性の労働力は，81.51％と比較的に高く，そして中断することなく，そこに留まっている．1997年には，大学卒の女性の割合が8.9％と低いものであったことにくわえて，一方では，管理職のおよそ10％が女性によって占められていたという事実は，きわめて興味深いものである（INS: Resultats de l'enquete sur l'emploi de 1997, 1998.）．チュニジアの国家としての発展の段階と文化的背景を考慮すれば，この割合は，注目に値するものといえよう．

　このことは，次の3つのことを明らかにしている．ひとつ目には，女性が励みとなる労働環境を見出し，仕事を続けていくということ．2つ目には，女性

は，人的資源，時間，そしてエネルギーを知識や経験の獲得にむけて投資することが，仕事を続けていくうえで価値あるものと考えていること．3つ目として，妻と夫による二重の収入は，家族の「良好」な標準的生活を提供するために不可欠なこと，である．したがって，日本の女性労働者とは異なり，大学を卒業したチュニジアの女性は，中断することなく，労働力として留まるのである．

　第3の段階は，55歳から59歳の年齢層に符合している．ここでの71.24％から56.1％への15.34ポイントもの減少に象徴されることではあるが，すなわち，労働力に留まる女性労働者の割合は，大学を卒業した女性の半数にすぎない．この減少は，早期退職のシステムによって説明されることであり，チュニジアの場合，とりわけ民間部門において，労働者は，60歳の定年を迎える前に有利な条件で退職することが可能である．

　これらのことから，両国の大学卒の女性労働者は，異なる労働パターンをもつということができる．日本では，大学を卒業した女性の80％以上が30歳まで労働に参加した後に，結婚や育児のために退職していく．やがて，40歳を過ぎた後でさえ，復職を果たすのは，大学卒女性の65％にも満たない．日本の労働力が多数の高学歴女性によって構成されているということを考慮すれば，この率は，きわめて低いといえよう．仮に，これが個人的で自由な選択の結果によるものではなく，ジェンダーに由来する不満足な労働環境による退職からくるものであるとするならば，女性労働者に対する評価と行動は，彼女たちの労働環境を向上させるものでなければならない．

　対して，チュニジアの場合，大学卒の女性は，81.51％という高い労働力率を示している．彼女たちは，通常，結婚や育児の後も，その経歴を中断させることはない．労働力率は50歳に近づくとともに減少していくが，これは，さきの早期退職制度を利用した女性によるものである．ここまでの研究から，日本ではその影響に限界があるけれども，チュニジアの場合，教育は，女性労働者に積極的な影響をあたえているということが，断言できよう．

両国の主たる違いは，結局のところ，女性が結婚や出産を決断する時期に生じている．これは，女性のライフサイクルにおける一里塚を象徴する要因である．こうして得られた結果は，両国の高学歴女性が，異なった労働パターンと，雇用に向けての姿勢をもつということを示唆しているものといえよう．

第3節　雇用に向けた日本人とチュニジア人の女性労働者の姿勢と意識

1　日本人女性の労働観

女性は，社会や雇用の実態から，男性とは異なる意識と労働に向けた消極的な姿勢を強めてきた．女性労働者の展望から，その労働観を分析することは興味深く，たとえば，多くの女性にとって働くことは卒業後の自然な段階である一方で，他の者とっては結婚前の通過段階でもある．日本の雇用システムについての研究者たちは，女性がジェンダーによる障害に遭遇するという労働環境を明らかにしてきた (Ul Islam, 1997)．これによれば，好ましくない労働環境から，女性たちは雇用に関して消極的な確信をもつことになる．たとえば，女性労働者は，男性と同じ役割があたえられず，良好な昇進の機会もなく，そして企業が彼女たちに男性と同等のキャリアを積ませることがないと考えている．はじめから動機づけが為されていないと，女性はそのキャリアにとって要求されている活力や忠誠心を発揮することがない．結果として，女性は，男性と比べて志が低くなり，労働に向けての消極的な態度をとるようになってしまうのである．

柔軟性のない社会と雇用慣行は，女性の労働に対する意欲に影響をあたえる要因となる．女性は，伝統的な雇用慣行の枠組みのなかに参加することができず，中心的ではない労働パターンか，あるいは非正規労働いずれかを選択しなければならない．長時間の残業や転勤が要求される柔軟性のない雇用システムのもとで，女性は，仕事と家庭との両立が許されるであろう低い地位と安い賃

金という，不利な労働状況を受け入れることが求められている．そこで，日本人女性は，労働に向けた消極的な姿勢を強めることになり，際立った職能を示すことなく，昇進なく同じ職位に留まることを気にしないことから，キャリアの形成に向けた積極的な態度をとらなくなってしまうのである (Lam, 1992)．この姿勢は，高学歴女性の間でさえ，みうけられている (Edwards, 1994)．日本人の女性労働者は，高学歴女性でさえ，未だに彼女たちのキャリアや労働の継続についての意識がみられない，という (Ul Islam, 1997)．

したがって，その解決策は，ジェンダーという要因に関係なく，男女間に公平な処遇をもたらすことである．その処遇は，労働者の能力と業績に基づいたものでなければならない．公平な評価をあたえる政策は，ジェンダー・フリーな雇用慣行の提示を意味するものとなる．ここでの問題は，女性労働者の仕事に向けた姿勢と意識を消極的なものから積極的なものへと，いかにして変えていくかということにある．

女性労働者のキャリア形成は，どのように測定されるべきであろうか．日本の雇用システムの分析を行うとき，たとえば出向や転勤といった公式なものや飲み会のような非公式な習慣といった，いくつかの問題が浮上してくる．いずれの慣行においても，女性に対するインセンティブを設けるように修正されるべきである．すなわち，女性は，2種類の問題に直面しているのであって，ひとつは家庭と仕事との両立，あるいは良好な家族のバランスであり，いまひとつは同じ企業の働く集団の一員として受け入れられ，統合され，そして認識される際に支障をきたすことである．それゆえ，女性労働者の姿勢と意識の変化を積極的なものにしていくことは，次の2つの目標に近づくことで，おそらくは可能となる．すなわち，まずは，良好な家庭と仕事とのバランスを許容する自由な雇用慣行の導入であり，次いで，男女にとって平等な雇用機会である．

これら2つの目標は，女性の意識をより業績へ献身的なものへと変えるための方法ではあるけれども，なによりも企業が積極的改正措置（ポジティブ・アクション）をすすめていくことを表明し，具現化していく場合にのみ，可能とな

る．女性の側における姿勢や意識の変化もまた，女性労働者の状況や地位の向上のために，不可欠である．女性は，もっとキャリアを意識し，企業の業績への献身にコミットすべきであろう．しかしながら，消極的な姿勢から積極的なそれへの移行は，まずもって企業の側で雇用システムの変化が起こった場合にのみ，可能である．企業は，より女性に好意的な雇用の方針と，男女間での公平な処遇を適用しなければならない．この目標を達成することでのみ，公平な社会が実現されるのである．

2 チュニジア人女性の労働観

　チュニジア人の高学歴女性にとって，労働への参加は，大学を卒業後の自然な段階である．すなわち，労働力として加わり，そして留まる高学歴女性労働者の割合の高さが，この議論の根拠となる．家族の生活水準を引き上げ，ホワイトカラーの働く女性として社会的に高い尊敬をうけたいという欲求は，このような行動をとる理由のひとつといえる．したがって，チュニジア人の高学歴女性は，内面化された労働の概念や，労働力として留まることの重要性について，はっきりと言及してきている．

　チュニジアの場合，おそらくは，民間企業で働く男性および女性労働者ともに，出世には限界がある．チュニジアの企業は，「独裁的」なやり方で組織されており (Gontara, 1997)，自律性や意思決定権は，経営者一族に属している．それゆえ，男女ともにキャリアを積むことには限界があるという現状から，出世という問題は，ジェンダーを凌ぐものである．

　両国の女性労働者は，異なる労働環境と，それにより異なる雇用システムの求めに応じなければならない．キャリア形成の概念は，いずれの国の男性であれ女性であれ，本来の意味で同質なものではない．日本企業の場合は，巨大な集団であり，それは国際的である．ところが，チュニジアでは，ほとんどの企業が家族経営であることから，キャリアを積むことが，必ずしも先行きの明るい状況とはならないであろう．それゆえ，労働者にとって，キャリアを積むと

いうことへの期待は，一般に，その見込みが用意されていることから，日本企業のほうが有為なものであると思われる．

3 日本人とチュニジア人の女性労働者の異なる姿勢と意識

チュニジアの場合，労働は，社会的な統合の機能だけではなく，社会的に受け入れられるという機能をも有している．女子学生がホワイトカラーの働く女性となったときには，彼女は，いまある社会的な環境から，より尊敬されるそれに身を置くことが可能となる．結果として，チュニジア人の女性は，ホワイトカラーの働く女性に期せられた良いイメージから，雇用に向けての積極的な姿勢と意識が奮い起こされるのである．したがって，労働の継続は，チュニジア人の高学歴女性にとって，きわめて内面化されている．

一方で，日本の女性労働者には，一部の柔軟性のない雇用の実施や社会的な性差をなくす方針の欠如から，労働参加に向けての消極的な姿勢と意識がもたらされている．労働環境に実在している問題点は，私的あるいは職業上の理由により，働く以前の女性が，中断されたキャリアをすでに身に付けているということである．したがって，日本人の女性労働者は，労働の継続という概念が内面化されておらず，彼女たちは，とりわけ経歴の追求を期待してはいない．

結論として，両国の高学歴女性の労働者は，雇用に向けての異なった行動をとるということがいえる．ここで，日本人の女性は，労働力に留まることがより困難であるという結論に至った．高学歴女性の雇用を高揚させるためのひとつの解決策は，ポジティブ・アクションをとおして，社会的な性差のない労働環境を実現するために，女性に友好的な雇用の実施を要請することであろう．これらの刺激は，おそらく，雇用に向けての女性労働者の意識と，女性資源を余すことなく利用することが可能な国へと変えていく結果となろう．

注
1）チュニジアでは，1999年より，小学校の6年次に実施されていた選抜試験が，

中学校の3年次に移行された．これにより，中学校も義務教育とされたのである．
訳者注）翻訳に際しては，できる限り原文に忠実な訳出を心がけた．しかしながら，紙幅の関係上，原著者および編者の同意のうえ，原文にはない意訳や編集等を行った個所がある．

参考文献

赤岡功・筒井清子・長坂寛・山岡熙子・渡辺峻『男女共同参画と女性労働』ミネルヴァ書房，2000年

Borjas, G. J., *Labor Economics*, Mc Graw-Hill International editions, 1996.

Cain, G., *Married women in the labour force : an economic analysis*, University of Chicago Press., 1966.

Gunderson, M., "Comparable worth and gender discrimination", *An international perspective*, ILO., 1995.

Hattery, A., *Women, work and family*, Sage Publication., 2001.

Islam, M. M., "Attitude and consciousness of Japanese men and women toward career commitment and continuity, the role expected change in HRM policies", *the International Journal of HRM 8 : 3 April*, 1997.

Junsay, A. T. and Heaton, T. B, *Women working, comparative perspective on developing areas*, Greenwood Press., 1989.

Koike, K., *The economic of work in Japan*, LTCB, International Library Foundation., 1991.

Melkas, H., Jarman, J, & Blackburn, R. M., *Gender inequality in the labour market and segregation*, ILO. 1995.

総理府編『男女共同参画白書（平成11年版）』1999年

総理府広報室編　世論調査『婦人問題に関する国際比較（昭和58年6月号）』1983年

労働女性局『女性労働白書（平成11年版）』1999年

謝辞　本章の執筆に際しては，多忙な情勢のなか，快く原稿の翻訳と編集を引き受けてくださった松本大輔氏（京都産業大学大学院経済学研究科博士後期課程）には，大変お世話になりました．ここに，記して格段の謝意を表します．

第4章

韓国における「男女雇用平等法」の14年目の現状と課題

　今日なお，韓国社会においては伝統的な儒教精神の色彩が根強いといわれている．その韓国で1987年「男女雇用平等法」（以下，「平等法」）が制定されて14年が経過した．法の制定・施行以後，男女間の雇用差別の解消，女性の地位向上への貢献という面で，韓国でどのような発展がみられ，どのような課題を抱えているか．この問題は，女性の真の解放・地位向上を求める，働く女性の視点にとどまらず，韓国における民主主義の成長の水準を示すバロメータとして非常に意義深いと思われる．

　1997年のIMF経済危機の発生は，韓国財閥の崩壊と再編成をもたらすほど苛烈なものであったが，同時に企業における雇用に激烈な変化をもたらした．こうした激変の下で，「平等法」はいかなる効果を発揮し，いかなる弱点をさらけ出したのか．そこから見えてきた課題は何かについて考察してみよう．

　男女雇用平等の実現のために，職場における民主主義の発展，雇用制度と人事労務管理の民主化，雇用平等に関する法制度の整備など多面的な検討が必要であるが，本章では，①「平等法」の特徴と法の施行状況，②女性が安心して働きやすい環境と社会システムの整備，③差別是正の対象たる女性自身の労働者としての権利意識の向上と訴訟の現状，是正措置の実施状況，積極的是正措置の意義と雇用平等実現への必要条件，という3つの論点にしぼって検討している．

第1節 「男女雇用平等法」施行14年の到達点

1 「男女雇用平等法」・「男女差別禁止法」の成立

　韓国に「平等法」が施行されたのは，1988年4月1日である．この法の目的は，憲法の平等理念に基づき，雇用における男女の平等の機会および待遇を保障する一方，女性の母性機能を保護し，職業能力を開発させ，勤労女性の地位向上と福祉増進に寄与するところにある．ところが韓国は，同法の導入にあたり，先に導入・実施した日本の「男女雇用機会均等法」(以下,「均等法」)をそのまま模倣した経緯がある．そのため，1987年制定，88年4月1日施行以後，三次の改定が行われた．第1次改定，1989年4月1日，第2次改定は1995年8月4日，第3次改定は1999年2月8日であった．改定の契機は，日本の「均等法」を正確に理解しないままの模倣による弊害が浮き彫りになったことにある．日本のそれは国際的・普遍的立法動向とは異なり，男女平等理念が徹底せず，実効性の少ないことが問題視された．「平等法」の核心的内容である男女同一価値労働同一賃金規定について，日本の場合，「労働基準法」にその条項が盛り込まれていたため，「均等法」にはその条項がなかった．それを理解せず，日本の法をほとんどそのまま導入・実施したからである．特に，「平等法」に差別の定義規定がなかったことや，雇用差別に関して「勤労基準法」(韓国)より罰則を低くする等の立法上の重大な不備が表面化したことが，「平等法」の改定に取り組んだ理由だという[1]．つまり，韓国社会，韓国人に合う要素をある程度加味するために制定・施行後，三次の改定が必要となったのである．加えて韓国の場合，「平等法」の改定とともに，「男女差別禁止法」(以下,「禁止法」)が1999年7月に施行されている．この法の内容は，雇用，教育，金銭，施設，用役等の提供と利用，法と政策の執行において，経営者のみならず，国家や地方自治体などの公共機関における女性差別とセクシュアル・ハラスメントを禁止するものである．金大中大統領直属機関である「女性特別委員会」が調査，勧告，調停などに関与するという点で[2]，「平等法」にはない，

公務員までも対象に入れた範囲の拡大と，職場のセクハラ禁止要綱も盛り込まれているという点で特徴を有している．

2　男女雇用平等の現状

「平等法」の施行以後，女性の経済活動人口動態はどのようであるか，従業員地位別・就業者の推移について見よう．[3]

「平等法」施行の1988年には，女性の就業者のうち非賃金勤労者は330万4,000名，賃金勤労者は346万7,000名であった．それがIMF経済危機直前の96年には，非賃金勤労者342万9,000名，賃金勤労者504万2,000名と，非賃金勤労者よりも賃金勤労者が161万3,000名も増加している．その後IMF経済危機の結果，98年には以前より賃金勤労者は若干減るが，2001年には，非賃金勤労者が横這いであるのに比べ，賃金勤労者は546万7,000名と88年に比べ35％強も増加している．しかし，こうした女性の経済活動参画の増加現象は，法の実効性に基づく労働環境の整備による増加か否かは今のところ断定できない．なぜならば，後述するように，企業による女性の処遇実態をみると，素直に肯定的に見ることができないからである．また，賃金勤労者の雇用形態を見ると，正規職ではなく，臨時，日雇いという非正規雇用者の増加が目立っていることは看過できない．

韓国は92年から，労働者の募集・採用にあたり，性差別の改善モニタリングを行っている．95年には女性差別的な広告は234件であり，それに対して警告226件，是正広告8件であった．2000年には，差別的な広告395件に対し，警告188件，是正広告207件と，95年に比べ警告は若干減ったものの，是正広告は25倍にも上っている．「平等法」施行から14年をへた今日でも平気で女性差別的な募集広告を出している企業が多い現状を見ると，法による規制の強化など，積極的な措置の必要性を切に覚える．

次の表4—1は，学歴別・性別賃金の推移を示したものである．[4] 表4—1のごとく，全学歴平均では，女性の賃金は，男性の44％（76〜80年）であったも

表4−1 学歴別・性別賃金

(単位:ウォン)

年度	平均		中卒以下		高校卒		短大卒		大学卒以上	
	男	女	男	女	男	女	男	女	男	女
1976	82,871	36,396	55,569	31,436	81,917	48,522	114,334	73,747	172,354	117,842
1980	192,589	85,674	149,170	76,744	180,687	99,665	242,170	157,563	348,513	210,981
1985	328,177	158,486	258,819	137,764	300,369	166,978	351,454	264,240	564,800	411,642
1987	390,139	198,734	315,199	172,794	349,545	199,545	399,140	280,014	639,007	473,015
1988	448,895	233,638	373,016	206,242	407,905	234,408	449,622	326,469	684,005	482,113
1990	588,320	323,691	498,006	285,175	538,479	326,172	583,493	411,129	833,004	593,766
1995	1,049,646	628,275	932,352	539,688	976,037	613,798	1,021,002	721,477	1,297,778	985,564
1997	1,261,941	789,063	1,088,458	759,652	1,163,718	759,652	1,215,987	864,703	1,565,564	1,204,846
1998	1,274,784	804,343	1,066,944	642,022	1,153,628	763,725	1,221,440	868,709	1,599,488	1,225,303
2000	1,473,789	954,292	1,216,952	755,322	1,327,986	886,191	1,377,148	984,530	1,882,416	1,396,469

出所) 韓国統計庁『韓国統計年鑑』第48号, 2001年, p.164, 一部削除, 再作成

のが，長期的には改善され，65％（2000年）にまで向上してきた．しかし，男女ともに学歴間格差は縮小してきており，1980年代までは平均賃金を上回っていた短大卒男性，大学卒女性は，1990年代半ば以降，平均を下回るようになった．こうした賃金の学歴間での平準化のもとで，短大卒女性の賃金は，大卒男性賃金の4分の3程度にまで格差が縮小してきている．

韓国社会の高学歴化に伴って高学歴者の男女賃金格差は縮小してきているが，女性の大卒者の増加によって，大卒女性の賃金は短大卒男性と同程度まで相対的に低下してきたという面にも注目する必要がある．

昇進・昇格についてみると，「平等法」施行時の1988年において課長級以上の職位については，男性は全体の8.3％，女性は0.2％であったのが，1997年には女性の課長級以上の比率が1.6％と，88年に比べて増加している．しかし，97年の男性14.3％と比べると，男女の格差はむしろ拡大している[5]．このような状況は，根本的な問題が改善されていないからである．一般的に韓国企業の昇進基準は，人事考課，昇進試験，勤続年数，学歴，上司の推薦書等が必要で，この中で人事考課点は40％以上の比重を示している．ところが，職務内容，教育訓練で男性と異なる扱いをされているため，昇進資格が性別に適用される企業が多く，女性が人事考課でよい点数を得ることはきわめて難しい．

「平等法」施行以前は，同一学歴社員でも，男性は勤続年数3年で自動的に昇進したが，女性には別途の試験を受けさせ，その結果を口実に脱落させる．特に職種別・コース別選択制の下では，女性の大部分は一般職とされ，昇進職位は無限ではなく下級管理職までとして，女性の昇進・昇格の途を遮断している．労働研究院が行った「男女間において昇進の差となる理由は何か」を聞いた調査によると，企業側は，昇進体系上，女性社員に昇進上限を設けているからだという[6]．

以上のように，「平等法」の主旨とは程遠く，企業内部では女性の差別は蔓延していることがわかる．政府は，これまでの女性採用目標制度にとどまらず，女性の昇進，女性の上級職について，現在は5％程度の5級高位職を

2006年までに10％に拡大する方針を出している[7]．しかし，それは公務員を中心とした対策であり，多くの民間企業で働く女性労働者には該当しないものである．ちなみに民主主義の発展水準のバロメータとなる男女権限尺度を国別に見ると，OECD加盟30カ国のうちに入る，韓国が63位，日本が41位と[8]，両国が経済先進国クラブに入っていることが疑がわしくなるような状況である．

第2節　男女雇用平等法と母性保護の現状

　女性の母性機能はなぜ保護されるべきか．もとより，それは男性との身体構造の違いにより，女性だけが妊娠し出産するという点にある．女性が家事労働と社会・経済活動との二重の負担を負ってきているのが現状である．とりわけ伝統的な儒教精神の根強く残る韓国社会では，家事・育児は当然，女性の仕事であるという意識が濃い．労働力を再生産し，次世代を育成するという社会的機能を維持・発展させていくためには，母性保護は不可欠な制度であり，実質的な男女平等の実現によって，ただ単に女性を保護するだけのものではない．韓国においても，有給産前産後休暇，胎児検診および死産休暇，生理休暇，育児時間，育児休職，配偶者の出産看護休暇などの母性保護制度がある．

　韓国の「平等法」のもとで母性保護制度はどのように位置付けられているだろうか．以下では，育児休職制度の現状および保育施設の設置状況に焦点を当てて，雇用平等と母性保護との接点について見ていこう．

1　育児休職制度の現状

　「勤労基準法」第72条に基づき，90日の産前産後休暇（必ず産後30日確保，休暇費用の事業主全額負担）と出産休暇とを含め，生後1歳前まで休職できる制度を育児休職制度と規定している．それは本来，保育施設の整備と並んで女性が仕事と家庭生活とを両立できるように支援する社会制度である．「平等法」の制定当時，その取得は女性に限定されていたが，95年8月の第2次改定時に

第4章　韓国における「男女雇用平等法」の14年目の現状と課題　79

配偶者も選択しうるように適用対象が拡大された．また同時に，事業主に育児休職奨励金を支給する制度が新設された．

　韓国労働部による育児休職奨励金の支給実績調査から育児休職の取得状況を見ると，[9)] 制度発足の1995年には，69事業所，494人につき5,700万ウォン，休職者1人に12万ウォンの奨励金にとどまっていたが，96年～98年には，事業所数は442，473，475と急増し，奨励金総額も14億9,900万ウォン，20億3,100万ウォン，23億3,400万ウォンへと増大した．1人当たり奨励金も月13万5,000ウォン，14万ウォンと引き上げられた．99年には1人当たり月15万ウォンに引き上げられたが，IMF経済危機の影響が鋭く，322事業所，1972人，11億4,800万ウォンへと急減した．2000年には401事業所，22億2,600万ウォンと回復したが，企業側の抑制によって取得困難が生じている．

　労働部の99年調査によれば，従業員300人以上の調査対象企業1,732社のうち，わずか3.2％がこの制度を導入しているに過ぎない．未導入の理由として使用者側は，代替労働力の負担増，休職期間の勤続年数繰り入れによる退職金・社会保険料負担の増大，休職中の能力低下などをあげている．勤労者側も，社内の雰囲気への遠慮，休職中の所得減少，復職の不確実性などを理由に取得しないとしているが，勤労者の本音は，育児休職手当てが月20万ウォンではあまりにも低額で生活困難だという点にある．

　韓国政府は，2003年から育児休職取得者に10.5カ月間，月40万ウォンを支給すると決定したが，[10)] 休職取得の同意には使用者の裁量範囲が大きいため，この制度が勤労者にとって取得しやすい環境にはなり得ていない．今後，奨励金制度の未導入企業への指導・監督の強化が課題となっている．

2　保育施設の設置状況

　次に既婚女性の就業継続にとって重要な保育施設の整備について見よう．それは女性が働き続けるための必要条件であるが，とりわけ職場保育施設の整備は女性の就業条件としてきわめて重要である．「平等法」第12条，「幼児保育

法」第7条の規定により，女性勤労者300人以上の事業所には職場保育施設の設置・運営を義務づけ，運営費の50％企業負担を課している．育児休職制度と併せて母性保護施策として保育所設置を義務づけているのである．

韓国女性統計院編『2000女性統計年報』による「保育施設および利用園児数」の統計から施設設置状況を見ると[11]，90年代の10年間に総施設数は9.8倍になったが，設置主体別に90年と99年とを比べると，国公立3.6倍（360→1,300施設），民間270倍（39→10,558），職場内10倍（20→207），家庭内4.5倍（1,500→6,703）であり，圧倒的に民間保育施設の増加に依存している．とりわけ職場内保育施設はきわめて少なく，施設数，収容園児数ともに総計の1％に過ぎず，大規模事業所の集中する首都ソウルですら2001年に62施設に過ぎない．

職場保育施設の有無とその理由を聞いた調査によると，100社のうち設置は17社で，83社は保育所を設置していない．主たる理由は，「希望者がいない」50.6％，「空間不足」18.1％，「費用の問題」10.8％，「事業所が分断」7.2％，「計画中」4.8％，その他であった[12]．この結果は，女性に対する使用者の無理解によるという外はない．つまり，企業側が結婚退職や出産退職などを女性に迫りながら，他方で女性労働力の年齢的な非連続性，いわゆるM字型雇用を理由として，職場内保育所の設置に消極的な実態を言い逃れているに他ならない．こうした既婚女性の働きつづけにくい環境に加えて，育児休職取得後の職場復帰が非常に困難であると指摘されている．育児休職取得後，職場復帰できるように職業能力開発の制度をもつ企業は100社のうち金融・サービス業などの15社に過ぎない．育児休職制度，職場内保育施設，育児休職復帰後の職業能力開発制度の3点セットは，出産・育児を背負って働く女性のための必要条件である．こうした体系的な女性支援システムの欠如は，政府による育児休職奨励金などの経済的支援だけでは解決されない根本的問題である．政府の経済的支援によるだけでなく，企業の真剣な取り組みを欠いては，折角の制度も絵に描いたモチに過ぎなくなるであろう．

「平等法」制定15年目の今日,「法あれども内実なし」から抜本的な改善へと向かう具体的プログラムのないまま,21世紀を迎えてしまった観が強い.抜本的な保育政策を実施することが,男女雇用平等の実現にむけて要求されているのである.

第3節　IMF経済危機と男女雇用平等法の実効性

1　IMF経済危機と雇用平等問題

周知のように韓国は1997年,財閥企業の杜撰な経営活動と,実体を伴わないいわゆるバブル経済のもとで,国民の無分別な外貨浪費により経済危機に陥った.

この時期には企業倒産が多発し,生き残りを懸けた大規模な整理解雇が行われた.その際,第1の整理対象は女性労働者であった.女性を真っ先に解雇する理由として企業側が挙げることは,「未婚女性は家族の扶養責任がない」,「既婚女性は夫が生計費を稼いでいるので家計に及ぼす影響が少ない」ということである.典型的な事例として,韓国農協中央本部の管轄下では,社内夫婦の大胆なリストラが行われた.762組の社内夫婦のうち,10組を除いて,752組が退職勧告を突きつけられ,結局,女性688人は,「名誉退職」に追いこまれた.その後,「名誉退職」した女性の66％が,不安定な「契約職」として再雇用され,非正規労働者となった[13].こうした構造調整は,伝統的・家父長的な性別役割分業意識のもとに,IMF経済危機下での企業再生のために,資本の論理としてやむを得ない面もあろうが,女性だけに負担をかける非科学的な方法だとして問題を残している.

女性団体には不当解雇に関する相談が急増し,訴訟に及ぶ事件が増えてきた.退職差別,差別解雇に関する訴訟件数は1997年には1件に過ぎなかったが,経済危機の吹き荒れた98年には11件に急増した.このことは,女性が景気変動の調整弁に過ぎず,「平等法」の趣旨を覆す一種の無法がどれほどまかり通

っているかを示すものといえよう．

2　男女雇用平等法と女性の権利意識

雇用における男女平等の実態は，「平等法」の下においても厳しい状態にあるが，ここでは女性側の対応について見ておきたい．この検証を通じて，女性の権利意識の変化と「平等法」の活用実態を把握することができよう．企業による不当処遇に対して女性労働者が訴訟に及んでいかなる成果を得たのか，その事例を通じて女性の意識構造と権利意識の変化の状況を確認しておきたい．

雇用差別紛争事例は，①労働者の募集・採用，②賃金，③配置・転換，④昇進・昇格，⑤定年，⑥退職，⑦解雇，⑧職場内セクハラなど，多岐にわたっている．女性労働者がいかなる内容で不当な処遇を受け，それにどのように対応してきたのかを見よう．[14]

表4－2は，法の施行前後に女性側から差別を受けたとして提訴された事例の一覧である．[15]

日本と異なり，韓国では，「平等法」の原則は努力義務ではなく，法に違反すると最高250万ウォンの罰金もしくは刑事罰を科している．しかし，表4－

表4－2　「男女雇用平等法」施行前後の女性差別訴訟事件処理類型

差別類型	罰　条項	総件数	差別認定	不認定	処理結果
①募集・採用差別	第6条	8	6	2	3件は罰金100万ウォン
②賃金差別	第6条の2	11	3		調停1件，罰金1件
③配置・転換差別	第7条2項	6	3	1	地方労働委員会依頼4件
④昇進・昇格差別	第7条	3			紛争処理機関で不認定
⑤定年差別	第10条	9	7	2	団体協約上で差別認定
⑥退職差別	第10条	7	3	2	うち2件不当解雇認定
⑦解雇差別	第10条1項	21	16	5	97年IMF以後多数発生
⑧職場内セクハラ	第8条2項	2	1		92年ソウル大学助教件

出所）韓国女性開発院『男女雇用平等法施行10年の成果と課題』1999年，pp. 188-191から作成（韓国語）

2に示されているように，①から⑧までの「平等法」違反に関する訴訟は止むことが無い．

① 募集・採用差別（第6条）については，「平等法」の施行後も多くの企業が募集・採用の際，女性に対しては条件をつけている．それゆえ，女性団体から韓国労働部に「平等法」違反の告発が続いている．韓国を代表する大手企業が検察庁に告訴され，各企業の代表者らに罰金100万ウォン（約10万円）を課徴した事例も少なくない．しかし，100万ウォンという軽い罰金刑では効力が弱く，募集・採用差別の告発事件は後を絶たない．

② 賃金差別（第6条の2）は，表4-2のように解雇差別違反に次いで訴訟が多い．男女同一価値労働同一賃金をめぐる違反は，平気で行われている．前述のごとく，企業における男女間の賃金格差は，能力の差によるものではなく，偏見をもとに性による差別という非合理的・非科学的なものである．男女賃金差別に関しての訴訟は相次いでおり，多くの女性は法に訴えるしか救済の手段がないのが現状である．

③ 配置・転換差別（第7条）は，賃金差別と表裏の関係にある．訴訟に踏み込んだ女性（既婚，未婚）のほとんどは，勤続年数，能力にかかわりなく，それぞれ結婚・妊娠等を契機に就業当時より勤労条件などが悪化するか，遠隔地へ転勤させられる等によって退職に追い込まれる場合が多い．したがって，これに関連する訴訟も絶え間ない状況である．

④ 昇進・昇格差別（第7条）は，鶏が先か卵が先かという議論になりかねないが，配置・転換差別にも直結する．大半の企業では昇進年限が設定され，ある程度それに準じて昇進・昇格が行われている．しかし，それは女性には必ずしも該当しない．男女間で異なる昇進年限，総合職・一般職などのコース分けにより，多くの女性を一般職として，職級・賃金の低いコースに女性を追い込み，女性は男性よりはるかに遅れた昇進・昇格人事管理対象となっているため，まじめで，能力ある女性は訴訟を起こし，自分の権利を取り戻そうとしている．

⑤ 定年差別（第8条）は，解雇，賃金差別の次に多く訴訟事件となっている．

企業側から見て，女性勤労者の勤続年数が短いため，教育訓練投資費用の回収率が低いという理由で採用をためらうという．しかし，その主張と矛盾して，採用後，女性のみに短い定年制度を設け，男性より早い定年制を実施している．そのため，女性であるだけで定年年齢が男性より短いことへの訴訟事例が増加してきている．

⑥退職差別（第8条2項）は定年差別と表裏一体であり，違反の事例も多く見られる．たとえば，結婚退職規定の有無にかかわりなく，女性だけに入社時に結婚退職を承認する旨の誓約書を提出させ，女性の勤務継続意思を無視するばかりでなく，法の網をかいくぐる事例も多いため，訴訟に及ぶ事件が増加している．

⑦解雇差別（第8条1項）に関する訴訟は，今までのところ「平等法」関連ではもっとも多くなっている．結婚・妊娠を契機とした偏見に基づく不当解雇事例が数多く見られる．とりわけ IMF 経済危機の際，整理解雇対象として，女性は第2次収入源とみなされ，多くの女性が不当に解雇されたことは記憶に新しい．これに対して，解雇された女性は果敢に訴訟闘争に訴え，差別認定された事件も多くなっている．

⑧職場内セクハラ（第8条2項）が韓国史上はじめて法的問題となったのは92年5月であったが，その事件をめぐる論議は未だ終わっていない．当時は訴訟事件となるものはそれほど多くなかったが，その後99年2月8日の「平等法」第3次改定の際，職場内セクハラ禁止条項（第8条2項）を設け，使用者にセクハラ防止義務を課した．しかし，セクハラ被害の訴えは，99年の142件から，2001年には労働部所管で553件，民間団体扱いで491件と激増しており，全社会的な対策が緊要となっている．

上記のように，「男女雇用平等法」違反は，法施行後14年を過ぎた今なお続いている．非常に残念な現状であるが，幸いに働く女性の職業観，権利意識が過去に比べかなり成長していることは評価されるべきである．法があっても，それを上回る対策をとり「平等法」を平気で無視する企業に，訴訟も辞さず自

己の権利を回復しようとする女性の意識の向上は，相当に進展してきているし，今後も一層向上すると思われる．

3 雇用平等の実現に向けて

1988年の「男女雇用平等法」の施行から14年を経た2003年現在，同法は女性にとってどのような改善をもたらしたのだろうか．端的にいえば，女性がそれに期待したような状況にはとても到達してはいないといわざるを得ない．雇用差別に関する訴訟の多くが男性による女性への差別に起因している現状は，依然として男性中心社会の弊害が強く韓国社会に伏在していることを示している．

「平等法」「差別禁止法」は，日本の「均等法」のような努力義務といった生ぬるいものではなく，罰金もしくは実刑に及ぶ罰則を設けているにもかかわらず，女性の企業内生活の全ステージにおいて，差別対策は未だに形式的な改善を装っており，その実態は社会的なイメージダウンを回避したい企業側の弥縫策に過ぎないように思われる．根本的な職場改革には程遠いといわねばならない．

こうした現象が何ゆえ根深いのだろうか．企業は，最大限の利潤獲得を根本目的としているとはいえ，長時間労働を野放しにして脱法的なやり方で労働させることで人件費コストを削減し，男女の家庭責任を保障しないような人事労務管理によって，男性中心・女性差別の構造を維持することからメリットを享受している．特に今日のグローバル・スタンダード環境のもとで，韓国企業と世界的な超一流企業との競争が激化すれば，「24時間戦いますか」と自発的に働く人材を確保したいというのが企業の本音である．このとき企業は女性にも，家庭を顧みずひたすら働く優秀な労働者であることを迫ってくる．

一握りのエリート女性を除けば，多くの女性にとってはむしろ働きにくい状況に進んでいるのではないだろうか．法はあれども絵に描いたモチに堕することのないように明快な社会ビジョンのもとに女性の社会的立場を向上させ，男

女ともに働きやすい社会に転換するためには，以前，筆者が指摘した「4つの改革原則」[16]がますます重要になってくると考える．

第1に，社会が女性労働力を必要とする環境をつくること．第2に，職務の個別化が明確になり，労働市場が流動化すること．第3に，企業をはじめ社会全般に真の能力主義が徹底すること．第4に，女性の労働組合運動やフェミニズム運動などを通じて女性の権利が主張されること．

なかでも第1の女性労働力が本当に必要とされる状況を創り出さない限り，女性の経済・社会参画はなかなか進まない．とりわけ近年，大企業・中小企業を問わず，高学歴女性の就職は厳しさを増しており，一般的にも100対1，大企業では500～600対1の狭き関門となっている[17]．

第2の労働市場の流動化，第3の能力主義という考え方の普及，第4の女性団体の権利主張・運動の発展にもかかわらず，現状では女性が受けるメリットはあまりにも少ない．社会全般に受容されつつあるとはいえ，民間企業の多くが女性労働者を受け入れるメリットがなければ，さらなる進展は難しい．

こうした矛盾をどのように切り開くか．一部の研究者たちは，今日のグローバリゼーションの進行以前から，欧米先進諸国にモデルを見出しつつ積極的是正措置（アファーマティヴ・アクション）の必要性を指摘してきた．その効果は，現在のところ韓国では，政府公務員の採用人数の10％割り当て制度，それをモデルとした民間大企業の女性採用優先枠の設定という形で現れているが，職種を限定した「割り当て制」であるため，かえって多様な部門への女性活用機会が狭められている．公務員では辛うじて女性の比率が増しているに過ぎず，上級公務員には女性優先枠の先例はない．

多くの国の女性労働者や女性団体は，スウェーデンのような北欧諸国での女性の社会進出がモデルになりうると見ている．それらの諸国では国家が計画的に，女性が子供を産みながら働きつづけられる環境を形成したからである．それぞれの国の置かれた状況の違いは当然としても，性差別が蔓延している社会では，積極的な是正制度を確立することが公平の原則に適っていると考える[18]．

産業構造の変化，技術革新の目覚しい進展のもとで，人々の価値観の変化もまた大きく，男性だけの仕事と考えられてきた職種に女性が進出できる可能性が高まってきている．今や，能力があり，生き生きと働く女性が，男性にも歓迎される時代である．欠けているものがあるとすれば，それは女性の能力を企業の目的と一致させる努力が足りないということではないか．すでに見たとおり，「平等法」があっても企業の態度は非積極的であり，今なお女性に不当な扱いをし，労働争訟の被告に名を連ねている．民間企業の人事労務管理では管理者の自由裁量に制限がないこと，企業目的にとってメリットが見出されていないことから生じているのであろう．

韓国においては，この国に固有の措置・制度が必要と思われる．たとえば，政府による民間企業への規制強化，現実的な女性雇用の割り当て制度，女性雇用優遇税制などの差別是正制度による具体的なメリットを示す必要があろう．女性の経済・社会活動への参画の機会拡大，女性労働者の積極的に働く意欲の喚起，企業側とくに男性管理職の女性に対する偏見解消の教育，などが体系的に取り組まれる必要が大いに感じられる．

こうした具体的な是正措置の実施によってはじめて，真の能力主義のもとでは男女差別が不要であることを実証することができるだろう．韓国社会でも少子高齢化問題は，大きな問題となりつつある．少子高齢化対策としても女性の能力発揮の必要性は急速に高まっている．より多くの女性の積極的な社会進出が社会問題の多様な解決策を可能にするであろう．

注
1）韓国女性開発院『男女雇用平等法施行10年の成果と課題』1999年，p.7
2）同上書，p.14
3）韓国労働研究院『2002 KLI 労働統計』韓国労働研究院，2002年，pp.21-22，一部削除再作成
4）韓国統計庁『韓国統計年鑑第48号』統計庁，2001年，p.164
5）韓国女性開発院『女性雇用拡大と雇用平等のための積極的措置』1996年，pp.

34-36
6) 韓国女性開発院『企業内女性管理者現況と政策課題』韓国女性開発院，1998年，pp. 152-155
7) http://www.chosun.co.kr/new/2002年10月27日
8) 韓国女性開発院『女性統計年報』2000年，p. 496
9) 韓国労働部『2000労働白書』2001年，pp. 407-409
10) http://www.kyunghyng.co.kr/new/2002年10月26日
11) 韓国女性開発院『2000女性統計年報』2000年，p. 400，一部修正，再作成
12) 韓国女性開発院『企業の女性労働力活用現況と政策課題』政務長官（第2）室，1997年，pp. 57-58
13) 韓国女性開発院『男女雇用平等法施行10年の成果と課題』1999年，pp. 31-32
14) 同上書，pp. 214-263
15) 同上書，pp. 188-191を参考に作成
16) 明泰淑「コース別雇用管理の実態とその評価」札幌大学『経済と経営』第29巻，第2号，1998年，pp. 25-57
17) http://www.chosun.co.kr/2002年11月7日
18) 李ヒャンスン・金キョンヒ『女性雇用拡大と雇用平等のための積極的措置』韓国労働研究院，1996年，pp. 78-79

第5章

グラス・シーリングと女性上級経営者
――米国の事例を中心にして――

　米国では，女性がより上のポジションに昇進するにつれて昇進を妨げているグラス・シーリング問題が1980年代後半から論じられるようになり，1991年には公民権法第2編グラス・シーリング法が制定された．この法律には，グラス・シーリング委員会の設置と国家賞の創設が規定されている．委員会は女性の昇進を妨げている障害を研究し，それを打破するための方策についての報告書とそのためにとるべき方策を企業，政府，社会に対して勧告している最終報告書を1995年に提出した．国家賞は上級経営者の多様性と人為的障害を除去する努力をしたビジネスを表彰するものである．それ以来，グラス・シーリングを打破するための努力が続けられている．2000年における雇用者に占める女性の比率は47％，管理者に占める女性の比率も47％になったが，上級経営者に占める女性の比率はフォーチュン500社ではまだ12.4％であり，経営階層の上に行くほど女性の占める割合が小さくなっている．女性の昇進を妨げている障害は何か，それを打破するために採られてきた種々の方策を検討し，女性がいかにして経営階層を上ってきたかを検討する．そして，管理職につく女性が増え，経営階層を昇進していくにつれて，わが国においても問題となってくるグラス・シーリングについて若干の検討を加えることを目的にしている．

第1節　1980年代の女性管理者，経営者とグラス・シーリング

　米国における女性の社会進出は日本よりもかなり早く，1960年代後半からである．1960年代では，女性の年齢階級別労働力率は現在の日本と同じように，M字型を描いていたが，60年代後半にはMの底が急上昇して，1970年代には落ち込みの見られない高原状になった．1980年代後半になってからは，女性の管理職への昇進問題が論じられるようになり，管理職につく女性の割合が増加し，より上の管理職レベルに昇進するにつれて，そこにおける種々の障害をいかにして取り除き，均等な機会を確保するか，そして特に上級経営者への昇進を妨げているものは何か，がいわゆるガラスの天井（トップはみえているけれども，ガラスの天井があって昇進できない）問題として論じられている．1986年には，ウォール・ストリート・ジャーナル（*Wall Street Journal*）の掲載論文においてグラス・シーリングの語が用いられた．また，モリソン（Ann M. Morrison）らによって，女性管理者のヒアリング調査が行われ，『ガラスの天井の打破』（*Breaking the Glass Ceiling*）が1986年に刊行された．そして1991年には，公民権法第7編が改正され，グラス・シーリング法（合衆国1991年公民権法第2編）が制定された．

1　1980年代の女性労働

　米国では女性の年齢階級別労働力率がM字型から高原状になった1970年頃から，女性の労働力率は飛躍的に上昇し，1960年の37.7％から1970年には43.3％，1979年には51.0％となった．しかもMの底であった25～34歳層の労働力率は1979年には64％となり，顕著な変化を示している[1]．管理職についてみると，1972年には中間管理職に占める女性の比率は19％，1984年には33％に増加したが，大企業における上級管理職にはまだ殆ど昇進していない状態であった．1986年では，女性はフォーチュン500社における上級経営者（Corporate Officer）の1.7％，フォーチュン50社では1.3％に過ぎなかった．

一方，小企業の女性経営者は 1972 年の 280 万人から 1984 年には 320 万人に増加した．米国では女性の起業による経営者には顕著な増加がみられ，小企業における女性経営者の進出は女性が経営者になる可能なひとつの選択肢であるといえる．

前述したアン・モリソン他による『ガラスの天井の打破』[2]によれば，ヒアリング調査の対象になったフォーチュン 100 社と同等規模の 76 人の全般経営層，または，ひとつ下の層の女性経営者（平均年齢 41 歳，4 人に 1 人独身，半数は子供 1 人，大多数は白人，黒人 3 名のみ）の 3 分の 2 は全般経営レベル（General Management）にすでに達しており，残りの人も全般経営レベルに到達する直前であった．彼女たちの半数以上がキャリア形成においてラインを経験し，企業の利潤にかかわる経営の執行面の経験を有していることは注目に値するであろう．1980 年代では一般に，大企業では全般経営レベルに女性をつけることは殆ど見られなかったから，この調査の対象となった女性たちはかなり昇進しているといえる．しかし，インタビュー当時，ラインの地位についているのは 28 人に過ぎず，半数以上はスタッフの地位についていた．上級女性経営者レベルにおける昇進は，後述するが，ラインの上級経営者になっていることにより，より可能性が高くなる．男性に比べてラインの上級経営者に占める比率が低く，男女差があることは考慮すべき重要な点である．この調査では，全般経営者についている女性が論議の中心であり，専門職ではなく，全般経営者にどれだけついているか，また全般経営者になろうとする女性の前にいかなる障害が存在しているか，そして，その障害をいかにして乗り越え現在の地位を得たかが，論じられている．

2　女性上級経営者の昇進を妨げる障害

女性がトップレベルに昇進しようとする時，そこには 3 つのプレッシャーが存在しているという．①職務，②女性であること，③家庭責任を担っていること，である．①上級経営者の仕事は男性にとっても，女性にとっても，即

刻意思決定をし，コントロールをし，正しい方向づけをしなければならない，責任の重い，休みも取れない24時間勤務の非常に厳しい職務である．したがって，それに打ち勝つだけの強靱な精神力をもっていなければならない．②女性の上級経営者は非常に少なく，マイノリティであることからくるプレッシャーがある．カンター[3]がいっているように，女性が1人またはきわめて少ない時には，その女性はトークン（token：目に付きやすいもの，象徴）となり，さまざまな圧力を経験することになる．たとえ女性が能力を発揮したとしても，それは例外と考えられ，正当に評価されないし，逆に失敗をすれば，女だからということになってしまうのである．③女性は仕事以外に生活する上において，家事・育児・介護等の家庭責任を担うものと期待されている．仕事における役割と私的な家庭における役割の間には大きな違いがあり，女性は職場と家庭との切り替えを常にしなければならないプレッシャーに対応していかなければならない．これは経営者として働いている女性が男性と対等に仕事をしていく上で大きなハンディである．ある調査によれば，「平均的な女性経営者は結婚していないか，結婚していても子どもがいないかである」という．しかし，ここでの調査対象になった女性たちはすでに述べたように，4人のうち3人は既婚で，その半数の女性は子どももいて，経営者の地位を獲得しているのである．そこに至るまで特に子どもがまだ小さい場合にはいかに大変かは想像に難くない．

3 上級経営者になれた成功の鍵

彼女たちの成功の鍵は，ひとつは知的および身体的に高いエネルギーであり，2つ目は良好な対人関係であるという[4]．さらに彼女の仕事に適応する能力とより上のレベルの経営者からのサポートが必要である．女性上級経営者の成功の要因として22のものを抽出しているが，少なくとも必要な要因は以下の6個である．すなわち，①上からの助力，②これまでの業績記録，③成功への願望，④部下を管理する能力，⑤キャリア・リスクを背負う意欲，⑥タフであ

り，決断力があり，要求力があること．これをみる限りでは，上級経営者になるための要件は男性に求められる要件でもある．しかし，上からの助力については，男性はメンターをたやすく得ることができるが，女性はかなり難しいといえるであろう．女性が昇進していくためには，メンターは重要であり，またモデルとなる女性は必要であるが，この調査の時点では，どちらも男性に比べてより得がたい状況である．

上級経営者までのキャリア形成過程において，特に重視しているのはラインの経験であるが，ラインの職務に就いたとしても，そこで与えられる職務の内容が問題である．そこまで立ち入って検討することが必要である．男女平等にラインの職務が与えられているかは非常に疑問のあるところである．また上級経営者の地位を獲得した女性がラインの上級経営者であるか，もしくはスタッフの上級経営者であるかは重要な点であり，1980年代では大多数がスタッフとしての上級経営者であった．

4 将来の展望

モリソンたちはこの調査結果を分析した後に，女性が上級経営者に昇進しようとする時の障害の除去について展望をしている．第1に，障害がなくなり，男女が均等に昇進できるようになるためには，時間の経過が解決するであろうという．女性に対する伝統的な意識である「男女役割分担」に基づく企業組織の変革は人々の意識の変革によらなければならないから，時間の経過が必要であり，その間に機会均等法の制定と連邦および州政府による監視がなくては均等な機会への変革は多くは期待できないとして，国による一層の推進の必要性を強調している．第2に，若い人の意識は変わりつつあり，若い人々は女性に対してより支援的である．その人たちが次第に上役として，また同僚としてよりサポートするようになるであろう．第3に，現在は見つけることが難しい女性のモデルも徐々にでき，モデルを見出すことも容易になるであろう．以上3点を展望している．21世紀に入った現在，1980年代と現在を比較してみるこ

とは，後述するが，興味深いと考えられる．

第2節　1991年公民権法第2編グラス・シーリング法[5]

1　グラス・シーリング法制定の意義

1964年に制定された公民権法第7編は，人種，皮膚の色，宗教，出身国とともに性を理由とする差別を禁止した法律である．この法律によって米国でははじめて女性差別の問題が取り上げられ，ウーマンリブ運動の展開とともに，男女平等が推進された．1972年にはEEOC（雇用機会平等委員会）の権限を強化する公民権法の改正がなされ，さらに1991年には1991年公民権法第1編・第2編（グラス・シーリング法）が制定されたのである．モリソンたちの女性上級経営者のヒアリング調査にもみられるように，女性がトップレベルの経営層に昇進するにつれて，そこにおける女性差別が法律の制定を促したといえる．

グラス・シーリング法は意思決定権をもつ上級経営者への女性とマイノリティの昇進に関する法律であるが，ここでは主として女性に関して述べていきたい．女性の上級経営者の状況について，国会は，①職場において女性が劇的に増大しているにもかかわらず，意思決定権をもつ上級経営者の地位では低く留まっている，②職場における女性の昇進には人為的障害が存在している，③米国の企業は多様な労働力に依存し，そこから派生する利益に気が付いている，という結果を出している．また労働省が企てた「ガラスの天井発議 (Glass Ceiling Initiative)」は「ガラスの天井発議に関する報告」において，①意思決定権をもつ地位に占める女性の比率はあまりに低すぎる，②女性の労働力人口からみてライン職能に占める比率は低すぎる，③能力のある女性の資格取得のための養成機会が欠如している，④昇進を妨げている人為的障害の除去が望ましい，という内容で公衆の注目を集めている．これらの結果から，この法律では，これらの問題を検討するためのグラス・シーリング委員会の設置（第203条）と上級経営者の多様性と優秀性に対して企業を表彰する国家賞

の創設（第205条）が主要な規定となっている．しかし，この委員会と国家賞はこの法律制定日から4年後で終了することになっているため，1995年11月21日までの時限立法であった．それまでに，グラス・シーリング委員会は調査し検討して報告書を提出することが規定されている．

この報告書提出前の1992年に労働省はグラス・シーリングに関する「昇進のパイプライン[6]」と題する報告書を提出している．それによれば，企業に対する訪問調査を行い，問題点を指摘し，改善方法を示唆しているが，昇進においては資格のある女性を候補に入れる努力（アファーマティブ・アクション）が必要であり，上級経営者への昇進のためには会社のパイプライン（主力部署）の経験が重要な点であることを強調している．そして結論として，①使用者は人的バリアー（グラス・シーリング）をなくす責任を有する，②労働省はバリアーをなくすための法的責任を有する，③従業員は自分自身のキャリアアップをする個人的責任を有する，と述べられている．

また，労働省は1988年に「機会均等2000年賞」を創設し，毎年一企業を機会均等な取り組みをした企業として，労働長官名で表彰している．前述したように，すでに1980年代後半から種々の先行研究がなされたり，女性の登用，昇進を促す効果があると考えられる労働省による表彰制度が創設されたりして，法律の制定を促していたといえよう．そして何よりも，管理職に就く女性が増加し，より上位の管理職への昇進が問題になってきたことによると考えられる．

2　グラス・シーリング委員会

グラス・シーリング委員会は，大統領によって指名された6名，下院の議長と上院の多数派指導部が共同して指名した6名，下院の多数派指導部によって指名された1名，上院の多数派指導部によって指名された1名，下院の少数派指導部によって指名された1名，上院の少数派指導部によって指名された1名，下院の多数派指導部と少数派指導部が共同して指名した2名の下院議員，上院の多数派指導部と少数派指導部が共同して指名した2名の上院議員，委員会の

議長を務める労働長官の計21名のメンバーで構成される。委員会の目的は女性の意思決定権をもつ上級経営者の地位への昇進について調査を行うことである。意思決定権をもつ上級経営者の地位への女性の昇進機会の検討，上級経営者の地位を満たす慣行，政策，方法の調査，昇進している産業と昇進していない産業との比較調査等を行い，女性とマイノリティの意思決定権のある上級経営者への昇進を妨げている人為的障害を取り除くために報告書を策定して，大統領と国会に提出することが規定されている。この規定にしたがって，グラス・シーリング委員会は1995年3月に，「ビジネスに有益―国の人的資本の完全利用―」(Good for Business : Making Full Use of the Nation's Human Capital) と題する調査報告書を提出し，さらに11月には「堅実な投資―国の人的資本の完全利用―」(A Solid Investment : Making Full Use of the Nation's Human Capital) を最終報告書として提出した。これらの報告書については後述する。

3　上級経営者の多様性と優秀性に対する国家賞

創設された国家賞は女性の意思決定権をもつ上級経営者への昇進を促進するための機会と開発的経験を促進し，昇進を妨げる人為的障害を除去する努力をしたことを最低の条件として，表彰に値するビジネスを表彰するものである。ここで表彰の対象となる「ビジネス」とは非営利企業を含む会社，合名会社，専門家団体，労働組織および以上の組織に類似する企業団体である。毎年，大統領または大統領から委任を受けた代表が国家賞を授与する。この賞は受賞したビジネスが他のビジネスの改善に役立つことに同意すれば，公表し，広告に利用することができると規定しており，この賞を受けることによって，1995年までの限られた期間ではあるが，受賞はビジネスのイメージを高めることになったと考えられる。

これに類似し権威のある賞としては，米国NPOカタリスト (Catalyst) が1987年に創設した，女性の採用，能力開発，昇進における取り組みで優れている企業を表彰するカタリスト賞がある。[7] カタリスト賞を受賞することで「女

性を活用し，女性にとって働きやすい企業」という企業イメージが得られるため多数の企業が応募しており，その中から毎年3社にカタリスト賞を授与している．

4　グラス・シーリング委員会報告書

　1995年3月に出された報告書「ビジネスに有益―国の人的資本の完全利用―」と同年11月に出された最終報告書「堅実な投資―国の人的資本の完全利用―」の中に述べられているガラスの天井を打破する方策についてみていこう．前者は女性上級経営者の現状と昇進を妨げている人為的障害を明らかにし，それらを除去する方策についても述べているが，後者においては，企業，政府，社会に対してガラスの天井打破のための勧告をしている．

　① 上級経営層への昇進を妨げている障害

　報告書「ビジネスに有益―国の人的資本の完全利用―」では，国内外の経営環境の変化に伴ってグローバル化と多様性（diversity）が企業経営にとり重要になってきており，利用しうる労働者とリーダーは最良でよりフレキシブルであることが求められている．しかしグラス・シーリングは，企業にとって必要である多様なそして有能な人材をトップリーダーから除外している．トップの資質のある人材はジェンダーや人種に関係なく，企業の収益性と健全性にとって重要であるが，現実には，①社会学的バリアー，②政府のバリアー，③企業の構造的バリアーが存在している[8]．

　社会学的バリアーは偏見（prejudice）や差異（difference）のバリアーであり，まず採用において，ジェンダーや肌の色にとらわれ，採用差別を生じる．また採用後も配置，教育訓練，配置転換において男性と異なる取り扱いがなされ，昇進に響いてくる．フォーチュン1,000社と500社では上級経営者（副社長以上）の95～97％は男性である．女性は5％に過ぎないが，その殆どは白人の女性である．女性やマイノリティは高い地位についていても，報酬は男性よりも低い．それは女性やマイノリティは最高レベルでもラインではなくスタッフ

的な地位につく傾向があるためである．

　政府のバリアーは法律の施行と監視の欠如である．グラス・シーリングを打破するための法律に実効性をもたせるためには，法令遵守（コンプライアンス）をするように政府は監視を強めなければならないであろう．

　企業の構造的バリアーは，これまでに形成されてきた白人男性の企業文化への女性およびマイノリティの後からの参入によるバリアーである．今日，多くの企業では白人男性の企業文化が支配的である．そのために女性が白人男性の企業文化に合わせることは難しいし，昇進に通じる公式的，非公式的ネットワークからも除外されていると感じている．さらに前述の労働省調査にも詳しく述べられているように，パイプラインバリアーが存在する．

　② 企業の構造的バリアーを除去するための方策

　企業の構造的バリアーを除去するための方策を見出すために，実践して成功し，しかも高い収益を上げている企業3社の事例研究を行い，成功プログラムの特徴を明らかにしているが，ここでは重要な点だけを取り上げてみたい．まず成功プログラムはなによりも，CEO（最高経営責任者）の強力なサポートがあり，それがあるとき，改革のためのプログラムははじめて機能するのである．当該企業における企業文化，作業環境に独特なバリアーを特定し，そこにおける問題点を明らかにして，改革のためのプログラムを作成する．このプログラムを成功させるためには，女性，マイノリティ，白人男性，企業におけるすべての従業員を包括し，適用するものでなければならない．多様性訓練はグラス・シーリングを解消するための効果的要件であるが，従業員の全員参加，トップの参加，女性とマイノリティを特別な訓練から除外しないことによって有効な方策となる．

　③ 企業，政府，社会に対する勧告[9]

　最終報告書「堅実な投資―国の人的資源の完全利用―」は企業，政府，社会に対して勧告を行っている．

　• 企業に対する勧告

1．多様性プログラムを促進するために最高経営責任者が実行責任をもつ
2．多様性を短期および長期の戦略的ビジネスプランに含むこと
3．アファーマティブ・アクションを用具として用いること
4．女性とマイノリティのために公式的なメンタープログラムの確立
5．仕事と家庭の両立のためのファミリー・フレンドリー政策

- 政府に対する勧告
  1．女性とマイノリティに対して均等な機会を実現する模範となること
  2．差別禁止法の強力な施行
  3．多様性の資料の開示
- 社会に対する勧告

　偏見やステレオタイプ（定型化した考え方）をジェンダー・フリーの考え方に変えるためには，メディアの果たす役割は非常に大であり，また偏見のない教育の重要性と女性とマイノリティの教育水準の向上を求めている．

第3節　米国における女性経営者の現状

1　企業における上級女性経営者

　2001年，米国における16歳以上の雇用者に占める女性の比率は46.6％，管理職に占める女性の比率も同じく46.6％になり，管理職のポジションを考慮しないならば，数の上では一応均等になったといえる段階に達している．グラス・シーリング法制定前の1987年には，雇用者に占める女性の比率は45.2％に対して管理職に占める比率は39.6％に過ぎなかった．その後女性の職場進出は進み，1995年の女性の比率は46.1％になったが，管理職に占める比率は42.7％で，その後の6年間で比率は同じになり，かなり増加している（表5－1，表5－2）．今後どうなるかは注目に値するだろう．

　しかし，上級経営者についてみると，2001年，フォーチュン500社における役員に占める女性比率は12.4％（副社長から最高経営責任者（CEO）まででは7.9

表5－1　雇用者の男女構成比

(%)

年	1987	1992	1995	1997	2001
女	45.2	45.7	46.1	46.2	46.6
男	54.8	54.3	53.9	53.8	53.4

出所）ILO, *Year Book of Labour Statistics*.

表5－2　管理職の男女構成比

(%)

年	1987	1992	1995	1997	2001
女	39.6	41.5	42.7	44.3	46.6
男	60.4	58.5	57.3	55.7	53.4

出所）ILO, *Year Book of Labour Statistics*.

表5－3　フォーチュン500社における役員に占める女性比率

(%)

年	1993	1994	1995	1996	1997	1998	1999	2000	2001
%	8.3	8.7	9.5	10.2	10.6	11.1	11.2	11.7	12.4

出所）Catalist Census, *Women Board Directors of the Fortune 500*.

%）である．1993年，8.3％，1994年，8.7％，1996年，10.2％，1998年，11.1％と着実に比率を高めているが（表5－3），管理職に占める女性の比率46.6％と比べると，まだかなり低い．役員に占める女性の比率がこれまでのように増加するならば，2027年までには，25％を占めるようになると予測される．1998年，複数の女性役員のいる企業はフォーチュン500社中，188社，そのうち4社（Golden West Financial Group, Avon Product, Beverly Enterprise, Gannet）は女性の役員比率が40％以上であった．1997年調査では，女性役員比率が40％以上であったのはゴールデンウエストファイナンシャルグループの1社だけであったが，この会社は1998年には56％に達し，女性が多数派となっている[10]．

しかし，トップ経営者（副社長以上）についてみると，フォーチュン1,500社における女性の比率は5％に過ぎず，95％は男性である（1996年）[11]．1995年，わずか1名であったフォーチュン500社の女性最高経営責任者（CEO）は6人である（2001年）．情報機器メーカーのヒューレット・パッカード社のCEO，カールトン・フィオリーナがCEOになったのが1999年であるが，米国最大

手企業の社長兼最高経営責任者にはじめて女性が就任し,「フィオリーナ旋風」と呼ばれ, 話題になった。その後女性トップ経営者は次つぎと登場し, 米フォーチュン誌が「米ビジネス界最強の女性」と名づけて, 発表しているが, 2001年の発表によると, 2000年の上位10人のうち, 経営悪化のために7人が姿を消しており, 景気の低迷が女性経営者の退陣に影響を及ぼしていると考えられる。不況期においては女性に限らず男女ともに最高経営者としてやっていくのは, 非常に難しいといえるであろう。[12]

このように, 経営幹部やトップ経営者への階段を上る女性が多くなり, ガラスの天井は破られつつあるといえるが, 女性が占めているのは, 今なおコミュニケーション, 法務, 人的資源の分野のスタッフ的地位に集中していることに注目しなければならない。企業トップへのパイプラインになっている販売, マーケティング, 製造管理の企業の利潤に関係する分野にはまだまだ少ないのが現状である。これらの分野の地位を女性が占めるためには, 社長や役員会のメンバーからの推薦が昇進のための確実な方法であるから, 女性自身が積極的に要求することが必要である。このグラス・シーリングを打ち破るためには, なによりもトップのリーダーシップが必要である。国家賞やカタリスト賞の表彰を受けている企業は例外なくトップのリーダーシップによって多様性の重要性を認識し, 女性の能力活用と登用を積極的に行っている。

また企業の上級経営者への昇進は女性の学歴（大学, MBAなどの大学院レベル）とも関係があるだろう。大学レベルでみると, 1995年における男性経営者の37％が大学卒であるのに対して, 女性経営者は29％であった。しかし2000年における女性の学歴構成をみると, 45歳以上では男性の方が学歴は高いが, 25～34歳層では短大卒以上は男性55.5％に対して女性は61.3％, 35～44歳層では男性54.5％に対して女性は58.6％で若い層ほど女性の方が男性より学歴が高くなっている。さらに大学卒以上でみても25～34歳層では女性29.9％に対して男性は27.1％であり, 近年における女性の高学歴化は顕著である。[13]大学院レベルでは, トップ20のビジネススクールのMBAの学生のうち29

%は女子学生である．このような女性の高学歴化は将来における上級経営者となりうる女性の人材が豊富になってきていることを示しており，グラス・シーリングを打破する方策が積極的に採られるなら，ジェンダーに基づかない個人の能力と意欲による評価によって，意思決定権をもつ上級経営者への女性の昇進がより可能になると予測される．

2 女性企業経営者

前述したように，小企業における女性経営者は1970年から80年代に顕著な増加がみられたが，1990年代にも引き続き，女性は男性の2倍も会社を設立し，1997年には女性が所有する企業は26％，男女共同経営は17％に達している．[14] 2000年における全米の女性経営者数は約900万人で経営者総数に占める比率は約30％となり，この10年間に女性経営者は倍増している．現在ではアメリカの全企業の38％を所有するまでになっている．起業は女性が経営者になるひとつの選択肢であり，近年においては女性の方が男性よりもより積極的に会社を設立しているといえる．

第4節 日本におけるグラス・シーリングに関する若干の考察

1 日本における女性管理者，経営者の現状

男女雇用機会均等法が施行された1986年以降に入社した総合職の女性たちがそろそろ係長，課長の管理職になる時期になってきた．米国よりも女性の職場進出が遅かったわが国では，経営者レベルにおけるグラス・シーリング問題ではなく，より低い階層において既婚であることを理由とする昇進・昇格差別が裁判に持ち込まれ，女性差別と認定する判決が出されている段階である．

上級経営レベルにおける女性に関する東証第1部上場企業500社に対するアンケート調査によれば，2001年，解答企業304社中，女性取締役のいる企業はイトーヨーカ堂，三洋電機，セブン－イレブン，トランス・コスモス，ベネ

ッセ，マツモトキヨシ（各1名）の6社に過ぎない．また監査役に女性がいる企業は資生堂，住友重機械工業，日本特殊陶業，丸紅（各1名）の4社である．女性比率は取締役では0.13％，監査役では0.34％，両役員合計では0.17％[15]であり，すでに考察したように米国のフォーチュン500社の2001年における女性比率12.4％に比べると日米の差はきわめて大きい．米国のように上級経営者への昇進においてグラス・シーリングが問題になるのはもう少し先のことになると考えられる．2001年，女性管理職の比率（規模100人以上の企業）は，部長では3.2％，課長では5.5％[16]，係長では11.9％に過ぎない．しかし働きつづける女性は確実に漸増しており，高学歴化と相俟って，米国のようにトップへの昇進問題は近い将来，重要な課題になってくると考えられる．しかし，そこに至るまでには，採用の時点からあらゆる段階においてジェンダー差別が行われている．今日，女子学生の就職活動において数多くの差別事例が厚生労働省の均等室に寄せられており，これからの課題は，採用においてジェンダーによらない選抜が行われることであり，採用における機会均等の達成である．企業側の意識の変革が求められる．男女雇用機会均等法において禁止規定となっているが，採用後は，配置，教育訓練，OJT，配置転換において均等な取り扱いをし，意欲と能力がある女性は差別なく昇進させることである．配置では特に男性と同様にパイプラインへの配置は将来の昇進にとりきわめて重要であるだろう．そしてある時期までは，機会均等を達成するために，そしてグラス・シーリングを打破するために，積極的改善措置（ポジティブ・アクション）をとることが必要である．

2　積極的改善措置（ポジティブ・アクション）とコンプライアンス（法令遵守）

　ポジティブ・アクションは，男女雇用機会均等法にも男女共同参画社会基本法にも規定されているが，いかにして企業にポジティブ・アクションを採らせるかがこれからの緊急な課題である．ポジティブ・アクションは，国の女性の地位向上のための行動計画にもまた各都道府県が策定した行動計画にも盛り込

まれているが，私企業に対していかにしてポジティブ・アクションをとらせるかは非常に難しいところである．2000年，ポジティブ・アクションに取り組んでいる企業は26.3％，今後取り組むとしている企業が13.0％である．規模5,000人以上の企業では67.7％になっている．すでに都道府県の条例が次つぎと制定されており，そのなかで企業の社会的責任を求めていかざるを得ないであろう．そしてさらに，公式的なメンター制度の確立，働きやすい環境の整備（ファミリー・フレンドリー），コンプライアンス（法令遵守）等が求められる．

米国においてはすでに1990年代から危機管理のために，コンプライアンス部門が設置され，企業倫理の関係からも法令遵守が企業に対して強く要請されている．わが国においては女性関係の法律はかなり整備されているといえるが，この法律の実効性をいかにして高めるか，コンプライアンスをいかにして企業に徹底させるかがこれからの課題である．そして米国の事例が示しているように，男女の機会均等の実現，グラス・シーリングの打破にはなによりもトップの強力なリーダーシップが必要である．リーダーの意識変革が強く求められているといえよう．

また米国では社会の力を借りて男女平等，女性の地位向上を図ろうとする動きがある．その一例は1993年に設定された社会的責任投資（SRI）[17]である「男女平等促進ファンド」（Woman's Equity Mutual Fund）[18]と名づけられた投資信託である．このファンドは「なによりも女性を昇進させることを進んで行なっており，それ相応に給料を支払い，女性が経営する企業と仕事の取引を行なっている企業に注目し，また働く女性の家庭に配慮した職場環境を育てる企業」を投資先として選択している．日本でもこれに類似したSRIファンド「あすのはね」[19]が朝日ライフ・アセットマネジメントから2000年9月に発売されている．これは社会的貢献度の高い企業に投資するもので，企業の収益性だけでなく，社会性や倫理性を考慮に入れて企業を選択し，ファンドに組み入れる．具体的に，環境，雇用，市民社会貢献，消費者対応の4つの側面から評価する．雇用については，女性や高齢者・障害者の活用，勤務形態，能力開発，育児介

護休業制度までチェックして企業の評価をしている．このように日本でも社会や市場の力を使って，反社会的行動をする企業や女性を差別する企業を排除する動きは今後強まってくると考えられ，これからの企業は収益性のみを追求するのでなく，社会的見地からの貢献も重要なファクターとなるであろう．

　米国のグラス・シーリング問題を考察し，検討することによって，意欲ある有能な女性が数多く存在していることが認識された．彼女たちに男性と均等な機会が与えられるならば，企業にとり，また社会にとって有益な人材となる可能性は大であるが，現状は彼女たちの能力を十分に活用しているとは言い難く，大きな損失であるといえる．企業の国際化，グローバル化によって，企業は大競争時代を迎え，ジェンダーにとらわれず有能な人材を確保し，活用することがますます必要になってきている．日本でも21世紀に入ってから，大手企業数社で生え抜きの女性を役員に登用し，ようやく能力のある女性を活用する動きがみられるようになってきた．こうした状況はまだまだトークン的存在ではあるが，後輩女性に対する刺激になり，また実力主義を企業の内外に印象づけることになる．グラス・シーリングを打破するためには，まず男女の機会均等が確保されること，そして企業が行う雇用管理に関していえば，年功的管理から能力主義管理への変化を強める中，男女ではなく個人個人が公平に評価される雇用管理が確立されなければならない．

注
1) 筒井清子「米国の婦人労働―1960年代と1970年代との比較における一考察」『経済経営論叢』第15巻，第2号，1980年
2) Morrison, M., White, R. P., & E. V. Velsor, *Breaking the Glass Ceiling*, 1986.
3) Kanter, M., *Men and Women in the Corporation,* 1993.（高井葉子訳『企業のなかの男と女』生産性出版　1995年）
4) Morrison, M., *op. cit.,* pp. 22-32.
5) 筒井清子・桜林誠「合衆国1991年公民権法第1編・第2編および大統領声明の全訳」『経済経営論叢』第32巻，第4号，2000年

6) U. S. Department of Labor, *Pipelines of Progress—A Status Report on the Glass Ceiling—*, 1992.
7) NPOカタリストは1962年にニューヨークにおいて，企業で働く女性の昇進を促進するために設立され，1987年からは女性の採用，能力開発，昇進に対する取り組みにおいて優秀な企業3社に毎年カタリスト賞を授与している．2002年の第16回カタリスト賞は，ベイヤーコーポレーション，ファニーマエ，マリオットインターナショナルの3社が受賞した．
8) The Environmental Scan, "Good for Business: Making Full Use of the Nation's Human Capital", 1995, pp. 27-36.
9) Recommendations of the Federal Glass Ceiling, "A Solid Investment: Making Full Use of the Nation's Human Capital", 1995, pp. 13-15・18-43.
10) Catalyst 1998 Catalyst Census, "Women Board Directors of the Fortune 500" pp. 21-22.
11) US Law com. Women and the Law :Glass Ceilings
12) 『日本経済新聞』夕刊　米女性経営者に選別の波　2001年10月2日
13) US Census Bureau, "Census 2000 Supplementary Survey"
14) US Department of Commerce Census Bureau, "Women Owned Businesses" 1997.
15) 株主オンブズマン　上場企業における男女共同参画の現状　2001年6月25日
    http://www1.neweb.ne.jp/wa/kabuombu/danjyo-ankert.htm
16) 厚生労働省「賃金構造基本統計調査（平成13年度版）」
17) 社会的責任投資（SRI）は米国では1970年代のウオーターゲート事件に始まって，杜撰な経営で2000もの金融機関が破綻したり，軍需産業の腐敗問題も出てきて，企業の倫理的責任が論じられ，1990年代に入ってからは，企業倫理問題への取り組みが本格化した．企業においては倫理法令遵守（コンプライアンス）に対応する部署が設置されるようになったし，他方では社会の力や市場の力を借りて企業に社会的責任をとらせようとする動きが出てきた．社会的責任投資の一例としてエコー会社（自然にやさしい会社）を集めて投資信託を組む「倫理ファンド」がある．
18) スマートウーマン in U. S. A. 2001年6月5日
    http://www.cutie.ne.jp/money/smartusa27.html
19) あすのはね　朝日ライフSRI社会貢献ファンド
    http://www.funds-sp.jp/minna/kaitai/fund0012/kaitai001201.html

第6章

女性ホワイトカラーの昇進と管理職の増加

　なぜ日本企業において女性の管理職はなかなか増えないのだろうか．企業は，その理由を，①男女で職種が異なること，②女性の勤続年数が短いこと，③女性の能力・業績が男性のそれより低いこと，にあると考えている．本章では管理職登用の対象となる基幹労働者（企業の意思決定に携わる人々や高度な専門技能をもち，企業の中核をなすコア人材）に焦点を絞って，冒頭の疑問に答えるべく分析に取り組む．基幹労働者とは具体的には，コース別雇用管理制度を有する企業の総合職と，同制度のない企業で男女同等に採用された「基幹職」である．

　その結果，第1に，管理職の対象となる女性の基幹労働者が少ないという入り口の狭さの問題があり，第2に，その基幹労働者の技能形成（配置転換・昇進）および仕事と家庭の両立という両側面から見たキャリア形成が男性のそれと異なるという質的な問題があることが明らかにされる．そして最後に，女性の昇進と就業継続にむけて，企業と従業員の新たな関係の構築と育児サポート制度の充実を提言する．

第1節　日本企業における女性管理職

1　女性の管理職の現状と問題点

男女雇用機会均等法（以下,「均等法」）が1986年に施行されて16年余り，公的機関でも民間企業でも女性の管理職の存在は珍しくなくなった．しかし，管理職に占める女性比率について他の先進諸国と比べると日本の低さが際立つ（図6-1）．

さらに詳しく厚生労働省の「女性雇用管理基本調査」を見ると，民間企業において係長相当クラスは5.0％（1989年）から7.7％（2000年）に増加しているものの，課長相当職（2.1％→2.6％）と部長相当職（1.2％→1.6％）は，均等法の施行以降でも女性管理職は微増の状況である．なぜ日本企業では女性の管理職増加が遅々として進まないのだろうか．

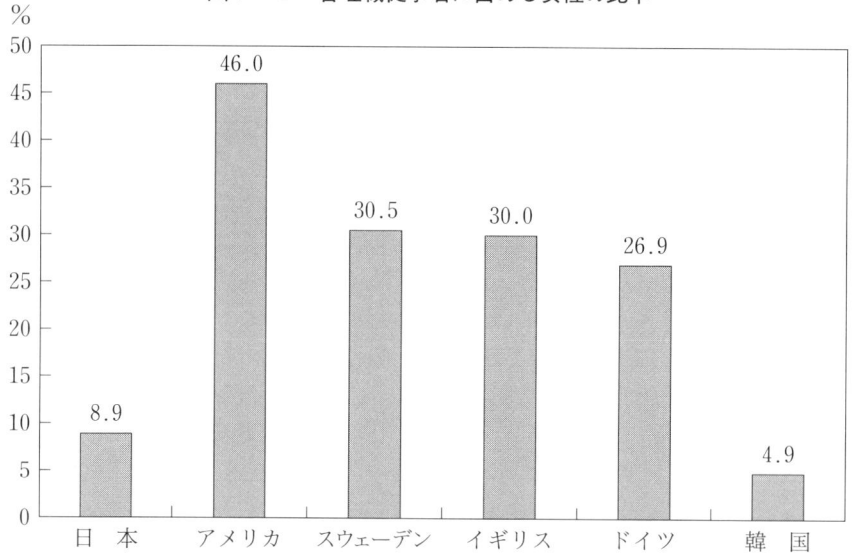

図6-1　管理職従事者に占める女性の比率

国	比率(%)
日本	8.9
アメリカ	46.0
スウェーデン	30.5
イギリス	30.0
ドイツ	26.9
韓国	4.9

注）1．日本とアメリカは行政的および管理職従事者に占める女性の比率，他国は立法議員，上級行政官，管理的職業従事者に占める女性の比率を表す．
　　2．数値は韓国が2000年，他国は2001年である．
出所）ILO, *Year Book of Labour Statistics*, 2002.

この疑問に答えてくれるかのように思える調査がある．「女性雇用管理基本調査 2001 年度」である．それによると，大卒で昇給・昇格状況が男女とも変わらない事業所は 58.2％あるが，男性の方が昇給・昇格が早い事業所は 30.5％ある．昇給・昇格の差がつく時期は入社してから 5 年目までが 24.3％，6～10 年目までが 32.9％となっており，入社して比較的早い時期に男女の差がついている．その差がつく理由は，「女性と男性ではおおむね就いている職種が異なるから」が 54.1％，「女性の勤続年数が短いので昇給・昇格の要件に該当するものがいない」が 33.9％，「昇給・昇格に見合う能力や業績を持った女性がいない」が 28.4％となっている．

つまり，従業員の昇進・昇格を決定する権限のある企業にとってみれば，女性の管理職がなかなか増加しない理由は，① 男女で職種が異なる，② 女性の勤続年数が短い，③ 女性の能力・業績が男性のそれより低い，ということになる．したがって女性の管理職比率を高めるには，これら 3 点を改善する必要があるということになる．

2　日本型雇用慣行と均等法

さて，そもそもなぜこれまで女性の管理職が少なかったのか．その理由のひとつとして，結婚や出産で退職するために女性の平均勤続年数が短いことがあげられてきた．しかし，他国と比較すると，実は日本の女性の勤続年数は決して短くない（図 6－2）．むしろアメリカやイギリスより長いくらいである．日本の特徴は男性の勤続年数が他国に比べて飛びぬけて長いことなのである．

では，なぜ日本において男性の勤続年数が長いのか．その大きな理由のひとつとして，日本企業においては新卒で入社した後に，OJT（On the Job Training）を通じて種々の訓練・経験を積むことによって技能を身につけ社内で昇進し，賃金も上昇していく，すなわち長く勤めれば勤めるほど有利になる仕組みになっていたことがある．いわゆる終身（長期）雇用，年功制を中心とする日本型雇用システムが機能してきたのである．そのため，新卒で入社しても結

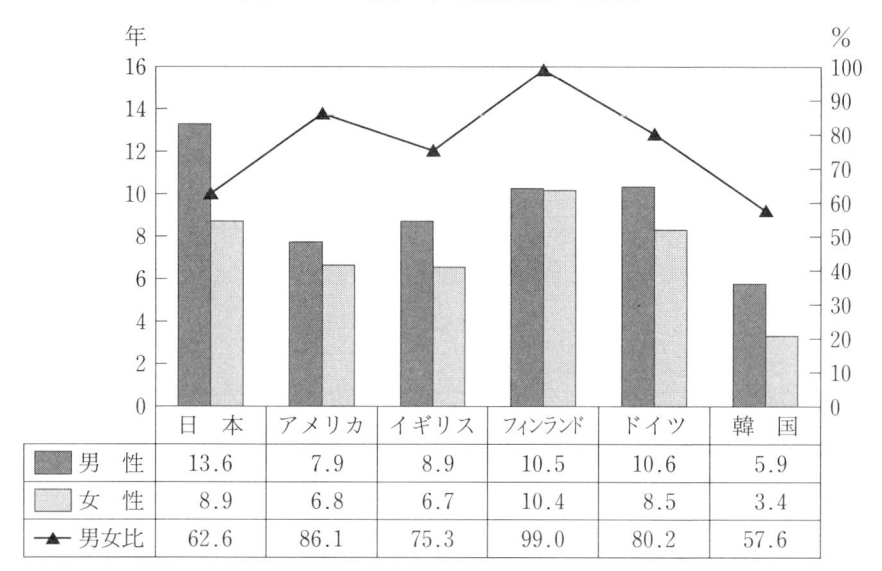

図6－2　男女の平均勤続年数と男女比

	日本	アメリカ	イギリス	フィンランド	ドイツ	韓国
男性	13.6	7.9	8.9	10.5	10.6	5.9
女性	8.9	6.8	6.7	10.4	8.5	3.4
男女比	62.6	86.1	75.3	99.0	80.2	57.6

注）日本は2001年，アメリカは1996年，他国は1995年数値
出所）OECD, *Employment Outlook*, 1997.
　　　厚生労働省「賃金構造基本統計調査」2002

婚や出産を機に退職する可能性の高い女性はその仕組みの中で不利となる．企業側も，統計的にみて長く勤める男性を企業の基幹労働者として採用し，さらに訓練して技能を発揮してもらう方が，採用や訓練に注ぎこんだ投資を将来にわたって回収できるため，女性よりも男性を内部昇進のシステムの中に組み込む．これが統計的差別といわれるものである．

　こうした状況に対し，1985年に成立した均等法は，募集・採用，配置・昇進，教育訓練などについて，男女で差別的な取り扱いをしないように求めた．この法律には法的強制力はなかったものの，企業にある対応を迫った．女性に対して男性と同様の教育訓練や経験を積ませ，同じ処遇にすることによって，男性と同様の生産性を求めるというもので，いわば女性を企業の基幹的な業務を担う基幹労働者にしたということである．これを筆者は「女性の基幹職化」と称している（大内，1999 d）．

それにしても均等法が施行されているのになぜ男女で職種が異るのか。考えられるひとつの答えがコース別雇用管理制度であろう。同制度は多くの企業で均等法の施行を機に導入され，基幹的な業務を担う総合職には男性を，補助的な業務を担う一般職には女性を採用し，男女を区別するための制度だと批判されることが多い制度である。同制度を導入して，事実上，男女別の採用をしていれば，男女で職種が異なり，それがゆえに女性管理職の比率も低いことが予想される。

先の「女性雇用管理基本調査 2001 年度」では，コース別雇用管理制度の有無によって管理職に占める女性の割合が調査されている。それによれば，同制度のない企業の方が 8.7 ％と同制度のある企業の 4.6 ％よりかなり高い。年齢別で見ると，30 歳未満では両者は同じだが，30 歳以上で管理職に占める女性の割合の差が開く。このことから，コース別雇用管理制度を導入している企業は男女で職種が異なり，その結果，女性管理職比率が低くなる，したがって女性の管理職比率を高めるには同制度を廃止すべきであるということになりそうである。果たしてそうなのであろうか。

3 管理職への道

昇給・昇格に見合う能力や業績はどのように身に付くのか。それは，これまで企業の基幹労働者となってきた男性がどのような昇進・昇格の過程を経て管理職になっているのかを見るとわかる。すなわち，①入社後に（男性）全員がOJT や適度な配置転換の機会を得て技能を身に付けていく，②身に付けた技能や勤続年数が評価されることによって同一年次同時昇進・昇格し，遅速はあってもほぼ全員が第一次選抜などいくつかの選抜を経て，係長や課長相当の管理職に就く，③その一部が部長相当以上の上級役職に選抜される，という3段階の経過を辿る（小池編，1991；今田・平田，1995 他による）。

企業は昇給・昇格に見合う能力や業績をもった女性がいないと考えている。なぜそのような女性がいないのか。当事者の従業員（被評価者）と企業（評価者）

以外がこの問いに答えるのは難しい．しかし，入社時の一般能力が一定だとして，入社後の教育訓練と仕事の経験（インプット）によって仕事遂行能力と業績（アウトプット）が培われるものだとするなら，入社後の教育訓練と仕事の経験という過程を見ることによって，その問いに答えることができよう．そこで，女性が先の第①段階，すなわち企業が本当に男女を同等に位置づけ，OJT や配置転換によって教育訓練や仕事経験の機会を与えられているのかという疑問を解かなければならない．もし，この疑問に対する答えがイエスであるのに昇給・昇格に見合う能力や業績をもった女性がいないと企業がみなしているのであれば，仕事遂行能力を身につけ，仕事の成果・業績を出し，それが評価される第②③段階で男女差別が行われているか，あるいは仕事と家庭の両立が困難であるなど女性が基幹労働者として働くのに適さないか，のいずれかだと考えられる．

　ここで注意したいのは，女性とは誰を指すのかということである．先の「女性雇用管理基本調査2001年度」にある「女性」とはどのような女性層を想定しているのだろうか．調査に答えた企業側担当者は漠然と「女性全般」を想定したに違いない．しかし，同じ女性正社員でも就業意識は多様である．たとえば，大卒者の退職無業者の5人に1人は「結婚時に退職するつもりだった」という（東京女性財団「大卒女性のキャリアパターンと就業環境」98年度）．学歴によっても志向が異なる．東京都「新規学卒女性の職業選択行動と就労に関する実態調査」（平成3年度）では，総合職志向が四年制共学で27.9％，女子大で25.0％に対し，女子短大では9.1％，一般職志向がそれぞれ22.5％，32.5％，59.0％である．

　このように女性の就業意識が多様であれば，彼女らを雇う企業側も，同じ正社員でも総合職か一般職か，ホワイトカラーかブルーカラーか，あるいは学歴の相違によって，雇用管理が異なるはずである．したがって女性の管理職が増加しない理由を検討する際には，従業上の立場を考慮しなければならない．

　これまでの議論から，女性の管理職が増加しない理由を知るには，実際に女

性が管理職登用の対象となっているのかを検討する必要がある．そのためには，大きく次の2つのことを明らかにしなければならない．第1は，管理職の候補者として参入する機会があるのかということである．もし女性が管理職登用の対象となる職種に就いていなければ，入り口の時点で男女の職種が異なることになり，当然，女性の管理職は増加しないからである．第2は，管理職の候補者として採用された女性について，勤続年数が短いのか，能力・業績が男性より低いのかということである．もしそれらの答えがイエスであるなら，その原因が入社後の処遇にないのか，または仕事と家庭の両立の困難さにあるのかを明らかにする必要がある．それらの中に問題点を見出すことができれば，それらを改善して女性管理職の増加につなげることが期待できる．そこで，本章では彼女らのキャリア形成を入社後の処遇（配置転換と昇進）および仕事と家庭の両立の両面から見ることにしたい．以上の2点を明らかにするとき，併せてコース別雇用管理制度の有無による比較を行うことで，同制度を廃止すべきなのかも検討していく．

第2節　女性は管理職登用の対象となっているのか

1　女性は景気の調整弁か？

　1992，95，98年の「女性雇用管理基本調査」を用いた分析（武石，2001）によれば，1990年代，募集については男女とも募集する企業が増えているものの，実際に採用する段階になると男女異なる取り扱いに後退しており，実質的に女性の企業への参入機会が狭まっているという．果たして，女性は管理職になるチャンスが減っているのだろうか．

　管理職登用の対象となるのは基幹労働者，すなわち企業の意思決定に携わる人々や高度な専門技能を持ち，企業の中核をなす人材（コア人材）である．具体的には，コース別雇用管理制度下の総合職と同制度を有しない企業において男女同等に採用された者（以下，「基幹職」）である．女性が管理職になるには，

まず総合職あるいは基幹職として採用されなければならない。先の武石 (2001) の分析では，採用の対象となった女性が基幹労働者としてどのくらい採用されたのかがわからない。その点，(財) 21世紀職業財団の「大卒者の採用状況および総合職女性の就業実態調査」(2000年) では，総合職女性の採用者数が明らかにされている。それによれば，総合職女性の採用は景気に影響されているという (図 6 − 3)。しかし，同調査では男性や基幹職の採用者数についてわからないため，景気の影響を受けているのが総合職女性だけなのかどうかはわからない。

そこで，調査は少し古いが，筆者の分析 (大内，1999 c, d) を紹介しよう。図 6 − 4 から景気の影響を受けているのは総合職女性だけではないことが明らかである。全体の採用者数に占める割合が大きく変動して景気の調整弁となっているといえるのは短大卒女性だけである。基幹労働者（基幹職・総合職）に占める女性の比率 (図 6 − 5) を見てみると，調査の 8 年間ではそれほど変動が見

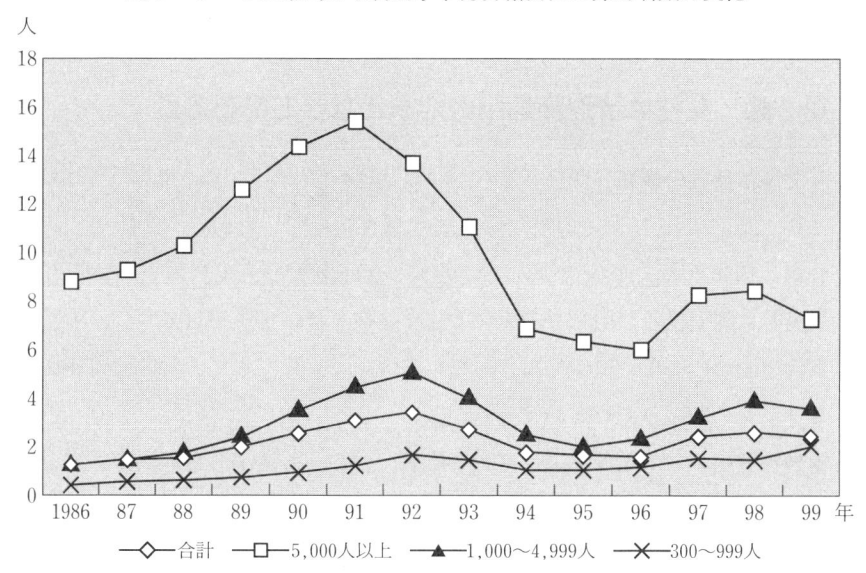

図 6 − 3　1企業当たり新規学卒総合職女性の採用者数の変化

出所) (財) 21世紀職業財団「大卒者の採用状況および総合職女性の就業実態調査」2000年

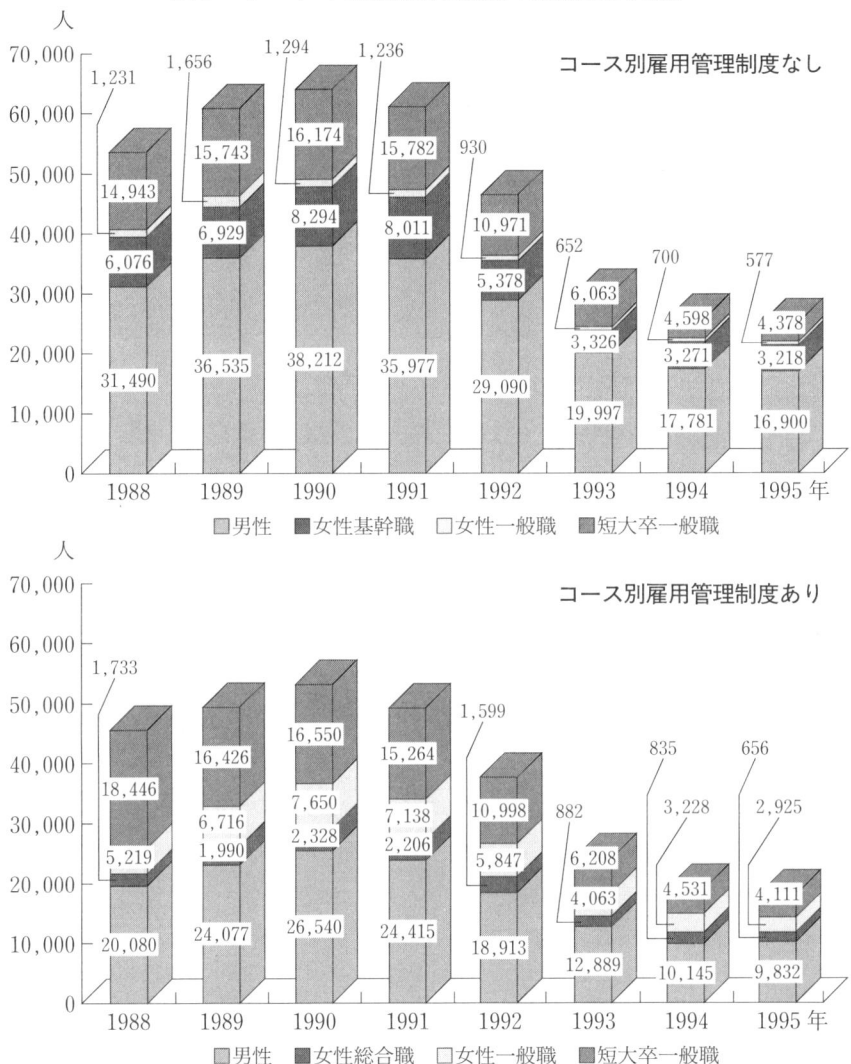

第6章　女性ホワイトカラーの昇進と管理職の増加　115

図6－4　コース別雇用管理制度の有無別採用者数

コース別雇用管理制度なし

年	男性	女性基幹職	女性一般職	短大卒一般職
1988	31,490	6,076	14,943	1,231
1989	36,535	6,929	15,743	1,656
1990	38,212	8,294	16,174	1,294
1991	35,977	8,011	15,782	1,236
1992	29,090	5,378	10,971	930
1993	19,997	3,326	6,063	652
1994	17,781	3,271	4,598	700
1995	16,900	3,218	4,378	577

コース別雇用管理制度あり

年	男性	女性総合職	女性一般職	短大卒一般職
1988	20,080	5,219	18,446	1,733
1989	24,077	1,990	16,426	6,716
1990	26,540	2,328	16,550	7,650
1991	24,415	2,206	15,264	7,138
1992	18,913	5,847	10,998	1,599
1993	12,889	4,063	6,208	882
1994	10,145	4,531	3,228	835
1995	9,832	4,111	2,925	656

注）朝日新聞社「主要300社の採用計画」1989～1996年各年より作成．
グラフ中の人数は調査会社277社の合計人数である．
なお，1996年以降，男女別での表示区分を廃止したため，時系列で分析できるのは1988～1995年の8カ年に限られる．
出所）大内（1999d）

られない.それはコース別雇用管理制度の有無に関係ない.そうはいうものの,基幹職16.2%,総合職7.5%(8年間の平均)と女性比率が少ないのは確かである.実態として,総合職を希望していたが一般職としてしか採用されなかったという大卒の一般職も少なくない(仙田・大内,2002).

この分析によると,コース別雇用管理制度の有無による明らかな差異は別の2点にある.第1は,四大卒者の採用内容である.同制度のない企業では男性と同じ基幹職としての女性の採用比率が高く(四大卒女性に占める基幹職比率は毎年81.2～85.2%),同制度のある企業では男性と同じ総合職としての採用比率が低い(四大卒女性に占める総合職比率は毎年21.8～30.2%)ことである.第2は,コース別雇用管理制度の導入の仕方やその運用の仕方によって企業を分類すると次の特徴が見られることである.すなわち,1995年において同制度のない企業の多く(86.4%)は四大卒女性全員を男性と同様に基幹職として採用している.一方,同制度のある企業で四大卒女性全員を総合職として採用する企業

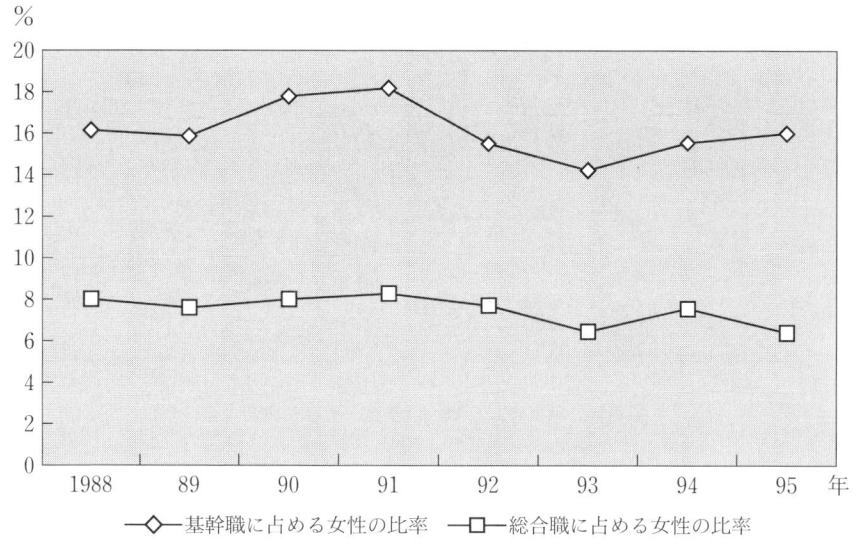

図6－5　基幹労働者(基幹職・総合職)に占める女性の比率

注)使用したデータは図6－4と同じである.

(16.0％)は少なく，多くの企業(84.0％)は総合職に男性は全員採用するが，四大卒女性は一部しか採用しない．これら2つの特徴は，コース別雇用管理制度が男女を区別するための人事管理手法となっているという指摘を支持するものである．しかし，コース別雇用管理制度を導入していない企業の中に男女別の採用が行われている企業が少なからずある(13.6％)という実態は看過できない．

このように，管理職の候補者ともいえる基幹労働者について，採用という入り口で見ると，景気の後退にもかかわらず女性にはある一定程度で門戸が開かれているものの，数的には少ない．それをコース別雇用管理制度の有無で比較すると，同制度のない企業の方が女性の参入機会が大きい．しかし，基幹労働者として入社した女性(総合職・基幹職)の処遇までもが男性と同等であるかどうかはわからない．次で見てみよう．

2 女性総合職・基幹職のキャリア形成

まず，総合職・基幹職として入社した女性が管理職になっている比率は男性より低いのだろうか．第1節で見たように，管理職等に占める女性(全体)の割合は7.7％と低い．しかし，女性の基幹職化がなされる前に採用された女性については，入社後10年を経た段階からの配置転換や役付き階層への登用がなされていた(八代, 1984)ことから，(年齢に関係なく)管理職全体に占める女性の比率が低いのは当然の帰結でもある．したがって，総合職・基幹職として採用され勤め続けている女性の昇進・昇格のスピードが遅いかどうかは同期入社の男性と比べているわけではないのでわからない．今ここで知りたいのは，女性総合職・基幹職が男性と同様に昇給・昇格に見合う能力や業績を身につけて管理職に昇進しているのかということである．そこで，第1に，彼女らの入社後の処遇，すなわち「個人(従業員)の辿る職務経験の連鎖」としてのキャリア形成を見ることにする．

次に，管理職の候補者である女性総合職・基幹職の勤続年数は短いのだろう

か．先の「大卒者の採用状況および総合職女性の就業実態調査」では，総合職女性の採用者数が増加したバブル期（1989～1992年度）を除いては就業継続率が5割を超えるという．調査時点での就業継続率は，入社3年目の者が71.3％，5年目が57.3％，10年目が44.3％である．これら総合職女性の就業継続率は低いのか．同調査では比較対象となる男性や基幹職の就業継続率がないため正確には比較できないのだが，決して高いとはいえまい．離転職した者はなぜ新卒で入社した企業で就業を継続しなかったのか．入社後の処遇の他に，仕事と家庭の両立に問題があるのか．そこで，第2に，「<u>個人・家族の問題を調和させた個人（プライベート）の人生</u>」を通じてのキャリア形成を併せて見ることにする．

　ここでは，入社から現在（調査時点）までのキャリア形成について明らかにされている女性総合職・基幹職60名へのインタビュー調査（詳細は，大内1999a,b）によって，男性と同様の処遇を受けているのか，仕事と家庭の両立をどのように行っているのかを見ていこう．

　① 入社後の処遇―配置転換と昇進―

　処遇については，どんな異動（配置転換と昇進）を経験したのかを見ることにしたい．まず，配置転換についてはいくつかのパターンが見られる．女性総合職・基幹職の多くは，数年毎の配置転換の後にある分野に絞り込むことで本人の「強み」を作る「強み形成型」か，入社早々から専門のキャリアを作る「専門早期形成型」の異動をしている．この2つは男性によく見られるパターンである．また，入社時に専門職（技術職，SE職，記者など）として職務を特定して異動せず，同一部署内でも扱う製品・商品が高度化しているという特徴をもつ「専門職型」もある．このように，多くの総合職・基幹職は男性と同様の配置転換を経験して技能を身に付ける機会を得ている．

　しかし，企業や上司によっては男性と同等の機会が与えられていない者がいる．具体的には，同じ企業の男性が頻繁に異動して広範な技能形成を行うのとは対照的にほぼ業務内容に変更のない「固定型」や，海外駐在・研修を女性で

あることを理由に許可されなかったり，女性間だけで異動が行われたりする「女性差別型」，社内結婚で女性のキャリアを無視して転勤させて夫婦別居を余儀なくさせる「いじわる転勤型」である．コース別雇用管理制度下の一般職があまり異動をせずに所属部署のスペシャリストとして技能を形成していくという点で，「固定型」は一般職の活用とほぼ同様である（仙田・大内，2002）．これはコース別雇用管理制度を導入していない企業でも男女別の雇用管理がなされている実態があることを示している．

では，総合職・基幹職の昇進・昇格の状況はいかなるものだろうか．先の配置転換と併せてみると，次の6パターンがある（表6−1）．

（ⅰ）女性役職創出型：3段階すべてにおいて，性別よりも個人の業績・能力を重視して異動が行われている可能性が高い．女性の課長相当の管理職が比較的多く，上級役職にも女性が見られる．

（ⅱ）ガラスの天井型：第①②段階は男女ともに行われているが，最後の第③段階で女性が少ない．

（ⅲ）昇格遅れ型：女性にも適切な配置転換が行われているが，第②段階の昇進・昇格で男性より多少遅れ，その結果，上級役職への昇進も遅れる．

（ⅳ）形式昇格型：勤務地などの点で男性とは異なる配置転換が行われているが，同一年次同時昇進が男女ともに形式的に行われる．これは，企業が女性のみに特定の専門技能を身に付けさせるケースや，転勤のない中間職，地域限定職を含む．高度な技能をもって長期継続就業の可能性はあるが，上級管理職に昇進する見込みは少ない．

（ⅴ）配置転換格差型：ある程度の配置転換は行うが，男性のそれとは異なり，昇進・昇格も遅れる．

（ⅵ）女性固定型：男性が頻繁に異動して広範な技能の形成を行う一方で，女性はほぼ一定の部署に留まり，昇進・昇格も男性に比べかなり遅れる．

これら6つの異動パターンのうち，管理職が誕生するのは（ⅰ）〜（ⅳ）であり，在職している女性総合職・基幹職の多くはそれらの異動パターンを取って

表6－1　女性（総合職・基幹職）の企業内異動の分類

段階　①配転　②昇進　③選抜	名　称	コース別採用のある企業（社）	コース別採用のない企業（社）
（i）　　○　→　○　→　○	女性役職創出型	12	8
（ii）　　○　→　○　→　▽	ガラスの天井型		7
（iii）　○　→　▽　→　▽	昇格遅れ型		4
（iv）　△　→　○　→　▽	形式昇格型	4	1
（v）　 △　→　▽　→　×	配置転換格差型	該当なし	2
（vi）　×　→　×　→　×	女性固定型	該当なし	4

注）1．図中の○，△，▽，×は所属企業の男性と比較して，次を指す．
　　　①配置転換において，○同等並み，△多少異なる，×全く異なる
　　　②昇進・昇格において，○同等並み，▽多少遅れる，×かなり遅れる
　　　③上級役職選抜において，○同等並み，▽遅れる，×可能性少ない
　　「同等並み」とは，異動の各段階において男女による差がほぼないと考えられるという意味である（個人差はある）．「異なる」，「遅れる」とは個人よりも男女による差が大きいとみなされる場合を指す．
　　2．調査対象者から回答を得られた42社についてのみ分析．
出所）大内（1999c）

いる．しかし，比較の対象となる男性の場合，適切な配置転換によって身に付けた高度な技能を企業に評価されて昇進・昇格する（i）が標準的な異動パターンである．それを考えれば，女性が（ii）～（iv）の異動パターンをとるということは，男性より女性の方が実質的に昇進が遅れること，あるいは女性が形式的に管理職に昇進しているにすぎないケースもあることを意味する．したがって，すべての企業が（i）の異動パターンをとらない限り，女性管理職の増加は緩慢なものに留まる．

　さらにコース別雇用管理制度の有無，すなわち基幹職と総合職で比較してみると，いくつかの特徴が見出される．まず，同制度のない企業について見ると，女性役職創出型の企業が多く，近い将来に女性管理職の増加が期待される．一方，配置転換格差型や女性固定型がある．これは，コース別雇用管理制度を導入していない企業において，男女で異なる配置転換を行っている故に，女性の昇進・昇格が男性より遅れるという実態を示している．

次に，コース別雇用管理制度のある企業では，在職者に限って見てみると男性と同等に昇進・昇格しており，少なくとも形式昇格型にある．しかし，同制度が導入された後に入社した総合職が（年齢的に）まだ上級役職選抜の対象となっていないため，女性役職創出型をとるかどうかは現段階では判断できない．また，総合職女性に配置転換格差型，女性固定型がないわけではない．聞き取りから，そのような異動の経験者は早期退職した可能性が高いと考えられる．

② 仕事と家庭の両立

入社後の処遇（配置転換と昇進）が適切になされていても，結婚や出産・育児は女性の就業継続の障害となり得る．1992年に法制化され，1995年に改正，1999年に施行されている育児・介護休業法によって多くの企業で設けられるようになった育児および介護休業制度は，女性の育児や介護による就業の中断を防ぐ大きな役割を果たすと考えられている．しかし，法律に基づいて企業が制度を設けるだけでは十分ではない．結婚や出産による退職慣行がなく，就業できる社内の雰囲気があり，実際に従業員が制度を利用して休業できなければならない．厚生労働省も2002年9月に育児休業の取得率を女性80％，男性10％にするという具体的な目標を掲げた．では，実際に出産後も働き続けている女性総合職・基幹職がどのように仕事と家庭の両立を図っているのかを見ることにしよう．

調査では多くの人々は結婚時に家事を分担してくれる男性を配偶者として選んでおり，夫や親の協力を得ながら仕事と育児の両立を図っている．育児休業を取得して実際に復帰している女性総合職・基幹職を見ると，絶えず技能のレベルを上げることが求められるため，休業による技能の陳腐化に対する不安が大きく，就業規則で定められた育児休業期間より早く切り上げた人が多い．そして，短時間勤務，半日勤務などの育児サポート制度と，フレックスタイムや裁量労働制，半日休暇の柔軟な勤務時間のいずれかを選択または組み合わせて利用することによってフルタイム勤務への早い復帰と技能形成の再開を目指している．その他に，育児中の在宅勤務が認められたケースもある．

同じ女性でも一般職は大きく異なる．すなわち，休業中の技能の陳腐化に対する不安は小さく，育児休業をできるだけ長く取った上で，夫や親の協力を得るというよりは本人の工夫で仕事と育児を両立している（仙田・大内，2002）．

このように，在職している総合職・基幹職の場合，長期間の育児休業制度よりもむしろ各種育児サポート制度と柔軟な勤務時間の制度を組み合わせて，個人の置かれている状況に応じて選択することによって仕事と育児の両立を図っていた．

第3節　女性の昇進と就業継続にむけて

企業が女性管理職の少ない理由としてあげていたのは，① 男女で職種が異なる，② 女性の勤続年数が短い，③ 女性の能力・業績が男性のそれより低い，であった．本章ではそのような3つの状況をもたらす問題が主に2つあることを明らかにしてきた．第1に，管理職の対象となる女性の基幹労働者（総合職・基幹職）が少ないという入り口の狭さの問題であり，第2に，その女性総合職・基幹職の入社後の処遇（配置転換・昇進）および仕事と家庭の両立という両側面から見たキャリア形成が男性のそれと異なるという質的な問題であった．

これらについてコース別雇用管理制度の導入の有無による違いはない．確かに採用の段階では同制度のない企業の方が基幹労働者として採用される女性が多い．しかし，すでに明らかにしたように，大卒女性全員が基幹職として採用されているわけではなく，また基幹職として採用されても実際は補助労働者として雇用管理されている企業がある．これは均等法に違反するのだが，そういう実態があるのである．

今後，女性の管理職を増加させるには，まず基幹労働者として働くことを希望する者が基幹労働者として採用されること，次に入社後，異動を経て技能を身に付け昇進していくこと，そしてその際，育児によって仕事を大きく中断することなく就業を継続して企業に不可欠な貴重な戦力となることが必要である．

そこで筆者は，第1に，適切な企業内異動と各種育児サポート制度を短期的な決済が可能なカシカリのサイクルに組み込んだ人事雇用管理システムを設けること，第2に，長期間の育児休業制度よりも各種育児サポート制度を充実させること，の2つを提言したい．

1　企業と従業員の新たな関係の構築

　第1のサイクルについては図6－6で表わした．まず企業が配置転換など仕事や教育訓練のチャンスというカシを総合職・基幹職に与える．そして従業員も業績を残すという形で企業からのカリを短期のうちに少しでも返済する．企業からのカシを受けられない人は，返すべきカリはない．柔軟な勤務時間を含む育児サポート制度（後に説明）についても同様である．適切な配置転換や昇進・昇格，育児サポート制度はいずれも企業からのカシが先に提供されてから，時間をおいて従業員側から業績の形でカリを返すというようにカシカリのバランスの決済にはタイムラグがある．そしてカシを受け，カリを返せた人だけが，再び企業内異動（配置転換・昇進），育児サポート制度といったカシカリのサイクルを通過していく．カシカリの決済が確実に繰り返されれば，企業と従業員との間のカシカリ関係は成立し，両者の間に信頼が生まれる．そして，企業との間のカシカリ関係が成立している人だけが所属企業で就業を継続する．逆に成立していない人は早期に退職する．企業にとってみれば，このカシカリのサイクルが所属企業で就業継続しようとする合理的意志をもった人をそうでない人から選別するスクリーニングの手段となる．

　カシカリを短期で決済することは人材の流動化が進む昨今でこそ求められ，男性にも適用される．すなわち，従来は採用時のみに長期関係を結ぶ人（従来は主に男性）を企業が選抜してきたが，そうではなく，採用した人物（今後は男女）が勤務しているときにも長期関係を結ぶか否かをスクリーニングしていくこと（On the Job Screening）になる．その際，コース別雇用管理制度を導入するか否かは，単に採用の段階で（余分に）スクリーニングを行うか否かの違いに

124

図6—6　企業と従業員のカシカリ関係（概念図）

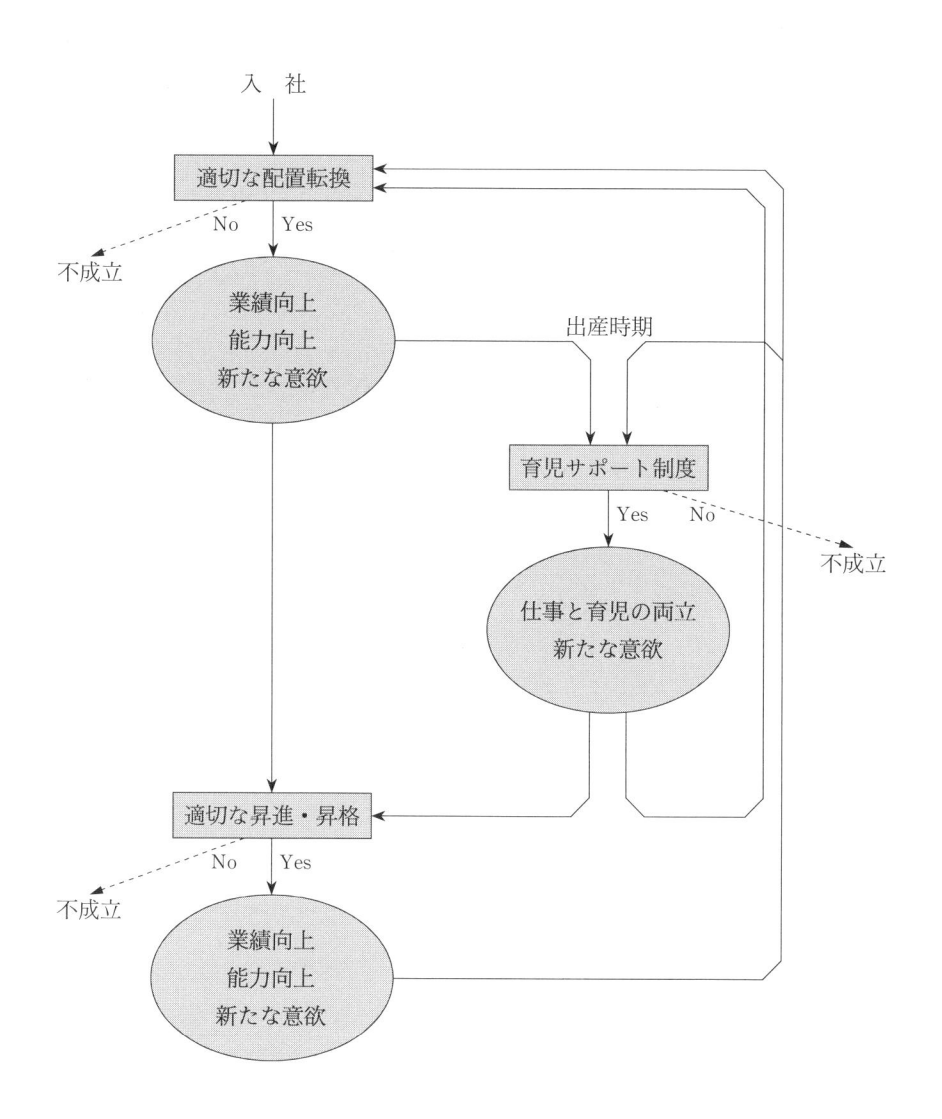

入　社
↓
適切な配置転換
　No／Yes
不成立

業績向上
能力向上
新たな意欲

出産時期

育児サポート制度
　Yes　No
不成立

仕事と育児の両立
新たな意欲

適切な昇進・昇格
　No／Yes
不成立

業績向上
能力向上
新たな意欲

▭：企業が与えるカシ（企業の投資）
◯：従業員が返すカリまたは企業に与えるカシ
不成立：カシカリ関係の不成立を意味する

出所）大内（1999d）

過ぎず，同制度の導入の有無にかかわらず採用後もスクリーニングを重ねていくという点で変わりはない．

2 育児サポート制度

　第2の長期間の育児休業制度よりも各種育児サポート制度を充実させることの理由は2つある．ひとつは，技術の進歩・変化が速く，絶えず技能のレベルを上げることが求められる中で，育児休業によって完全に職場から離れれば技能の陳腐化は免れないからである．もうひとつは，昇進・昇格にかかわるからである．

　先に紹介したインタビュー調査によると，ほとんどの企業では育児休業期間中の昇進・昇格についての扱いが明確ではなく，また休業を取得した年度には昇進・昇格がなされないことが多い．年齢や勤続年数の俗人的な要素で昇進・昇格が決定されることの多かった従来の日本的雇用システムの下で完全休業すれば昇進・昇格が遅れる．昨今では年功より業績や成果で昇進・昇格が決まる成果主義が進められているが，それでも完全に休業すれば昇進・昇格は遅れる．成果主義の下でこそ技能や業績の向上が昇進の決定的な要素だからである．

　育児休業制度が利用できることは就業継続に不可欠なものであろう．しかし，各種育児サポート制度によってフルタイム勤務復帰までは（完全ではなく）部分的に休業したり，フレックスタイムなど柔軟な勤務によって時間の自己管理を可能にしたりすれば，技能や業績の水準を少なくとも維持でき，また本人の努力次第では向上させることも可能である．その他に，育児休業者が重なったときに2人1組で1人分の勤務体制を組むなどワークシェアリングも有効な手立てとなるだろう．

　これらは女性だけでなく同時に男性にも利用しやすい制度であるにちがいない．完全に職場から離れれば技能の陳腐化と昇進の遅れを招くという不安から，今後も多くの男性が育児休業を取得することはないであろう．2001年度現在，国家公務員（一般職）の男性職員の取得率は0.3%，企業平均が0.55%である．

今のままでは厚生労働省の目指す男性の育児休業取得者10％の目標数値は絵に描いた餅に終わりかねない．

　企業と従業員との間に良好な関係なくして，価値ある有能な人材を育成・管理し，企業経営を成功に導くことはできまい．従業員とはもちろん男性ばかりでなく女性をも指す．それは，有能な人材が男性とは限らないからである．また，有能な人材に女性をも加えることによって，有能な人材の候補者を増やし，彼（女）らが互いに切磋琢磨することによって，人材の水準を引き上げることが可能であるという効果も期待できるからである．

　男性であれ女性であれ，企業の基幹労働者として昇進・昇格して管理職になるには，仕事と家庭の両立を図りながらも常に技能の向上が求められる．企業の方も従業員との間のカシカリを短期に決済しながらスクリーニングを重ねていくことによって，男女にかかわらず育成した人材を失うことなく長期に活用でき，さらに高度な技能形成を従業員に期待できよう．

引用・参考文献
今田幸子・平田周一『ホワイトカラーの昇進構造』日本労働研究機構，1995年
大内章子「女性総合職・基幹職の実態調査」『三田商学研究』第42巻第1号，
　　1999年（a），pp. 117-180
大内章子「大卒女性ホワイトカラーの企業内キャリア形成―女性基幹職・基幹職
　　の実態調査より」『日本労働研究雑誌』No. 471，1999年（b），pp. 15-28
大内章子「コース別雇用管理制度の有無による女性総合職・基幹職の活用の現状
　　―技能形成（配置転換・昇進）と育児サポート制度に見る―」日本労務学会編
　　『日本労務学会第29回全国大会　研究報告論集』1999年（c），pp. 153-158
大内章子『ウチ社会と女性―日本の企業経営の特質―』慶應義塾大学博士学位論
　　文，1999年（d）
小池和男編『大卒ホワイトカラーの人材開発』東洋経済新報社，1991年
仙田幸子・大内章子「女性正規従業員のキャリア形成の多様性―コース別雇用管
　　理制度をてがかりとして―」『組織科学』Vol. 36, No. 1，2002年，pp. 95-107
武石恵美子「1990年代における雇用管理の変化と女性の企業内キャリア」ニッセ

イ基礎研究所『所報』Vol.20, 2001年, pp.1-44

八代充史「女子労働者の雇用管理―大手百貨店の事例分析―」『三田商学研究』第27巻, 第5号, 1984年, pp.67-84

第7章

女性のキャリア形成と職場ストレス

　経済の長期低迷を受けて労働環境は大きく変化し，それら変化は，働く人々のキャリア形成やストレスに影響を及ぼしている．本章では，それらの特徴について概観した後，課題と対応方法について検討する．
　本章では，キャリアを，「仕事」という側面だけではなく，ある人がその生涯において関与するさまざまな役割の一連のつながりとして捉え，「人生をいかに生きるか」という個人の視点から見ていく．これまでのキャリア形成（特に，職業的なキャリア）は企業主導であったため，そのような個人の視点に立つことはなく，働く人々も「キャリア」について意識することは少なかった．労働環境の変化に伴い，自己責任によるキャリア形成がいわれはじめているが，これまでのキャリア形成がどのようなものであり，その背景には何があるのかを踏まえた上で，今後のキャリア形成について検討をする．本章では，今日の労働環境に対応し，また自分らしい生き方としてのキャリアを形成するために必要な考え方として，メンタリングを取り上げる．
　また，精神的・肉体的な負荷による突然死や自殺の増加が見られるなど，働く人々が感じるストレスは，ますます強く，深刻なものとなっている．仕事そのものがストレスの原因である場合に，その軽減や抑制の効果が期待できるソーシャル・サポートの考え方を中心に，キャリア形成との関連でストレスを捉えるとともに，その対応について検討する．

第1節　女性のキャリア形成

1　働く女性の状況

　1980年代半ば以降，男女雇用機会均等法が成立するなど，女性の労働環境は改善の兆しを見せたが，その後の日本経済の長期低迷によって，その動きは停滞ないし後退をしているように見える．

　失業者数の増加や失業期間の長期化，労働力率の低下や雇用形態の多様化などが，女性の雇用に与える影響は大きい．総労働力に占める女性の割合は40％に達しているものの，雇用者のうち非正規従業員の占める割合は，男性が約14.2％であるのに対し，女性は48.2％と大きく異なる[1]．また，法律で禁止されているにもかかわらず，出産や育児をきっかけとした女性に対する退職圧力は依然存在するとともに，人件費抑制および即戦力を求める傾向などから，新規採用を含めた雇用そのものを控える企業も多く，仕事に就く機会は減少している．知識，技術・技能を向上し，経験を重ねる場そのものが減少している今日の状況は，キャリア形成を阻害する大きな要因となっている．

　また，M字型カーブを描くことが特徴といわれる女性の年齢階級別労働力率を見ると，たしかにM字のくぼみ部分にあたる30～34歳の労働力率は57.1％と低い．しかしながら，労働力人口に，非労働力人口のうち就業希望者を加えた潜在的な労働力率で見れば30～34歳で81.5％となり，欧米先進国同様の台形となる[2]．これは，就業希望があるにもかかわらず，実際には仕事に就いていない，あるいは就くことが難しい状況を示すものと考えられる．仕事に就いていない理由として女性は，「家事・育児のため仕事があっても続けられそうにない」36.4％，「勤務時間・賃金などが希望にあう仕事がありそうにない」13.7％が，あわせて半数を占める調査結果もあり[3]，仕事と家庭との両立が，就業希望者にとってネックとなっていることがうかがえる．

2 キャリア・パターン

　本章では，キャリアを，職業についてだけではなく，ある人がその生涯において関与するさまざまな役割の一連のつながりとして捉える．したがって，キャリア形成も，キャリアを通して職業的アイデンティティを形成していく過程，および職務を遂行するにあたっての，能力，技能，職業的態度や行動の形成の過程として捉えるとともに，企業内に限定して考えるのではなく，その人の生涯にわたるさまざまな活動や取り組みなどを含めた形で取り扱う．なお，キャリアおよびキャリア形成は，個人の視点から見るか，企業の視点から見るかでもその捉え方は異なるが，本章では，「人生をいかに生きるか」，特に，「仕事を通してどのように生きるか」ということを前提とする．

　人生において節目となる出来事（ライフ・イベント）には，進学，就職，結婚，出産，育児，子離れ，介護などがある．これらのうち，職業キャリアを形成する上で，男性に比べて女性が大きく影響を受けるものとしては，結婚，出産，育児，介護があげられよう．それらのうち，結婚と出産を基準に女性のキャリアを分類すると，次のようになる．①結婚・出産にかかわらず仕事を続ける継続型，②結婚・出産を機に退職，その後仕事に就く再就職型，③結婚・出産を機に退職する中断型，④働いた経験がなかったが，結婚・出産を機に仕事に就く結婚・出産型，⑤結婚・出産にかかわらず，一度も仕事をしたことがない未就業型，の5つのキャリア・パターンである．

　高度経済成長期以降，長時間労働の常態化に伴い，家庭を維持するための役割の多くを女性が担うことになった．企業および国の労働施策も，そのような女性による後方支援を前提としたものへと変化し，その状況は今日まで続いている．企業および仕事への精神的・物理的なコミットメントの結果のひとつとして長時間労働が生じている状況では，後方支援を期待できない女性が働き続けることは困難である．そのような働き方に加え，働く夫と家庭を守る妻を前提とした家族像やいわゆる三歳児神話などの影響から，女性が家庭の維持と家族の支援を担うことを前提とした仕組みや意識が作りあげられてきた．「寿退

職」を前提とした女性の雇用形態，育児を含めた家庭責任の多くを女性が負担せざるを得ない状況などから，「再就職型」に見るような出産までは働き，育児が一段落した後，再び働き始めるというキャリア・パターンが既婚女性の典型として認識されている．そこでは，再就職にあたり，家事や育児が疎かにならないことを前提に，家族（特に，夫）の了承を得るといった手続きを踏むので，心理的な制約から，労働時間が長く仕事へのコミットメントが要求される正社員ではなく，パートタイマーとして働くことを選択する傾向がある．また，正社員として再就職したとしても，家事，育児や介護の役割負担などにより，男性と同様の働き方はできないため，職場での評価は高くなく，キャリア・アップや職務満足につながるような仕事を割り当てられる可能性も少ないという状況が見られる．「再就職型」以外のキャリア・パターンを選択した場合でも，そのような心理的あるいは物理的な制約に加え，成人男性を念頭においた雇用施策や雇用慣行などの影響を受けて，女性の就職先（特に，再就職先）は限定されることになる．

　そのようなさまざまな制約もあり，女性のキャリア・パターンは男性に比べて多様である．家族を養うことを男性に求める社会通念や社会規範が存在することから，望む，望まないにかかわらず，男性の多くは，新卒から定年までの直線的なキャリア・パターンを選択せざるを得ない側面がある．そのような画一的なキャリア・パターンの男性に比べて，趣味・特技を活かした活動，地域活動，ボランティア活動などのさまざまな活動に従事することのできる女性の方が，有意義で高い満足を伴うキャリアを形成しているということもできよう．

　しかしながら，先にあげたような5つのキャリア・パターンの選択が女性の自発的なものではなく，社会通念などのさまざまな影響を受けて，（無意識的に選択している場合も含め）結果的にそのキャリアを選択している，あるいは選択せざるを得ないのであれば，主体的に「人生をいかに生きるか」という点で課題が残る．

3 性別役割分業観とキャリア形成

「男性は仕事,女性は家庭」といった性別役割の意識が社会的圧力として依然存在するが,そのような役割分担を引き受けざるを得ない高度経済成長期以降の働き方が続く限り,その意識を変えることは困難であろう.たとえば,男性の平均週間労働時間を見てみると,夫あるいは父としての役割を担う人の多い25歳から44歳までの5歳ごとの4つの年齢階級で,それぞれ48.7,50.1,50.2,49.7時間となっている[4].また,平均週間労働時間が50時間を超える人は,25―29歳41.9％,30―34歳47.1％,35―39歳47.6％,40―44歳44.8％と半数近くを占める[5].このような就業時間の長さは,たとえ男性にその意思があったとしても,現実には,男性が家事・育児に携わる機会を奪っているといえる.

就業時間が週35時間以上の共働きの夫婦では,睡眠時間を除いた一日の時間配分は,夫は仕事58.1％(8時間08分),家事・育児4.0％(36分),余暇37.6％(5時間16分)であるのに対し,妻は仕事44.3％(6時間15分),家事・育児27.1％(3時間50分),余暇29.1％(4時間06分)となり,女性は,仕事と余暇の時間を削って家事・育児にあてている[6].熊沢[7]が,企業が評価尺度として用いる能力とは「どれほど家庭を顧みず長時間働けるか」であると指摘しているように,労働時間の長さや企業へのコミットメントの高さで評価される状況では,家事・育児などの家庭責任をより負わされている女性は不利である.

そのような働き方に対しては,男性も否定的ではある.たとえば,「仕事や家庭における男性の望ましい働き方」について尋ねた調査では,男性の4割,女性の5割が「仕事と家庭を両立させる」ことが望ましいと回答しており,若年層ほどその傾向が強い[8].また,回答者数は少ないものの,「家庭を重視する」と回答した人は女性よりも男性の方が多いという結果が出ており,意識の変化が見られる.

勤続年数,労働時間や雇用形態ではなく仕事の結果や能力で評価が行われることを前提とすれば,労働の非正規化や流動化という今日の流れは次のような

点で評価できる．それら非正規化や流動化がすすむことは，働く人びとが，具体的なキャリア目標をもち，一定レベルの能力をもっていることが前提となるので，より一層の努力や主体性を要求することになるが，ライフ・ステージやキャリア・プランにあわせた働き方や性によって固定化されているキャリア・パターンにとらわれずに，男女ともに自分らしく生きるためのキャリアを選択することを可能とするからである．

4　キャリア形成の特徴

　Gutek and Larwood[9]は，キャリア発達における男女の違いを次のようにまとめている．①男女の職業適性は異なるだろうという固定概念が，男女の職業準備と職業選択に影響する，②夫婦間のキャリア調整で，妻が夫にあわせる場合が多く，結果として夫のキャリア発達はより早く達成される，③親としての役割は男女で異なる場合が多く，母親はより多くの時間と労力が要請される．その結果，女性は職業生活に没頭しにくい，④女性は職務において，キャリア発達を阻害するような差別や偏見を受けやすく，同時にキャリアを発達させるための積極的な教育や支援を得にくい．したがって女性のキャリア発達は順調に進展しにくい，の4点である．これらの指摘は，日本女性においてもあてはまるものであるといえる．

　また，大阪府で働く人を対象とした調査結果[10]によれば，女性の職業およびキャリア意識には以下のような特徴がある．①結婚・出産後も働き続けたいと思って働き始めた女性ほど，結婚・出産後も働きつづけている人が多い，②学歴が高い女性ほど，そして母親が外で働いていた女性ほど，結婚・出産後も働き続けたいと思って働き始めた人が多い，③仕事にやりがいを感じていない女性ほど仕事意識が低く，仕事にやりがいを感じている女性ほど仕事意識が高い傾向がある．仕事にやりがいをまったく感じていない女性の中にも，高い仕事意識を持つ人が少なくない，④男性の補助的な仕事をしている人より，男性と同じような仕事をしている女性の方がやりがいを感じている，⑤自分

にとって難しいと考えるような仕事をしている女性，自分で判断して仕事をしている女性の方が，仕事にやりがいを感じている，⑥目標となる女性の先輩がいて，よき上司がおり，男女にかかわりなく仕事のできる人が役職についている職場で働いている女性の方がやりがいを感じている，の6点である．

これらは，職業選択の時点で仕事と家庭の両立をどのように捉えているかがその後のキャリア選択に影響を与えること，やりがいを感じる仕事や職場の雰囲気が職業意識の高低と関連づけられることを示している．宗方は，女性のキャリア発達の過程を，①キャリア観の形成，②キャリア選択，③職場におけるキャリア形成，の3つに分け，それぞれの過程において影響を及ぼす要因を，個人要因と環境要因とに分けて整理している（図7－1参照）．[11]

ここで見たように，キャリア形成は，女性本人の意識などよりも，女性を取り巻く環境や状況の影響が大きいように思える．また，そのような環境は，男性のキャリア意識や職業意識にも影響を与える．男女ともに「自分らしく生きる」ために，それらの点の改善は必要不可欠であろう．

5　キャリア形成における課題

労働環境の変化およびキャリア形成の特徴を踏まえた上で，キャリア形成における課題をまとめると以下のようになる．

第1に，アイデンティティの確立時期の問題である．アイデンティティの確立とは，「自分はどのような人間か」を認識している状態のことである．キャリア形成をしていく上では，その仕事や活動が「自分らしさ」を発揮できるものであるかが重要であるので，その前提としてアイデンティティが確立されていなければ満足度は低下する．すでに述べたように，男性は，学校卒業後，定年まで働き続けるという直線的なキャリアであることが多いので，アイデンティティを確立するために必要な自問自答（自分を知るための自己分析とその結果を受け入れる自己認知の過程）は，職業選択の時期である20歳前後で行われることが一般的である．これに対して，結婚・出産というライフ・イベントの影響を受

図7-1　女性のキャリア発達にかかわる主要な要因

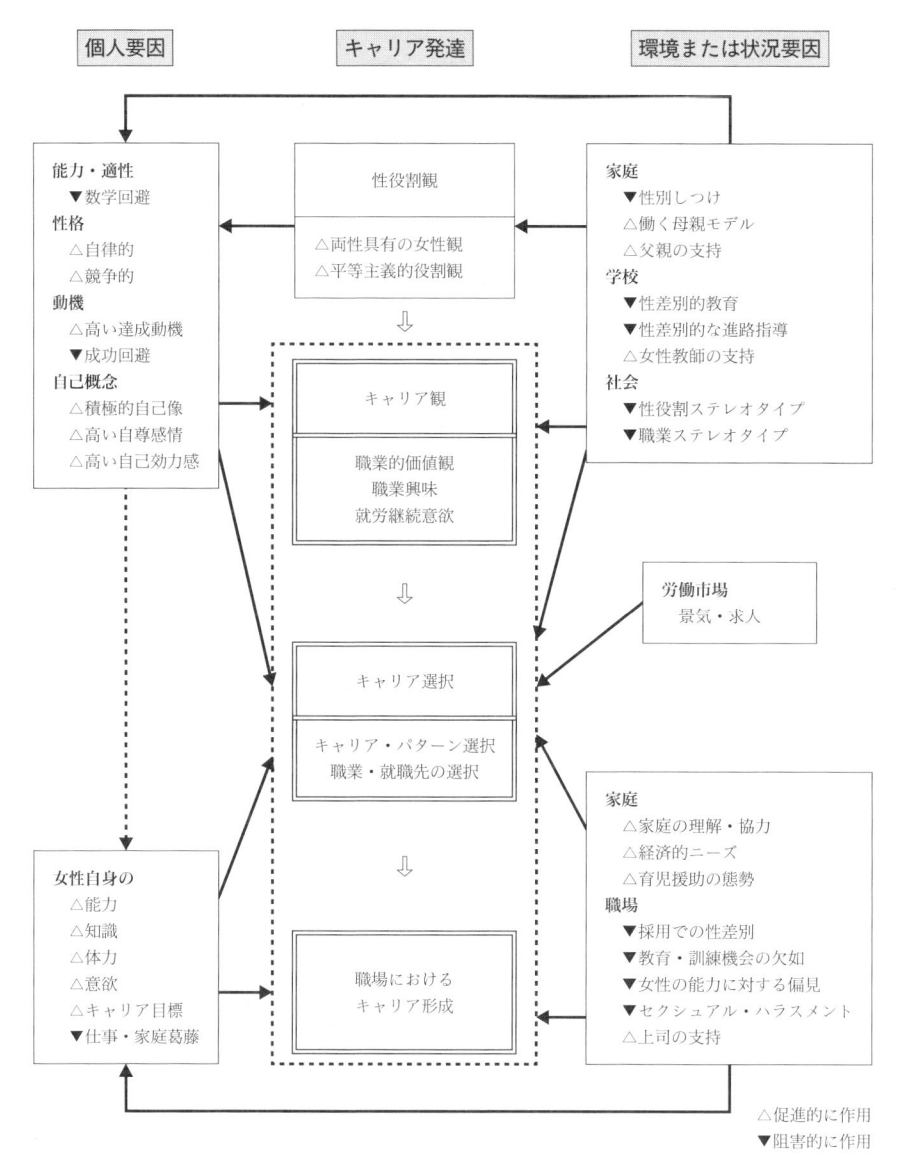

個人要因

- **能力・適性**
  - ▼数学回避
- **性格**
  - △自律的
  - △競争的
- **動機**
  - △高い達成動機
  - ▼成功回避
- **自己概念**
  - △積極的自己像
  - △高い自尊感情
  - △高い自己効力感

女性自身の
- △能力
- △知識
- △体力
- △意欲
- △キャリア目標
- ▼仕事・家庭葛藤

キャリア発達

- 性役割観
  - △両性具有の女性観
  - △平等主義的役割観

⇩

- キャリア観
- 職業的価値観
- 職業興味
- 就労継続意欲

⇩

- キャリア選択
- キャリア・パターン選択
- 職業・就職先の選択

⇩

- 職場における
  キャリア形成

環境または状況要因

- **家庭**
  - ▼性別しつけ
  - △働く母親モデル
  - △父親の支持
- **学校**
  - ▼性差別的な教育
  - ▼性差別的な進路指導
  - △女性教師の支持
- **社会**
  - ▼性役割ステレオタイプ
  - ▼職業ステレオタイプ

労働市場
  景気・求人

- **家庭**
  - △家庭の理解・協力
  - △経済的ニーズ
  - △育児援助の態勢
- **職場**
  - ▼採用での性差別
  - ▼教育・訓練機会の欠如
  - ▼女性の能力に対する偏見
  - ▼セクシュアル・ハラスメント
  - △上司の支持

△促進的に作用
▼阻害的に作用

出所）宗方比佐子「女性のキャリア発達」伊藤裕子編著『ジェンダーの発達心理学』ミネルヴァ書房、2000年

けてキャリアを選択する傾向の強い女性は，そのような状況に直面するまで，その自問自答の時期を先送りする傾向も見られる．また，その際に，男性に較べて，自分自身の希望，能力，適性，価値観などの内的要因よりも，家族の期待や希望，労働条件や労働環境，社会環境などの外的要因に影響されやすい．

　第2に，性別役割分業観の問題である．企業，家庭や学校において意識的・無意識的に繰り返される性別役割分業観に基づく人びとの言動は，男女両者の職業意識やキャリア意識に影響を与える．この性別役割分業観は，長い時間を経て，社会のさまざまな仕組みとともに意識下に組み込まれてきたものであるので，一朝一夕に変わるものではないが，性や，その他の属性によって，自分らしく生きることが制約されることは，キャリア形成を妨げる大きな要因である．

　第3に，職業意識およびキャリア意識の低さの問題である．特に，講義などを通して感じることでもあるが，学生は仕事や職業に対する感性が鈍く，一番身近な職業モデルである親の仕事内容さえ理解していないことも珍しくないなど，両親や家族などと職業やキャリアに関する意見・情報の交換をしない傾向が見られることである．

　アイデンティティの確立がキャリア満足に影響を与えるという視点から見れば，就職（あるいはその前提としての進学）時点での職業選択が，その後のキャリア形成に大きく影響を与える．医師や看護師などの専門的な職業を選択した学生とキャリア目標が曖昧なまま学生生活を送っているものとでは，そのキャリア意識や職業意識に差が見られることは，その一端を示すものと考えられる[12]．

　第4に，仕事と家庭との両立の問題である．経済の長期低迷を受けて，過酷さを増す労働状況は，精神的・肉体的な負担を労働者に与え，突然死や自殺を増加させている．仕事と家庭との両立を望む誰もが，その生き方や働き方ができるような状況にはない点で課題は大きい．よき家庭人・地域人が，企業にとっては良い人材であるということを前提とした長期的な視点からの取り組みが，今こそ企業には求められる．

第2節　職場ストレス

Selye[13]は，ストレスをあらゆる要求に応じた身体の非特異的反応として定義する．ストレスには，不確実さ，強制・抑圧などの心理的なストレスと，暑さ・寒さなどの物理的・生理的なストレスがある．ストレスの原因をストレッサー[14]，ストレッサーによって引き起こされる反応をストレインといい，本来は，ストレッサーとストレインの両方を含めてストレスと呼ぶが，本章では，厳密な使い分けをせずに，ストレッサーとストレスという用語を用いて述べることとする．

また，ストレスはすべてが一概に悪いというわけではなく，快適なストレス（ユーストレス；eustress）と不快なストレス（distress）があるという考え方も示されている．快適なストレスとは，たとえば，徹夜続きの末にプロジェクトを完成させたときや登山の成功など，精神的・肉体的苦痛や圧力を感じながらも，その結果として達成感や満足感が得られたことで，そのストレスが有益なものとなることを指す．

1　職場におけるストレス

Jick and Mits[15]は，女性特有のストレッサーとして職場での女性の不利な状況を次のように指摘する．①男性と比較してモデルとなる人に恵まれないこと，②男性原理の強い企業の中では少数派であること，③低賃金であること，④昇進の壁があること，⑤仕事が退屈で刺激がないこと，の5点である．

また，企業の消費対策部門などに所属する女性を対象に実施した調査[16]でも，約80％がストレスを感じ，そのうちの約75％が会社内，約25％が家庭内を大きなストレスを感じる場所と回答している．その理由としては，会社内では，時間不足，男女差別，過大な期待に対するプレッシャー，職場環境への不満などの心理的ストレスに関するものが，家庭内では，帰宅の遅い夫，夫の家事協力不足，老親の面倒などの物理的ストレスが多くあげられている．年代別では，

いずれの年代においても,「人間関係」が1位にあげられている. 2位は, 20代では「仕事の量・内容」, 30代では「家庭との両立」「家事の分担」「ゆとりのなさ」, 40代以降では「上司と部下との間での人間関係」「子どもとのコミュニケーションの問題」など, ライフ・ステージと密接な項目がストレスになっている.

これらを踏まえ, 働く女性が感じるストレッサーについてまとめると, ①仕事の質・量, 仕事上の権限と責任とのバランス, 評価基準や評価方法, 報酬などの仕事そのもの, ②人間関係（特に, 上司との関係）, ③労働時間, 休暇・休憩の取りやすさ, 情報機器の活用度, 換気・照明・振動などの職場環境, ④性別役割分業観に起因する問題（仕事と家庭の双方で求められる役割, 家族に対する罪悪感や物理的なサポートの少なさなどの仕事と家庭との両立）とに大別することができる. それらは, いずれもさまざまな面で女性のキャリア形成を疎外し, 仕事ストレスを生じさせていると言えよう.

キャリア意識とストレスの関係を説明したものが図7－2である[17]. ここで示されているように, 女性が仕事をしていく上では, さまざまなストレッサーがある. それらはキャリア意識やキャリア・サポートに直接作用するとともに, 結果としてキャリア形成にも影響を与える. 女性の場合, 転退職によってそれらの問題を解決してしまう傾向も見られるが, 状況や程度にもよるけれども, 一度それらの問題と正面から向き合い, 前向きに受け入れることは, キャリア形成を促進していく上で必要なことである. ストレスにうまく対処し, また適度なストレスを感じつつ, それをキャリア形成へと結び付けていくことが必要とされる.

今日の経済環境を受けて, 働く人々が感じるストレスは, ますます強く, 深刻になってきているように思える. キャリアを形成するためには, 働く人々が抱えるストレスやそのその他の問題を解決することが必要であるので, 次項でとりあげるソーシャル・サポートや専門家によるカウンセリングなども含めて考えたい.

図7−2　キャリア意識とストレスの関係モデル

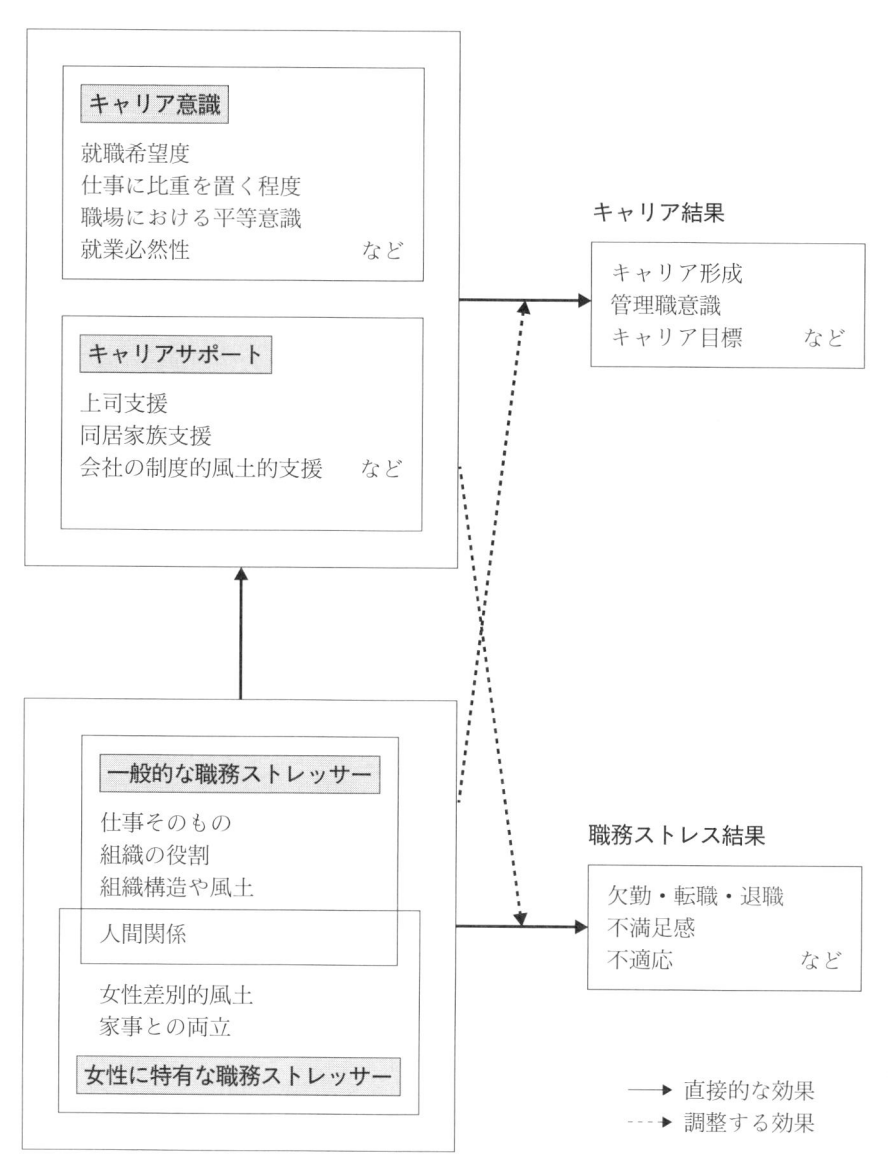

キャリア意識
就職希望度
仕事に比重を置く程度
職場における平等意識
就業必然性　　　　　など

キャリアサポート
上司支援
同居家族支援
会社の制度的風土的支援　など

一般的な職務ストレッサー
仕事そのもの
組織の役割
組織構造や風土

人間関係

女性差別的風土
家事との両立
女性に特有な職務ストレッサー

キャリア結果
キャリア形成
管理職意識
キャリア目標　　など

職務ストレス結果
欠勤・転職・退職
不満足感
不適応　　　　　など

──▶　直接的な効果
---▶　調整する効果

出所）金井篤子・佐野幸子・若林満「女性管理職のキャリア意識とストレス」『経営行動科学』第6巻，第1号，経営行動科学学会，1991年

2 ソーシャル・サポート

　ソーシャル・サポートとは，家族，友人，職場の仲間，近隣の人，専門的な支援者などから，さまざまな形で受けている援助を指す．House[18]は，ソーシャル・サポートを次のように分類する．主に，家族や友人などの親密な人々から，信頼，共感，愛，配慮といった形で提供される「情緒的サポート」，問題解決のための有益な情報や専門知識の提供，助言などの「情報的サポート」，仕事を手伝う，金銭的な援助をするなど，直接的な行動を提供する「道具的サポート」，肯定的な評価をする，フィードバックをするなどの評価を行う「評価的サポート」である．松岡[19]は，ソーシャル・サポートの効果として，子どもの成長発達や精神的安定，ストレスの軽減，抑うつ状態の緩和，ストレスやその他病気の発生の抑制，自殺の予防効果などをあげる．

　小野[20]は，実証調査の結果をもとに，仕事そのものがストレスの原因である場合にソーシャル・サポートが果たす役割の大きいことを示した．また，「働く女性の職務満足感が対人関係に大きく依存」すること，「仕事ストレスに対するソーシャル・サポートのサポーターと職務満足感の関係」における配偶者の役割が大きいことを指摘している．

　ソーシャル・サポートが十分に機能するためには，受け手がそのサポートやサポートしている相手を認識していることが重要となる．サポーターの数やその幅の広さよりも，受け手にとって有益なサポートが提供されているかやサポートの質が問題となる[21]．

　繰り返しになるが，「人間関係」はキャリアを形成する上で，大きく影響を与える要因である．さまざまなストレスを受けることが多く，また，キャリア展望が見えにくくなっている今日の状況においては，次節で取り上げるメンタリングの考え方がより重要になると考えている．自分らしく生きるために，ソーシャル・サポートやメンタリングの考え方を理解し，それらを必要に応じて受け入れ，また，他者に対して提供するということが必要であろう．

3 労働環境の整備

ここでは,先に取り上げたような課題に対する対応として,社会,企業,個人,他者との相互支援の4つのアプローチから見てみた.

第1の社会的なアプローチとして,ここでは次の4点をあげる.1点目は,仕事を通したキャリア形成をする上で障害となる,税制,雇用機会の均等,出産・育児・介護などに関連する法制度の充実・強化,2点目は,育児や介護に対する金銭的・物理的支援の充実,3点目は,性別役割分業意識を含めた社会的慣習などを是正するための啓蒙活動のさらなる推進,4点目は,再就職や転職を容易にするためのリカレント教育の充実,である.

第2の企業によるアプローチとしては,働く人びとのライフ・ステージにあわせて,また,彼らが自分らしく生きることを助けるための方策として,次の2点を取り上げる.1点目は,個人のライフ・ステージや希望にあわせて働くことを容易にする環境や制度を整備することである.業種や職種にもよるが,ワークシェアリングやジョブシェアリングに加え,フレックス・タイム,サテライト・オフィスや在宅勤務などの取り組みは有効であろう.2点目は,ペイ・エクイティ(同一価値労働同一賃金)の導入である.業務,評価基準と評価方法を見直し,正社員とパートタイマーとの賃金格差を是正することでパートタイマーの待遇改善を図るとともに,その安易な活用を制限することである.なお,ここにあげたような制度や取り組みは,従来の仕事のやり方や評価基準・方法を見直した上で導入するのでなければ実効はあがらない.

第3に,キャリア形成を主体的に行うためのアイデンティティの確立である.人は,職業選択をきっかけに,自分はどのような人間であり,どこから来て,どこへ行こうとしているのかを自問し,親を含めた周囲の人々との関係を再構築することで,自己のアイデンティティを確立することができる.アイデンティティを確立していない人は,青年期の次の段階で,他者と親密な関係を結ぶことに怖れを覚えるといわれる.[22] すでに見たように,「人間関係」は,キャリア形成の阻害要因にも促進要因にもなるので,青年期にアイデンティティを確

立しておくことは，キャリアを形成する上で非常に重要である．

 第4に，キャリア形成を促進するために必要な他者との支援関係である．周囲の人による支援は，仕事上の問題を解決し，ストレスを軽減するために役立つものである．これからますます必要とされるアプローチであるので，次節で詳しく取り上げる．

第3節　メンタリング

 この節では，キャリア形成の促進に有効なメンタリングについて検討する．

1　メンタリングの働き

 指導，教育，援助，助言などの，ひとの成長・発達を促す働きをする人をメンター，メンターによって支援される人をメンティーといい，メンターとメンティーとの間での精神的なあるいは物質的な支援行動をメンタリングと呼ぶ．

 メンターという用語は，ギリシャ神話に登場する賢人メントールを語源とし，メントールが，英雄オデュッセウスの息子テレマカスを後見，育成したことに由来する．そのため，本来は，メンターとメンティーとの信頼と共感をベースとした相互啓発の関係として捉えられ，そのような個人的な信頼や共感をもとに精神的な結びつきを強める中で，メンターがメンティーのキャリア形成を支援することがメンタリングである．

 メンタリングの働きは，次のように分類することができる．[23] 第1は，「スポンサーシップ」「コーチング」「保護」「表出」「挑戦的な仕事の提供」などの，仕事のコツやスキル，昇進の準備などの，メンティーのキャリア形成を促進する直接的な支援行動（キャリア機能）である．第2は，「ロール・モデル」「カウンセリング」「受容と確認」「友情」などの，メンターとメンティーの相互の信頼や親密さをもとに提供される，心理社会的機能である（表7-1参照）．

表7-1　メンタリングの機能

分類	機能	内容
キャリア機能	スポンサーシップ　sponsorship	・ドアを開けること ・メンティーのキャリア発達を援助するであろう関係を持つこと
	指導　coaching	・コツを教えること ・メンティーの業績と能力を改善するために適切な肯定的そして否定的なフィードバックを与えること
	保護　protection	・異なる状況において援助を提供すること ・メンティーの統制の範囲外であったミスに対する責任を取ること ・必要なときに緩衝の役割を果たすこと
	表出　exposure	・重要な場面で，メンティーが能力を証明する機会を作り出すこと ・メンティーの可視性を高める可能性のある重要な会議へ連れていくこと
	挑戦的な仕事の提供　challenging work	・昇進するための準備と成長を刺激する目的でメンティーの知識とスキルを伸ばす仕事の割り当てを行うこと
心理社会的機能	ロール・モデル　role modeling	・能力，自信，明らかな専門的独自性をメンティーが伸ばすことを助けるような，評価された行動，態度およびまたはスキルを明示すること
	カウンセリング　counseling	・個人的・専門的なジレンマを調査するための有用なそして頼みになる討論の場を提供すること ・中心的な発達的関係を扱う個々人の両者に機会を与える，優れた傾聴，信頼，調和
	受容と確認　acceptance and confirmation	・自信と自己イメージを強めるための，継続した援助，尊重，賞賛を提供すること ・高く評価される人々と組織への貢献者である両者を定期的に強化すること
	友情　friendship	・毎日の仕事の課業についての必要条件の範囲を超えて及ぼす相互に関心を持つこと ・親密さ ・直接的な職務状況の範囲外の経験を共有すること

出所）Kram, K. E., Mentoring in the workplace, In D. T. Hall and associates (eds.), *Career development in organizations,* Jossey-Bass Publishers,. 1986, p. 162.

2 制度的なメンタリング

前項で見たように，相手の能力を認め，キャリア形成に結びつくようなさまざまな支援をすることがメンタリングの基本ではあるが，その効果が認識されるのに伴い，メンターとメンティーを意図的に組み合わせる制度的なメンタリングが行われるようになった[24]。日本企業においても，以前からそのような個人的な信頼関係をもとにした非公式の支援行動は存在しているけれども，人員削減に加え，さまざまな雇用形態の人員が混在する職場で，目前の目標達成に追われる現状では，キャリア・モデルとなり，また有効なアドバイスと支援を提供してくれるメンターと出会うことは困難となりつつある．とはいえ，女性に較べて男性は，各年代にわたる，同性のさまざまなキャリア・モデルが職場内に存在するので，自分自身の方向性やキャリア目標を設定していくことが容易である．すでに述べたように，さまざまな制約によって長期間働き続けることのできる女性が少なかったため，女性は身近に同性のキャリア・モデルを見出すこと，特に，仕事と家庭とを両立しているキャリア・モデルを見つけることは難しく，その点での不安感や焦燥感は強い．いずれにしても，キャリア・モデルともなるメンターとの出会いやメンターによるサポートが不足している今日の状況は，速やかなキャリア形成を阻害する大きな要因であると思われる．

1990年代以降，日本でもメンタリングを制度的に取り入れる企業が増えてきた．女性を対象としたメンタリング・プログラムの多くは外資系企業で実施されており，その主たる目的のひとつは，ポジティブ・アクションへの対応である．外資系企業の女性管理職数は，日本企業に較べれば多いものの，欧米の基準から見れば少ないため，女性管理職の早期育成を目的としてメンタリング・プログラムが導入されている．管理職を目前とした女性にとってのキャリア形成上の課題には，①キャリアの将来展望が見えにくいことからくる閉塞感，②管理職候補として周囲から注目されることによる精神的負担の増大，③業務経験の幅の狭さや教育訓練経験の少なさによる自信の欠如，などがある．このような課題の多くは，メンターによる支援を含めた人的ネットワーク

の拡大および充実を図ることによって，解消ないし緩和することが可能と思われる．

　企業および職場の状況や，対象者の能力レベルなどによっても異なるが，メンタリング・プログラムなどの制度的なメンタリングにおける達成目標は，①企業への適応（組織社会化），②知識，技能・技術の習得・向上，③能力向上による自信の増大，④不安感の減少，⑤速やかなキャリア形成に向けての積極的な取り組み姿勢を引き出すこと，などである．

3　キャリア形成を促進するメンター

　教育訓練費用の削減や，従業員の職業観・キャリア観の変化への対応などから，企業の教育訓練の目的・方法の見直しが進んできている．自ら進んで自己啓発する人を支援するという企業の姿勢は，企業主導から個人主導のキャリア形成へと変化していることの表れであろう．しかしながら，これまで見てきたように，速やかかつ効果的にキャリアを形成するためには，自己啓発意欲の高さやその取り組みだけでは十分ではなく，他者による支援も必要である．

　メンタリングに関する調査では，メンターとして上司や元上司などの職場の人があげられることが多い．筆者の調査でもそのような傾向は見られる一方で，勤続3年以上の社会人を対象とした質問紙調査では職場以外の人もあげられ，また，管理・監督職を対象とした調査では，回答数は少ないものの配偶者がメンターとしてあげられた[25]．

　「自己責任によるキャリア形成」という考え方には，企業の枠を超えたキャリアを考えることが含まれている．そうであれば，企業による取り組みだけでは不十分であり，社会的なコンセンサスとしてさまざまな支援が受けられる場をさらに準備する必要があろう．メンティーの成長や，目標の達成などによっても，メンターとメンティーの関係は変わる．長期にわたって一人のメンターから支援を受けられることは望ましいことでもあるが，必ずしも一人である必要はなく，ソーシャル・サポート同様，ライフ・ステージやキャリア目標など

の状況に応じてメンターが存在する方が，幅の広い，豊かなキャリアを形成することにつながるものと思われる．その点で，職場内の人だけではなく，先の調査で見たようなさまざまな人々と，適当な時期にメンタリング関係を形成できるような状況や仕組みも必要であろう．欧米では，大学をはじめとした教育機関，地域社会，NPO・NGO などが，そのような支援を提供している[26]．日本でも，職業教育の充実やキャリア・カウンセリングなどの取り組みが始まっているけれども，より幅広い立場で支援が受けられることは，自分らしく生きるためのさまざまな視点の提供につながるものと思われる．

第4節　まとめ―女性のキャリア形成を促進するために―

　本章では，キャリア形成とそれを阻害する職場ストレス，そして，キャリア形成を促進するメンタリングについて，特に女性の置かれてきた状況を中心に述べてきた．

　今日までのわが国の女性のキャリア形成は，性別役割分業観による家庭役割が強調されたために，職業的アイデンティティの形成が阻害され，また，職場での補助的役割の強制など，男性に比して不利な状況におかれることが少なくなかったことは，馬場房子[27]や小野[28]をはじめ多くの論者が主張している．そのような制約が，仕事を通したキャリア形成を希求する女性にとっては大きなストレスとなることは明らかである．また，それほど積極的でないにせよ，仕事生活を続けていく女性にとっても，そして男性にとっても同様に，それら制約は大きなストレスである．働く人びとにとって，仕事ストレスは快適なものではなく，心理的 well-being を阻害するので，そのような状況は精神的に健全な発達を阻害することは言うまでもない．だとすれば，そのような阻害要因を取り除くことが必要であり，そのための施策が検討されるべきである．

　本章では，そのようなキャリア形成における障壁を打破するための一助として対人関係的な支援であるソーシャル・サポート，とりわけ，キャリア形成の

ためのより積極的な支援であるメンタリングについて論及した．多くの研究は，他者からの助けがあること自体が仕事ストレスを和らげ，精神的健康の大きな要因である職務満足感を高めることを示している[29]．また，キャリア形成に関して言えば，より積極的な意味をもつメンターの存在は，働く人びとのキャリア形成の促進に大いに有効であることが実証研究を通して確認されており[30]，働く女性にとってもそれは，非常に大きな意味を持つものと思われる．

特に，表面的には必要性が論議されても等閑視されることが多かった女性のキャリア形成に関して，メンタリング・プログラムの提唱も含めて論じてきた．そこでは，1）身の回りにさまざまな支援をしてくれる人がいる，2）自分の将来像を投影できるキャリア上のモデルがいる，3）積極的に自分のキャリア形成を助けてくれる人がいる，というようなメンターの存在が，女性のもつ閉塞観や孤立感を排除・削減するとともに，それによって得られる精神的な安心感と，自分が「意味のある人」として認められ，そうであるがゆえに他者から支援されている，という感覚や感情をもたせるメンタリングの仕組み作りが要求されていることを指摘した．

女性のキャリア形成は，男性のような直線的ではないがゆえに複雑で困難ではあるが，その一方で，そうであるがゆえに挑戦的で深みのあるものである．男女ともに，そのような意識をもつことは，仕事ストレスの軽減につながり，また，サポーターやメンターにとって，その支援行為自体の面白さを提示しているとも言えよう．そのような意味で，キャリア形成の阻害要因となる性別役割分業観がもたらす職場ストレスを打破するために，人間関係に基づくキャリア支援であるメンタリングを検討することの重要性を本章では指摘した．

注
1）総務省「平成14年労働力調査（7〜9月）」総務省統計局，2002年
2）厚生労働省「平成13年版働く女性の実情」厚生労働省，2001年
3）1）に同じ
4）総務省「平成13年社会生活基本調査」総務省統計局，2001年

5) 2) に同じ
6) 4) に同じ
7) 熊沢誠『女性労働と企業社会』岩波書店，2000年，p. 129
8) 内閣府『平成14年版男女共同参画白書』2002年
9) Gutek, B. A., and Larwood, L., *Women's Career Development*, Sage, 1987.
10) 富田安信「女性のキャリア形成を促進する要因」JIL調査報告書No. 62『ホワイトカラーの人事管理』日本労働研究機構，1995年，第7章
11) 宗方比佐子「女性のキャリア発達」伊藤裕子編著『ジェンダーの発達心理学』ミネルヴァ書房，2000年，p. 105
12) 佐々木篤信「病院看護職の専門職性と職業意識―会津若松市における事例を中心に―」『会津短期大学学報』第45号，会津短期大学，1998年
　　佐藤昇子「看護職のキャリア形成に関する問題とその概念的枠組み」『インターナショナル・ナーシングレビュー』第21巻，第2号，日本看護協会出版会，1998年
13) Selye, H., *The Stress of Life* (revised edition), Sage. 1976. (杉靖三郎・田多井吉之助・藤井尚治・竹宮隆訳)『現代社会とストレス』法政大学出版会，1988年，p. 8
14) Lazarus, R. S. and Folkman, S., *Stress, appraisal and coping*, N. Y. Springer, 1984. (本明寛・青木豊・織田正美監訳『ストレスの心理学：認知的評価と対処の研究』実務教育出版，1991年，第1章)
15) Jick, and Mits, Sex differences in work stress, *Academy of Management Review*, 10, 1985.
16) 日本ヒーブ協議会「働く女性の労働意識とストレス」『安全衛生通信』第381号，1990年，pp. 2-3
17) 金井篤子・佐野幸子・若林満「女性管理職のキャリア意識とストレス」『経営行動科学』第6巻，第1号，1991年，pp. 49-59
18) House, J. S., *Work stress and social support*, Addison-Wesley, 1981, pp. 23-25.
19) 松岡洋一「ソーシャル・サポートネットワーク」前原武子編著『生涯発達』ナカニシヤ出版，1996年，pp. 74-91
20) 小野公一『"ひと"の視点からみた人事管理』白桃書房，1997年，第11章
21) 所正文『働く者の生涯発達』白桃書房，2002年，p. 73
22) Erikson, E. H., *Childfood and Society* (revised), W. W. Norton, 1963. (仁科弥生訳『幼児期と社会（1・2巻）』みすず書房，1980年)

Erikson, E. H. and Joan E. M., *The Life Cycle Completed* (expanded edition), W. W. Norton, 1997. (村瀬孝雄・近藤邦夫訳『ライフサイクル, その完結（増補版）』みすず書房, 2001年, 第3章)

23) Kram, K. E., *Mentoring in the workplace*, In D. T. Hall and associates (eds.), Career development in organizations, Jossey-Bass Publishers, 1986.

24) 関口和代「組織におけるメンター制度の活用」『公務研修』第189号, 公務研修協議会, 2001年, pp. 40-57

25) 関口和代「人材育成とキャリア発達に関する研究―メンタリングの有効性について―」『経営学研究論集』第22号, 亜細亜大学大学院, 1998年, pp. 123-155

26) 関口和代「メンタリング・プログラム構築に関する探索的研究」『経営学研究論集』第25号, 亜細亜大学大学院, 2001年, pp. 33-66

27) 馬場房子『働く女性の心理学（第2版）』白桃書房, 1996年, 第7章

28) 小野公一「女性に対する考え方の変化の影響」馬場房子編著『働く女性のメンタルヘルス』同朋舎, 1900年

29) 20) に同じ

30) 20) に同じ, 第5章

25) に同じ

第8章

テレワークと女性労働の可能性

　情報化社会が進行し，知識産業・サービス産業が主要産業となると，女性の労働力が増大し，社会における女性の役割が高まっていく．そして，女性労働力の高まりは仕事と家庭との両立を求め，就労形態や就業形態の多様化を促進する．また一方，情報化社会の中での知識労働の高まりは，就労形態や就業形態の変革を生じさせる．具体的には，雇用型テレワーク（在宅勤務）や非雇用型テレワーク（SOHO・在宅ワーク）が普及する．こうしたテレワークは，仕事と家庭との両立を可能とするもので，それは女性の職場進出を助けることになる．このように，情報化社会の進展に伴う女性労働力の増大と就労・就業形態の多様化は，相互に影響し合う関係にある．

　しかし，現在のところ日本においては，在宅勤務よりも，SOHOや在宅ワークの普及率が高く，SOHOは男性，在宅ワークは女性という特徴が生じているが，これは日本特有の現象である．在宅勤務の普及率の低さは，欧米と比較して，人事制度や法律の未整備とともに，企業のワークライフバランスに対する意識の低さにその原因を見出すことができる．また，在宅ワークに女性が多いのは，障壁の低さと営業力の弱さが原因と考えられる．

　この章では，このような情報社会における新しい働き方と女性労働との関係について具体的事例もまじえながら，その現状と課題について明らかにしてみたい．

第1節　情報化社会における就労形態・就業形態の多様化

1　情報化社会と女性労働力の増大

　情報化社会は，知識産業・サービス産業が主要産業となり，知識労働・対人サービス労働が労働の中核となる．これらの産業では，1990年代後半以降も，雇用吸収力が高く，特に女性に対する求人が多くなっている[1]．それに伴って，男性の労働力率・就業率が長期的に低下傾向にあるにもかかわらず，女性の就業率・労働力率は確実に上昇傾向が見られる[2]．

　このように，情報化社会が進展するならば，知識労働・対人サービス労働に従事する女性の割合が確実に高まる．これらは，産業構造の転換の結果として生じる必然的傾向である．他の先進諸国と比較をすると，日本女性の労働力率・就業率等は低いわけであるが，日本社会の中では，確実にこれらの割合が高まっていることを理解しておく必要がある．また，この傾向は，女性が職場に進出するのは当然という考え方をもたらすわけで，職業をもった女性がライフサイクルの中でいかに充実した生活を過ごすことができるのかという視点から，多様な働き方というものが求められるようになる．

　一方，情報化社会の進展は，就労形態・就業形態にも変革をもたらす．知識労働は，精神労働であるから，工場労働のように，労働場所と労働時間を労働者が共有化・同期化する必要はない．ゆえに，本章で述べるような新たな働き方が可能となってくるのである．そして，こうした就労・就業形態の多様化は，さらに女性の労働力化を促進する要因ともなる．

　以上のとおり，情報化の進展は，第1に女性労働力の増大，第2に就労形態・就業形態の多様化をもたらす．

　本章では，「就労形態」は労働者がどのような契約で仕事を遂行するかを意味するものとする．SOHO（独立自営労働者）[3]や在宅ワーク，派遣労働等，雇用契約の正規労働者あるいはパート労働者以外での働き方が多様化してきている．他方，就業形態は，労働者がどこでどのように仕事を遂行するかで，特に労働

時間や労働場所が問題となる．通常の就業形態は工場やオフィスでの定時時間勤務であるが，SOHO ワーカーや在宅勤務者は在宅等でフレキシブルな労働時間の中で就業する．

2 情報化社会と就労形態・就業形態の多様化

　情報化社会で知識労働が増大するにつれて，労働時間・労働場所を特定する必然性はなくなるわけで，就業形態は弾力化するようになる．知識労働者も完全に独立して仕事を遂行することは少なく，他の労働者と協働して作業を行う．しかし，工業化社会での労働者と違って，場所と時間を共有しなくても作業が可能となる．特に，コミュニケーション手段が発達し，互いの情報交換・意見交換ができれば，場所と時間の共有化の必要性は小さくなる．コミュニケーション手段としては，電話・FAX・電子メール・電子掲示板・電話会議（カンファレンスコール）・テレビ会議などが有効である．

　このような就業形態だけではなく，情報化社会の進展とともに，就労形態も多様化する．企業内で知識労働が増大するということは，「経営の知識集約化」が展開することで，企業内の調査・企画・設計・開発・管理などの情報を取り扱う業務が増大する．こうした業務は，いわゆる労働者に裁量が委ねられている職種だということができる．また，これらの業務はプロジェクト的に遂行されることが多い．

　定期的に発生する業務ではなく，プロジェクト的な業務に携わる人たちは，必ずしも正規雇用者である必要はない．専門的な知識や技能の保有者であれば，非雇用者が参加することも可能である．正規雇用者ではなく，一時的な参加者である方が，固定的な人件費を準備しなくてよくなるので，企業にとってはその方が望ましい場合もある．なぜならば，上記の業務は，恒常的に発生するのではなく，必要な都度，発生するものであるからだ．また，多様な人材を集める必要から，社内に限定されずに，外部の人たちとプロジェクトを組むということも頻繁に生じる．そうなると，就労形態そのものも弾力化する傾向が高く

なる．製造業のように，企業に特殊な技能が必要となる場合には，企業は労働力を抱え込もうとするだろうが，知識産業のような場合，必ずしも企業に特有の技能が必要というわけではない．逆に，新しい企画や開発を考える場合には，企業外からの視点や発想などが有用となる．そこに，SOHOなどの独立した労働者が活用される場が存在する．

このように，情報化社会の中で知識労働の割合が高まるということは，雇用者が時間と空間から開放された新しい就業形態を可能とすると同時に，そうした業務を遂行する構成員の就労形態そのものも多様化する可能性も含んでいる．

3　就労形態・就業形態の多様化と女性労働との相互関係

就労形態および就業形態の多様化は，女性労働に対して，どのような影響をもたらすのであろうか．日本社会においては，女性の職場進出の結果として，家庭責任のウェイトが低下するというわけではない．ゆえに，女性が仕事をもつ場合，仕事と家庭とが両立できるかどうか，そしてその課題を解決することが重要となる．在宅で仕事ができるということは，まず仕事と家庭の両立を助けてくれることはいうまでもない．また，就業時間の多様化は，やはり家庭労働をうまく仕事の中に組み込んで働くことを可能とする．ゆえに，就業形態の多様化によって，女性の働きやすさが向上することは間違いない．

たとえば，1999年に実施された「女性企業実態調査」によると，女性企業家が取り組んでいる制度についての質問項目において，「3条件を有する女性企業」（資本金の女性所有割合・役員に占める女性割合・スタッフに占める女性割合といった3つの要件が50％を超えている企業）では，在宅勤務が35.9％という第1位の割合を占めている[4]．このように，女性の働きやすさを考えた場合には，在宅での就業がもっとも重要な要因であることが，女性企業において明確に認識されていることである．

以上のように，就労形態・就業形態の多様化が図られれば，女性にとって働きやすい状況が醸成されるわけで，それは女性の労働力化を高めるであろう．

他方で，情報化社会の進展が女性労働力そのものを増大させるわけで，そのこと自体が就業形態の多様化を要求することになる．このように，女性労働力の増大と就労形態・就労形態の多様化は，相互に促進的な関係にあるとみなすことができる．

4 テレワークの類型（在宅勤務・SOHO・在宅ワーク）

このように，在宅での就業を可能としている新しい働き方として注目されているのが，テレワークである．テレワークは，まずは情報化社会の知識労働を実現する方法として登場する．すなわち，製造業従事者・サービス業従事者などは，テレワークに適さない．ゆえに，テレワーク（広義）は，「情報技術を活用した，場所あるいは時間を共有しない働き方」と定義される．その中には，在宅勤務（テレコミューティング）・テレワークセンター勤務・モバイル・SOHO・在宅ワークなどといった働き方があるが，在宅ということでは，在宅勤務・SOHO・在宅ワークがその対象となる．

在宅勤務は，雇用者が在宅で就業するわけで，雇用型テレワークの典型的形態とみなされている．また，SOHOや在宅ワークは，非雇用型テレワークといわれており，就業形態だけではなく，就労形態も従来の雇用契約によるものではない．以下の節では，このようなテレワークが女性労働とどのように関係しているか，事例もあげながら述べていくことにしよう．

第2節 在宅勤務

1 在宅勤務の実態と女性労働

テレワークの中心は，本来は，正規雇用者でありながら自宅で勤務をする在宅勤務（テレコミューティング）である．これは，狭義のテレワークでもある．在宅勤務は，女性労働者のQWL（労働生活の質）の向上，特に仕事と家庭との両立に大いに関係している．しかし，日本では，残念ながら，正式な在宅勤務

プログラムをもつところはまだまだ少数でしかない．日本テレワーク協会で，ここ数年間に協会賞を受賞した企業の中でも，正規雇用者の在宅勤務で表彰された企業は，わずか数社である[5]．他の受賞事例の多くは，モバイル（営業担当者などが，顧客先・電車内等さまざまな場所でオフィスと情報の授受をしながら働く方法）での成功事例である．以下では，在宅勤務を実施するための要因とその実態とを取り上げることにしよう．

まず，在宅勤務を実施するに当たって必要なことは，従業員の自宅を労働場所として，会社側が承認するということである．雇用関係にある限りにおいては，労働場所についての労働者の完全な自由はなく，労働者は，経営側が承認した場所でしか働くことはできない．ゆえに，労働場所について，労使の合意が得られれば，在宅での就業が可能となる．この合意は，上司と部下という関係の場合もあるし，経営者側と労働組合側との合意の場合もある．現行法の下でも，労働場所については，労働条件のひとつとして，従業員に何らかの方法で明示されるだけでよいから，他の労働条件に変更がなければ，上司が在宅勤務を認めれば，それは可能となる．

しかし，労働場所だけが自由で労働時間が従来どおりであれば，それほどの労働のフレキシビリティは得られない．そこで，一般的には，在宅勤務者に対しては，労働場所も労働時間も労働者に判断が委ねられる裁量労働制の適用が望ましいとされる．しかし，現行法の下では，企業が裁量労働制を導入すること自体，非常に複雑な手続きや協議が必要で，裁量労働制が採用された場合であっても，過労死の問題から，会社側は完全に従業員の労働時間管理から免除されるわけではなく，裁量労働制導入の企業側のメリットは小さく[6]，その導入はあまり進んではいない．

このような状況下で，日本では公式・非公式いずれの在宅勤務も一般的には普及していないのが現状である．

一方，米国のベンチャー企業においては，在宅勤務は多くの企業で実施されている．筆者の米国における2回のテレワーク調査を拡大解釈するのは多少危

険な思いもあるが，しかし，2回の訪問の際，テレワーク導入企業へのインタビューが容易であったことは，米国ベンチャー企業でのテレワーク普及率の高さを象徴している[7]．

この普及率の高さの原因は何かというと，米国では，労働者のエグゼンプト規程が存在していることによる．米国のホワイトカラーのほとんどはエグゼンプト社員であり，彼らは労働時間と労働場所の裁量権を保有する．具体的には，残業しても会社側は残業手当を支払う必要がないという規程である．正確には，エグゼンプト社員は，連邦の Fair Labor Standard Act（公正労働基準法）が適用されないことを意味する．そして，この規程は，Title 29. Part 541 of the Code of Federal Regulation（連邦規則集）による．

米国では各担当者の職務が明確であるので，それを，いつ，どこで，実施しようがかまわない．職務給が原則なので，職務に対する賃金支給であるから，管理者が詳細に部下の労働時間などを管理する義務が発生しない．少なくとも，上司に申告して承認されれば，在宅勤務はインフォーマルには可能となる．このように，もともとエグゼンプト社員は労働のフレキシビリティを有しているのである．ゆえに，インフォーマルな在宅勤務は，どの企業でも採用されやすい．

在宅勤務の容易性についての日米の相違は，表面的には，人事制度・労働法上の違いによるもので，それが米国においてテレワーク導入率を高めていることは確かである[8]．しかし，単なる制度上の問題よりも，実際には，もっと根底にある価値観の相違が，このような導入の違いの原因と捉えることができる．仕事と家庭との両立をどのように考えるのかという価値観の相違がその重要な要因のひとつなのである．

米国の在宅勤務は，ワークライフバランスという考え方から，まさに仕事と家庭との両立を実現する手段のひとつとして取り上げられている[9]．企業は，従業員が家庭生活を順調に営んでいるかが彼らの労働生産性に影響すると捉えていて，家庭生活重視という価値観をもっている．これは，米国において，離婚

率や片親世帯率が高く，それらが仕事に与える悪影響が大きいという理解からきている．

　それに対して，日本では，バブル崩壊頃までは，こうした従業員のQWL（労働生活の質）についても関心が向けられてきたが，昨今の状況では，こうした動きは後退している．在宅勤務についても，1988年に志木サテライト・オフィス実験が実施されたのを契機に，多くの企業が実験を試みたが，残念なことに，実験から次のステップとして，在宅勤務の公式プログラムを導入した企業はほとんどない．在宅勤務のメリットについては，さまざまな実験データ等から，好ましい結果が得られているにもかかわらず，広範囲に普及しないという奇妙な状態が続いてきた．

　その結果，日本におけるテレワークの現状は，在宅勤務のような雇用型テレワークよりもSOHO・在宅ワークの非雇用型テレワークの方が盛んであり，さらに雇用型テレワークの中でもモバイルが主流で，在宅勤務者の割合は本当にわずかでしかない．こうした在宅勤務が可能とするワークライフバランスに対する取り組みの低さは，企業のテレワーク導入目的を分析すると顕著に表れる．日本では，テレワーク導入の目的が効率性・生産性の向上，売上高の増大であるのに対して，[10] 米国ベンチャー企業では，従業員のQWL向上，優秀な従業員の雇用維持等が目的となっている．ゆえに，日本では，効率性が達成されやすいモバイルは導入されるが，効率性に必ずしも大きな貢献をしない在宅勤務は導入し難いことになる．このように，米国では，労働者側のメリットを優先させるためにテレワークが導入されているにもかかわらず，日本では会社側のメリットを優先させている点が顕著な相違である．

　テレワークだけではなく，企業経営あるいは日本経済運営全般における生活者本位ではなく企業本位という傾向が，日本社会全体に蔓延している価値観だといえよう．社会そのものが，営利中心から非営利中心へ，経済の豊かさから生活の豊かさへという世界的な潮流の中で，日本のテレワーク動向はそうした潮流に逆行しているように思える．

2 在宅勤務の実例

　数少ないが，日本においても，在宅勤務を正式なプログラムとして採用している企業がある．その現状を以下に紹介してくことにしよう．

　A 社では，2001 年 12 月に全社員に対して，在宅勤務を認める e-ワーク制度を導入した．現在，約 500 名（従業員約 21,000 名）がこの制度を活用しており，将来的に，制度適用社員の 20％にあたる 2,000 名まで拡大する予定である．この企業では，1997 年に，すでにモバイルを全社的に展開しているが，それとは異なる視点からの在宅勤務制度導入である．この企業では，e-ワーク導入以前に，育児・介護ホームオフィス制度を 1999 年から実施していた．この制度は，2 つの要因によって成立した．第 1 に，企業内において設置されたジャパン・ウィメンズ・カウンシルからの提言によるということと，第 2 には，1987 年以来，すでにホームターミナル制度をはじめとする在宅勤務制度を断続的に施行しており，在宅勤務は特に介護に従事する社員に有効であるとの結果を得ていた．こうした 2 つの背景から，育児・介護という目的に特定した在宅勤務をまずは導入したのである．

　しかし，この制度は，当初，1 日 1 度はオフィスに出勤するという義務を課しており，実際に通勤時間削減のメリットがなかった．後にこの制約を解除した結果，利用者の反応も良く，それを受けて，目的を育児・介護に限定しない従業員の労働（仕事）と生活のフレキシビリティを向上させるために，新たな e-ワーク制度の導入が図られた．要するに，従業員のワークライフバランスの向上を狙ったものである．この制度の特徴のひとつとして，時間単位でも取得できることがあげられる．たとえば，退社時刻を早めて，保育所にお迎えにいき，子どもの世話をした後で，数時間，自宅で勤務するといったことも可能としている．実際には，この企業でも自宅を主たるオフィスとするフルタイム型在宅勤務者はごく少数で，週 1・2 回から，こうした時間単位でのパートタイム型在宅勤務者が大半を占めている．

　現在，在宅勤務の申請者 500 名中，男女比は 3：2 で，育児のために利用し

ている人は約150名程度である．全従業員の中で女性の占める割合は，7分の1程度（約3,000人）であるから，女性の取得率が高いことがわかる．新卒入社における女性比率が高まったのは近年であるため，実際に，この制度を必要とする女性従業員はまだ多くはなく，この制度の対象となる女性従業員が増大するのはこれからであるとは，担当者の話である．

　この企業においては，ジャパン・ウィメンズ・カウンシルが設置されているといったことからも理解できるように，女性の活用を積極的に進めようとする意図が，企業の人事施策上，明確である．この企業は外資系企業ということもあり，先に述べたような，従業員の生活を重視した人事施策が積極的に導入されている．残念ながら，日本の大企業の中で，このような企業を見つけ出すことは困難であり，こうした労働者の生活をも念頭においた人事施策への転換の必要性を早く認識することが，日本企業に対して求められる．日本企業の戦後の人事労務政策は，家族をも含めた労働者世帯を前提としたものであったはずで，本来は日本企業の得意とするところのものであるはずだ．両者の違いは，女性の労働力活用についての積極性に起因するものである．日本企業では，女性を男性たる企業戦士の支援者としてみなしてきたわけで，企業の戦力として活用しようという意識はまだこれからである．

　今後の知識社会において，女性の果たす役割は確実に高まるわけで，日本企業も積極的に，こうした在宅勤務を導入し，子育て・介護を両立できるように，従業員の負担軽減に努める必要がある．こうした女性にとって働きやすい労働環境の整備は，少子高齢化の真っ只中にある日本社会における危急的な課題であるとの認識も必要である．

　現在のような，景気低迷期には，短期的な収益志向が高まる傾向にあるが，長期的視点からして，今後の労働力不足の解決，知識社会での女性労働の重要性の認識など，女性に優しい働き方というものを長期的人事戦略として位置づけるべきであろう．

3　在宅勤務と男女共同参画

　それでは，在宅勤務は，われわれのワークスタイルおよびライフスタイルをどのように変革する可能性をもっているのであろうか．そして，それが男女共同参画にどうような影響を与えるのであろうか．

　第1に，在宅での勤務が可能となることは，個々人の「生活（ライフスタイル）に合わせた働き方」が可能となるということである．これまでの働き方が，「労働に合わせた生活」であったものが逆転する．子育て期や介護期においては，仕事を在宅でこなし，そのような負担がなくなったら，オフィスに出勤して通常勤務に戻るということも可能である．また，自然が好きな人にとっては，自宅を山深い場所に構え，週に2～3回通勤するといったライフスタイルの選択も可能となる．これは，男女の区別なく，選択できる働き方である．労働生活における「個の尊重」という表現がよく使われるが，その場合は，高い能力・高い技能を有した個人が会社や社会で自由な働き方が可能となるという「労働者としての尊重」を意味する場合が多い．しかし，真の意味での「個の尊重」とは，そうした高い能力を保有した人ばかりではなく，ハンディを背負った人たち，あるいは普通の人たちが，自分のライフスタイルに対応した働き方が可能となるという意味での「生活者としての尊重」でなければならない．在宅勤務は，「労働者」を「生活者」として見ることを可能とする．

　第2に，男女の区別なく在宅勤務を選択することで，男女共同参画の実現がより可能となる．日本女性の労働力率の低さは，ペイドワークの世界だけではなく，アンペイドワークの世界の問題にも起因すると考えられる．日本社会では，家庭責任は圧倒的に女性の側にある．その状況で，女性が就労するということは，家庭責任に仕事責任が加わることを意味しており，女性の責任の量が膨大なものとなる．それに対応するには，女性の側に人並み以上の体力と知力が要求されることになる．すなわち，女性が働き続けるということは，スーパーウーマンであることを期待されることであり，その責任の重圧に耐えられる人は数多いとはいえない．

そのようなスーパーウーマンではなく，普通の女性が，家庭も仕事もこなすことができるためには，家庭責任の軽減が不可欠である．要するに，男性が家事・育児・介護などのアンペイドワークの世界に積極的にかかわり，家庭責任を担うことが必要なのである．そのために，男女を問わず在宅勤務を可能とするということは重要な要素といえよう．在宅での時間が増大すれば，自ずと家庭責任は男女平等に分配される．そうなると，女性が仕事の世界に入っていくことは容易となろう．女性は，アンペイドな世界からペイドワークの世界へウェイトを変化させると同時に，男性は，ペイドワークの世界からアンペイドワークの世界へと移動することが求められる．

　そうした意味において，知識社会での女性労働の増大はテレワークのような就労形態・就業形態の多様化を促進するが，それを享受するのは，男女ともに平等でなければならない．もし女性だけが在宅勤務を選択するようになると，女性の責任が増大してしまい，社会全体の男女の労働分担に不平等が生じてしまうことになろう．

　このように，在宅勤務は，女性が育児・介護をするためというよりも，男性が育児・介護などの家庭責任を分担するための有効な手段として捉えなければならない．A社の事例はまさにそうした事例である．

　しかし，問題は，日本企業が男女を問わず家庭責任を任うべきという価値観を共有しうるかどうかである．欧米での在宅勤務の実施では，男女差が生じていないが，そのような傾向を日本ももちうるかである．これは，日本社会が家庭や地域の問題をどの程度深刻に考えるかということによろう．日本の離婚率・犯罪率はともに上昇傾向にあるわけで，フランシス・フクヤマ氏が「大崩壊」[11]と称した，米国が歩んできた道のりを遅れて進むとすれば，いずれ近い将来，このようなワークライフバランスの重要性を人事政策のひとつとして掲げる日もそう遠くはないはずである．

第8章　テレワークと女性労働の可能性　163

第3節　SOHOと在宅ワーク

1　男性のSOHOと女性の在宅ワーク

日本企業において，在宅勤務の導入はまだ稀でしかないのに対して，非雇用型テレワークであるSOHOと在宅ワークは社会に定着しつつあるといえよう．

SOHOも在宅ワークも，情報技術の進歩とともに1990年代に登場した概念である．彼らは，情報技術を活用して在宅で働くだけではなく，企業と雇用契約以外の契約で働くという特徴をもつ．

SOHOは，企業家というよりも労働者に近いので，「独立自営労働者」という表現が適当であろう．情報技術の登場以前も，資格を有したプロフェッショナルの専門家たちは，SOHOと同様の働き方をしていた．税理士・弁護士・建築士・測量士なども，企業に雇用されずに自宅等のオフィスで就労するという特徴をもっているが，こうした人たちは，SOHOとは呼ばれない．情報システム開発・デザイン・企画・編集等，まさに情報技術の発達とともに生まれてきた知識労働を業務としている雇用契約以外の労働者がSOHOと称されている．かつては，フリーランスとも呼ばれていた．彼らは，一定の業務を契約で受注し，納期までに発注者に納める．売買契約でもなく，業務委託契約などを締結する．しかし，多くの場合は，こうした契約は文章ではなく口頭であり，互いの信頼関係に基づいて迅速に仕事をこなしていく．

SOHOの特徴は，このように，一人で業務を請け負って，ネットワーク的に仕事を遂行する点にある．彼らは，業務の内容に応じて，受注者となったり発注者となったりする．要するに，請負ったプロジェクトごとにバーチャルでかつネットワーク的な組織が形成される．メンバーが集まることはほとんどない．各自が依頼された業務を遂行することで最終的には商品あるいはサービスが完成する．プロジェクトが完了すると，そうした組織は解散する．

SOHOはベンチャー企業と混同されることが多いが，ベンチャー企業家は成長志向をもっている[12]．それに対して，SOHOは，ベンチャー企業へと成長

を目指す人たちと，以上のようにパートナーたちとネットワーク的に仕事をしていくだけで，成長志向をもたない人たちに分かれる．

一方，在宅ワークはいわゆる電子的内職であり，日本特有の概念である．この場合は，在宅ワーク斡旋業者にまず，登録をしておく必要がある．仕事は，その登録業者から斡旋されてくる．この登録の際に，登録料や高額の情報機器を購入させられたり，教育プログラムを受講させられたりするケースがあり，その後，仕事をほとんど斡旋しないといった悪徳業者も存在するため，在宅ワークには暗いイメージがついて回る．しかし，いずれにしても，在宅ワーカーの場合は，自分自身で営業能力がないため，こうした斡旋業者を活用せざるをえない．ここが，SOHOと在宅ワークの違いである．このことは，営業能力だけではなく，技術的なレベルの相違も含まれる．SOHOの場合は，その個人に特有のスキルを保有しているのに対して，在宅ワーカーは一般的なスキルの保有が多く，他者との差別化を図れないことが多い．そのため，登録者数が多いと，買い手市場となって請負単価は低下していく．在宅ワークにはこうした問題が内在している．

こうした違いの他に，顕著なのは男女比率である．図8－1からわかるように，在宅ワークでは女性が7割以上を占めているのに対して，SOHOでは9割が男性である（一般的なSOHOの調査では，SOHOワーカーと在宅ワーカーの区別が

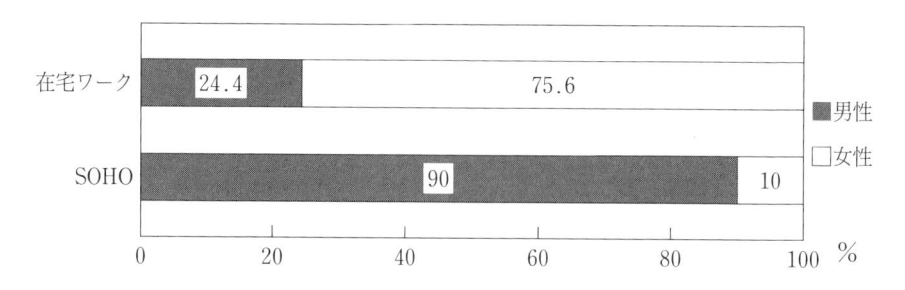

図8－1　SOHOと在宅ワークの男女比率

	男性	女性
在宅ワーク	24.4	75.6
SOHO	90	10

出所）在宅ワークのデータは日本労働研究機構「在宅ワーカー実態調査」1999年より抽出，SOHOのデータは「三鷹市SOHO事業者調査」2002年から抽出したものを筆者が作成した．

なされていないことが多く，このような顕著な違いは見られない．たとえば，『2001年SOHO白書』[13]では，男性41.1％，女性58.9％という比率となっている．しかし，SOHOと在宅ワークを区別して調査している場合には，こうした違いは顕著に表れている）．

　SOHOも在宅ワークも，非雇用型テレワークで，在宅で就労するという特徴は共通している．にもかかわらず，何故，SOHOは男性で，在宅ワークは女性という性別分類が生じるのであろうか．筆者自身の考察からすると，家計の主たる稼ぎ手かどうかと，前職の状況とが関係していると推測できる．男性の場合，会社での正規雇用者として収入を得ているとすれば，SOHOになって，収入が大幅に減少する可能性があると，独立してSOHOになるという選択をする確率は低下するであろう．ゆえに，男性の場合は，SOHOで獲得する収入の基準は，前職の収入となる．また，正規雇用者から独立した場合には，それまでの仕事のノウハウや人的ネットワークを活用することができるわけで，SOHOとして顧客の開拓能力を保有する．

　それに対して，女性が在宅ワークしようとする時，何か仕事についているよりも家庭に入っている場合が多い．家庭で専業主婦をしていて，何らかの仕事をしたいと考えて在宅ワークを選択する．そのために，第1に，一定の収入以上でなければならないという最低基準がゼロである場合が多く，何か少しでも仕事があって稼ぐことができたら，収入増となる．男性のSOHOの収入基準が前職の収入であるのとは大きく違う．彼女たちは，収入が目的というよりも，家事・育児だけではなく，社会との関係を維持したいあるいは自分の能力を発揮したいという動機から，在宅ワークを選択する．第2には，家庭に入っている場合，仕事に関する人的ネットワークをもつことは難しい．ゆえに，技能を保有していても，SOHOとして，自分でパートナーや顧客を探すことは容易ではないので，営業力を必要としない在宅ワークを選択しやすい．

　このように，家庭での専業の主婦の場合には，在宅ワークを始めるに当たっての参入障壁が極度に低いのに対して，会社で正規雇用者として働いている場合には，SOHOへの参入障壁が高くなる．このこと自体は，男女の相違から

生じるものではないが，日本社会で家事を専業とするのはほとんどが女性であるから，収入の高いSOHOは男性，収入の低い在宅ワークは女性という棲み分けが発生すると捉えることができる．

ただし，女性にとって，SOHOになることが困難というものではない．『女性企業実態調査』によると，「女性が代表の事業体」のうち，9.2%がフリーランスであり，さらに，「3条件を有する女性企業」では14.1%がフリーランスとなっており，女性企業家の中でのSOHOの割合は決して低いとはいえない．[14]「自由契約社員の三分の二が女性である」[15]と述べられているように，知識社会においては，SOHOのような働き方によって，女性労働の占める割合が高まることが指摘されている．

2 「ネットオフィス（チームSOHO）」における試み

ここでは，埋もれがちな女性の高い能力を活かすために，SOHOに対して新しい取り組みを実施しているB社を紹介することにしよう．

B社は，北海道の北見市にオフィスを設置しており，全国の女性（最近では海外在住のスタッフも抱えている）を対象として，女性SOHOの地位向上（正確には，女性が在宅ワーカーではなくSOHO的に働くという意味での地位向上）のために，「ネットオフィス（チームSOHO）」[16]というコンセプトに基づいて，実際に有限会社を運営している．会社の設立は，平成10年10月である．2001年の年商は約1億円で，契約スタッフは現在約80名である．しかし，北見のオフィスには，社長を含めて数人のスタッフが常時，就業しているにすぎず，大半のスタッフは在宅就労である．完全なバーチャル組織として会社を運営している．

「ネットオフィス」のコンセプトは，1人では脆弱なSOHOをチーム化することで，取引先からの信用を獲得し，その結果として，高い技能を必要とする仕事を請け負い，高い報酬を得るという目的をもったSOHO組織のことである．優秀な女性は地方に埋もれていることが多い．なぜなら，都会の女性で優秀な場合には，働くチャンスがあり，仕事をもつことができるからである．

「ネットオフィス」では，地方在住の能力や技能はあるが一人では自分の能力に見合った仕事を受注できない女性に，高度な仕事を提供することを可能とする．通常，彼女たちは，SOHOとしての能力・技能はあるが，営業力に欠けるため，在宅ワーカーとしてしか就労のチャンスがなかった人たちである．

メンバーの選考方法は以下のとおりである．希望者がいると，まず書類審査を行い，それに合格すれば，試験的な仕事を与える．その成果が満足できるものとなると，面接を行い，面接に合格すると，契約スタッフとして登録する．通常の在宅ワークに対する登録と比べると，選択プロセスは厳しく，応募者50人に対して1人程度の採用率である．

実際の仕事の進め方は，仕事が入ると，まずはマネジャー（いわゆる社長）がこのプロジェクトのチーフを選択し，ネットで参加希望者を募り，参加者を決定する．参加者を募る際，報酬基準額を同時に提示している．それぞれの職種ごとに設定された職務給的な「基準賃金制」を採用している．仕事は，すべてネット上で進捗管理されていくが，B社では，こうしたプロジェクトが常時50本程度は進行している．そして，プロジェクトが終了すると，それぞれの貢献度に応じて「調整額」が支給される．成果給である．

こうした方法によって，従来であれば，在宅ワークしか就労の道がなかった女性に対して，在宅ワークよりも，高度で高収入な仕事が開かれることになる．このネットオフィスは，弱い女性在宅ワーカーを組織化して，強い女性SOHOをつくることに成功している事例といえよう．

先に述べたように，女性は家庭にいて仕事を探すことが多く，営業力が男性と比較してより弱くなる．また，参入障壁が低いことから，請負単価を安くたたかれてしまう．そこで，ネットオフィスのように組織化することで，対外的な信用が得られ，安定した仕事の確保が可能となる．ネットオフィスチームは，完全にバーチャルな組織であって，女性の仕事と家庭の両立を実現するのに貢献している会社といえよう．

3　SOHO・在宅ワークと女性労働

　以上のように，SOHO は男性，在宅ワークは女性という性別分類が生じてはいるものの，このような就労・就業形態の多様化は，女性労働の可能性を高めるものであることは確かである．これまでの女性の在宅就労の典型は内職であったが，在宅ワークでは，いわゆる知識産業の一旦を担っていることにはなる．そうした中で，キャリアを向上させ，SOHO やベンチャー企業家が登場する可能性は多いにある．B 社の例はまさにそのような事例と考えることができる．また，SOHO や在宅ワークは，地方在住の雇用機会の少ない女性に，高度な仕事を提供する機会を与えることは間違いなく，労働場所・労働時間を問わずに，知識労働に参画する機会を提供するものといえよう．

注

1) 「ゼミナール雇用再生に挑む」『日本経済新聞』2003 年 1 月 7 日朝刊
2) 就業率は『平成 14 年版労働経済白書』の第 2-24 図就業率，労働力率は『厚生労働白書（平成 14 年版）』図 1-1-8 年齢階層別労働力率の推移を参照
3) SOHO（ソーホー）は small office home office を略したものである．
4) 多摩プログレスクラブ『女性の起業を通し，経済構造へのアクセスの可能性を探る「女性企業実態調査」』多摩プログレスクラブ，2000 年，p. 32
5) 日本テレワーク協会 HP 参照
　　(http://www.japan-telework.or.jp/disclosure/prize/)
6) 小嶌典明「企画業務型裁量労働制」『大阪経済』No. 438, 大阪労働協会，2001 年
7) 下﨑千代子「米国ベンチャー企業におけるテレワーク」『第 4 回日本テレワーク学会研究発表大会予稿集』2002 年, pp. 115-119
8) 下﨑千代子「日本的人事変革とテレワーク」『日本労務学会誌』第 5 巻第 1 号，2003 年
9) 中野艶子『ファミリー・フレンドリー企業―アメリカの企業変遷に見る―』『日本労務学会誌』第 4 巻第 1 号，2002 年
10) 社団法人日本テレワーク協会『テレワーク白書 2000』社団法人日本テレワーク協会，2000 年, pp. 165-177
11) Fukuyama, F., *The Great Disruption,* Free Press, 2000.（鈴木主税訳『[大崩

壊]の時代上・下』早川書房，2000年)
12) 加納郁也「日本におけるSOHOの現状とその課題―ITの進展と不安定さ克服のためのネットワーク化―」『星陵台論集』2003年，第35巻，第3号，pp.1-15
13) SOHOシンクタンク『SOHO白書』同友館，2001年
14) 多摩プログレスクラブ『女性の起業を通し，経済構造へのアクセスの可能性を探る「女性企業実態調査」』多摩プログレスクラブ，2000年，p.26
15) 野中郁次郎監訳『知識資本主義』日本経済新聞社，2001年，p.139
16) B社では，女性SOHOの組織化をチームSOHOという概念で最初提示していたが，2002年にそれをネットオフィスと名称を変更した．

参考文献

厚生労働省『労働経済白書』日本労働研究機構，2002年
厚生労働省監修『厚生労働白書』ぎょうせい，2002年
下﨑千代子「テレワークと日本的人事システム変革の適合と矛盾」『国民経済雑誌』第184巻，第1号，2001年
日本労働研究機構『データブック国際労働比較』日本労働研究機構，2002年
花田啓一『SOHO新時代が始まった』岩波書店，2002年
日戸浩之・塩崎潤一『[続] 変わりゆく日本人』野村総合研究所，2001年
労働省労政局勤労者福祉部編『テレワーク導入マニュアル』大蔵省印刷局，1999年
労働大臣官房政策調査部『経済のサービス化とこれからの労働』大蔵省印刷局，1989年
Burton-Jones, A., *Knowledge Capitalism,* Oxford University Press, 1999. (野中郁次郎監訳『知識資本主義』日本経済新聞社，2001年)
Drucker, P. F., *Managing in The Next Society,* St Martins Pr, 2002. (上田惇生訳『ネクスト・ソサエティ』ダイヤモンド社，2002年)
Garrity, R. E., 石川玲子訳『SOHO次世代ワークスタイルの考え方と実践』O'reilly, 1997年
Shimozaki, S., Kinesaki, N., & Kano, I., 'HRM System Retaining Social Capital in the Information Society', *Working Paper,* No.191, Institute of Economic Research, Kobe University of Commerce, 2002.

第9章

企業による育児支援の有効性

　女性にとって仕事と家庭の両立は大きな課題であり，育児支援を求める声は増大している．本章では女性就労と育児支援の現状，特に日本が育児支援の基盤としてきた認可保育所に見られる待機児童，一斉入所，二重保育，病時保育等が働く親たちにとってどのような問題を呈しているかを考察する．また企業による保育施設への取り組み状況を概観し，その一形態として企業内保育所を取り上げる．さらに企業内保育所の有効性の検証を試みるために，企業事例としてアメリカ，カリフォルニア州のアウトドア衣料・グッズメーカーのパタゴニアと，東京日本橋にある総合卸売り企業のエトワール海渡という日米2社の育児支援事例を紹介する．両社はそれぞれの国において家族支援が一般化する以前から従業員ニーズに敏感に反応し，支援制度を導入してきた「パイオニア的」企業であり，これらの事例を吟味することによって企業による育児支援の役割に何らかの示唆があるのではないかと考える．家族支援について世界的潮流が強まる中，日本では均等待遇を謳いながらも正社員を非正社員で代替するコスト節減の雇用体制を進めるという相反する状況があり，育児支援の実現には大きな壁が存在している．その中で保育所と両輪をなす育児休業について，改正育児休業法後の変更点をあげて制度実体化のための改善点を探る．そうして，これらの考察をとおして施行母体となる企業の役割を確認し，今後の育児支援の展望とする．

第1節　女性の就労継続と育児支援

1　育児支援の必要性

　共働きの増加や核家族化の中，就労継続する際に職業生活と家庭生活を両立することは容易ではない．一般家庭では非就労の妻（いわゆる専業主婦）が家事・育児・介護等の家事関連活動に1日平均7時間半を費やし，共働き世帯の有業の妻が同4時間半を費やす一方で，夫は妻の就業状況にかかわらず，わずか1日「20〜27分」を費やすのみである[1]．このことからも，家事関連が「女性の役割」となっていることが伺われる．この社会通念は日本的雇用システムと密接に関連しており，男性の平均勤続年数が13.6年である一方で，女性の平均勤続年数は8.9年と短く，女性はキャリア継続を担う労働力としてはきわめて短命である（2002年厚生労働省「賃金構造基本統計調査」）．日本の女性の労働力率曲線は，近年では徐々に他の先進国の労働力率曲線（台形もしくは逆U字型と呼ばれる）形に近づいてはいるものの，依然として先進国では異例のM字型を描く．これは出産・育児により離職し，子育て後に復職する女性が多いためであり，出産・育児期（20〜39歳）の女性の43.7％は育児理由により離職し[2]，初出産を機に離職する者は67.4％を占める[3]．

　日本では高度経済成長期に男性を「基幹労働者」，女性を「補助者」として雇用システムを構築してきた．そのため，男女共同参画を目指す現在でも，企業は長期雇用の人材として女性が活躍でき，登用される場を設ける上では試行錯誤の段階である．しかし，女性の高学歴化，就労意識の高揚，雇用均等の希求と法制化の進展によって女性の労働力化は進み，男女格差の顕著な雇用システムの見直しが叫ばれている．にもかかわらず，依然として家庭責任が女性の役割となっている以上，女性の就労継続には政府の掛け声以上に実体ある育児支援が必要であり，政府のみならず職場においても何らかの直接的支援が求められているといえる．

2　女性就労と育児支援の現状

　平成12年の内閣府「男女共同参画社会に関する世論調査」では，保育施設・サービスや介護サービス充実への要望は48.1％で，特に子育て期にある30歳代の女性の66.4％がこの要望を抱いている．日本における育児支援，特に保育施設の現状にはさまざまな課題が存在する．2002年11月18日発表の厚生労働省の全国調査によると，全国には公立，私立を合わせて22,231カ所の保育所がある．保育所には厚生労働省により認可された認可保育施設（以下，「認可保育所」）と認可外保育施設（以下，「無認可保育所」）に区分され，子どもの約10分の9は公立保育所と主に社会福祉法人運営の私立保育所である認可保育施設に，残り約10分の1の保育が無認可保育施設と僅かだが保育ママに預けられている．

　保育所に預けられる在所児の数は少子化の影響により1980年をピークに減少し続けていたが，1994年には167万5,000人余を底としてその後7年間で約27万4,000人の増加へと転じ，2001年時点で約193万9,000人である．在所児数を保育所定員で割った（定員に対する利用者数の割合である）「在所率」で見ると，1994年の86.6％から2001年には100.6％へと上昇し，1956年の統計調査開始以降はじめて100％を超えた．2002年4月現在，入所できず順番待ちをしている「待機児童」数は2001年同期比約4,200人増の2万5,000人余である．在所率では100％以上の施設が全国で52.3％あり，さらに125％を超えた施設も1,246カ所存在している．[4] この待機児童問題は主に認可保育所で大きな問題となっている．また，認可保育所では「一斉入所」も大きな課題であり，一般に認可保育所へは新年度4月から入所するが，この時期に入所しなければ年度途中からの入所は相当難しく，また一旦入所すると，ほとんどの子どもが上のクラスへそのまま上がるケースが多いため，上のクラスで空きが出ることは少ない．待機児童および一斉入所の傾向は公立保育所で特に強く，子どもを預け働く親にはハードルが高い．

　また，病児保育不足も働く親を悩ませる要因で，公立保育所では病児は預か

ってもらえず，熱を出すなどすると，すぐに連絡が入り迎えに行かなければならない．認可保育所では，11時間を基本とした開所時間（保育時間）としているため，一定時刻までに子どもを迎えに行かなければならず，結局は保育所の後でまた「誰か・どこか」に預けねばならない「二重保育」が生じてしまう．しかしながら，認可保育所で延長保育を行うところは少なく，働く親たちは認可保育所か無認可保育所かを選択する余地もないまま，強い逆風の中，ニーズに合わない認可保育所に代わり，より柔軟な対応の効く無認可保育所を頼みの綱とするのである．これは延長保育を行っている保育所の在所率が100％を超えることからも裏付けられる[5]．

　無認可保育所には「事業所内保育施設」「へき地保育所」「ベビーホテル」「駅前・駅型保育所」と呼ばれる保育施設があるが，これらの無認可保育所の中には公的補助の対象とならず，運営状態が苦しいケースも少なくない．無認可保育所の場合，設備の整った質の高い保育所から劣悪な施設までさまざまで相当な差が見られるが，それは認可保育所であれば，国が定めた最低基準，たとえば保育士数では0歳児の場合3人に1人，1～2歳児には6人に1人というような基準を満たしたうえで，各都道府県の定めた各基準を満たして認可を受けるのであるが，無認可の場合はそのような基準の枠組み内にないため，サービスや設備基準に格差が見られるのである．しかしながら，悲惨な事故や無秩序を防ぐためにも，無認可であっても一定基準を設けて定期的な査察を課すなどの改善が必要である．

第2節　企業内保育所とその事例

1　企業内保育施設への取り組み

　近年，ホワイトカラーの女性たちを主な対象として企業内保育所を導入する動きが見られる．政府は育児支援のひとつとして1978年から児童手当制度の福祉施設事業として保育所への国庫補助を行い，厚生省（当時）が財団法人こ

ども未来財団に委託して，事業所内保育施設整備等助成事業などの支援を行ってきた．また1993年以降は，労働省（当時）においても「働く母親の立場から仕事と家庭を両立するための施策」として「事業所内託児施設」の助成を開始し，財団法人21世紀職業財団に委託して，育児や介護を行いながら働く人々を雇用する事業主を支援するための「介護休業制度導入奨励金」「介護勤務時間短縮等奨励金」「育児・介護費用助成金」「事業所内託児施設助成金」という4種類の「育児・介護費用安定助成金」を支給してきた．さらに両省合併後は，育児問題のニーズにさらに即した形での「育児両立支援奨励金」「看護休暇制度導入奨励金」「事業所内託児施設助成金」「育児・会議費用助成金」「育児休業代替要員確保等助成金」「育児・介護休業者職場復帰プログラム実施奨励金」を支給している．たとえば，事業所内託児施設助成金の場合，設置費については最高2,300万円が助成され，増築費については定員（5人以上）の増加や安静室の整備補助に1,150万円まで，また運営費については運営開始後5年間，通常型，時間延長型，深夜延長型，体調不調児対応型と区分されて，規模に応じ699万6,000円〜1,179万6,000円を限度として助成される[6]．

このような措置も若干の契機となって，近年の男女共同参画社会形成期においては，従業員の家族支援ニーズを認識する「ファミリー・フレンドリー」[7]企業がホワイトカラー女性従業員の継続就業支援のために企業内保育所を設置する動向も見られる．日本では1995年度から労働省（現厚生労働省）による仕事と家庭の両立のための取り組みの一環として，育児休業制度，企業内保育所，再雇用制度，フレックス制度等を有し，仕事と家庭の両立支援を行う企業PRもなされ，1999年度からは仕事と家庭の両立策を講じるファミリー・フレンドリー企業の表彰も開始されている．日本の企業内保育所は高度経済成長期には工場従事者やゴルフ場のキャディ等のブルーカラー労働者を対象として導入されたが，男女共同参画時代においては，ホワイトカラー化した女性人材の確保と支援のための導入へと移行しつつあるといえる．

育児支援制度には，「短時間勤務制度」「フレックスタイム制度」「始業・終

業時刻の繰上げ・繰下げ」「所定外労働の免除」「事業所内託児施設」等があげられるが，一旦離職し再就職を図る女性への質問で「どのような制度があれば再就職するか」への回答として，「出産・育児のために辞めた女性が復職できる制度（57.4％）」「短時間勤務（39.5％）」「在宅勤務（31.6％）」とともに「企業内保育所の利用」も30.9％を示し（『国民生活白書平成4年度』），企業内保育への要望は確実にあると示唆される．認可保育所が主流で職場と私生活が明確に切り離された社会では，職場に家庭生活支援を求めることさえ考えにくいが，それにもかかわらず，事業所内託児施設の利用割合は実際に利用されている育児支援制度の割合ではもっとも高く（36.1％）（『国民生活白書平成9年度』），企業内保育所へのニーズの強さが示唆される．

　日本では戦後，働く女性を中心とした保育所運動によって公立保育所の普及が行われ，以来，日本では認可保育所が主流となった．しかし，第1節で考察したように，認可保育所の現状は働く女性たちのニーズを満たせる状態にはない．また，親たちの就労形態も多様化しているため，保育所の形態も認可保育所のみに力点を置くのではなく，無認可保育所についても基準を強化するなどして，全体的な受け皿を拡大していく必要があるといえよう．また，事業所内保育所の実際の利用ニーズもあることを鑑みれば，企業内保育所の導入はその一形態として検討されうるものである．

　同じ資本主義形態であり，女性の継続就労が進むアメリカにおける保育状況はどのようなものか．アメリカでは，保育問題は日本以上に深刻である．それは，この国が日本と異なり，国家による保育制度を欠いているためである．また，頼みの綱となる親なども遠距離に在住しているか，あるいはたとえ近隣在住であっても，親自身も就労や自分の活動などがあって，日本のようには頼れない状況が多いためである．全米には約97,000カ所の保育施設があるが，働く母親の保育形態の主流は30%を占める「センター」，すなわち，公立，私立営利企業，非営利組織運営の保育所であり，次いで「ファミリーケア」（数人の子どもを一般家庭等で預かる保育やベビーシッター，ナニー（乳母））の21%，「身内」

(祖父母17%, 父親16%, その他の親戚9%), 母親6%, その他1%となっている[8](ただし, 人種間で保育形態には差がある.)

　企業内保育所はセンターに含まれるが, 数の上では限られており, アメリカの保育の主流はあくまでも地域のデイケアセンターである. ただしアメリカでは政策として民間が主導権をもってこの問題に対処せねばならなかった経緯があり, 大企業を中心に人事管理制度の中での労働条件の改善が図られたため, 企業による家族支援が1980年代に急増し, 1990年代には「ファミリー・フレンドリー（家族にやさしい）」というフレーズが一般化した. その際にファミリー・フレンドリー企業が導入した育児支援制度の典型が企業内保育所であり, 数の上ではごく一部ではあるものの, 企業内保育所はファミリー・フレンドリーという企業文化を培った象徴的育児支援制度であるといえよう.[9]

　では次に早くから従業員ニーズに取り組んだ企業例を挙げ, その実態を考察する. 対象とする事例は, 日米の先進的企業2社であり, 全体から見れば例外的ではあるが, 両社は日米それぞれの国で家族支援が一般化する前から従業員ニーズに敏感に反応し, 支援制度を導入してきた「パイオニア的」企業である. したがって, これらの企業例が今後の企業による育児支援の方向性に語りかけるものは大きいと考え, 以下にこの事例を詳しく紹介する.

2　アメリカの企業内保育所——パタゴニアの事例——

　パタゴニアはアメリカの南カリフォルニアにある1972年創業の衣料メーカーである. 従業員674名のうち約半数の338名が女性で, 従業員登用において性別による区分はなく, 女性管理職者48%, 専門職56%とバランスの取れた人事管理が行われている. この企業は1970年代よりファミリー・フレンドリー企業としてさまざまな支援や人事管理政策を行ってきた「パイオニア」であり, 広範囲にわたるファミリー・フレンドリープログラムを有している.

　パタゴニアの支援プログラムには幾つかあるが, 中でもその企業内保育所は注目すべきものである. パタゴニアの企業内保育所は十分な広さの敷地に建て

られた衛生的で安全な保育所であり，そこでは有資格の厳選された保育士と州の基準以上の基準設定により質の高い保育が行われている．この保育所の利点は多く，従業員は保育所や保育者を探す手間や子どもの送迎時間を省くことができ（同社ではほとんどが車通勤），昼休みには子どもとともに昼食も取れ，緊急時にはすぐに連絡が取れるなど，物理的な近距離が従業員・子ども双方への安心感を与えている．

企業内保育所の存在によって同社への就職を希望する者は少なくなく，企業内保育所は子をもつ親が企業に期待する要因のひとつとなっている．同社では企業内保育所導入後，出産後の離職はほぼ皆無となっている点で保育所運営の企業負担は正当化されている．運営費は年間約90万ドルで，その50％は従業員からの保育料（その地域の他の保育施設と同等かそれ以下の）徴収で賄われ，残り50％の45万ドルは会社負担となっている．一般にはコスト面で導入困難だと考えられている企業内保育所であるが，同社では，① 企業内保育所効果の離職率および欠勤率の低下による年間20万ドルの節約，および，② 育児支援費20～25万ドルの税控除という2点によって保育所の正当性が示されている．

パタゴニアにはその他の育児支援として，20件のファミリー・チャイルドケア（日本でいう保育ママ），休業中や放課後のバックアップケア（日本でいう学童保育）プログラムや保育所・保育者紹介，さらに出張中の育児費用の100％払い戻しシステムもある．またアメリカには，家族の世話のため12週間の休暇を無給で取れるFMLA（The Family and Medical Leave Act：家族医療休業法）があるが，同社では2年以上の勤続者についてはこれを上回る「16週間の休暇」を提供し，このうちの8週間は「有給」である．また，出産後の母親については体調や家庭状況を鑑みながら最初はパートタイムで復帰し，段階を経てフルタイムへ戻る復帰プログラムも用意されている．また，フレックス制も導入され，女性管理職が出産後子育てのために上司と交渉し，在宅勤務を実際に選択し，電話，Eメール，電話会議を利用して仕事と家庭の両立を図るケースも実際に見られる．

さらに同社で特に注目すべき支援策は「ドミノ方式」と呼ばれる人員補充方式である．従業員が出産などにより休業する場合，企業では一般に各部署で仕事を分担して欠員分の仕事を補う．その場合，各人員の負担が増大し，従業員間に不満やストレスが生じうるが，同社では欠員発生時の人員補充を他部署からの短期間限定での異動によって行っている．ドミノ方式とは，補われるポストを次位ポストの人員によって補充し，その空いた人員ポストが順に下位のポストの人員によって補われる方法で，まるで複数部署からドミノ倒しのように次々と欠員を補充していくことからこう呼ばれるが，最終的には最下位のポストの欠員をパートタイム社員や派遣社員で補うため，他の部署の社員が異なる部署での経験を積む訓練が可能であり，コスト面についてもロスが少ない．つまり休業する欠員が高ランクの場合，同ランクの人員で補充すれば報酬面でのコストがかさむが，この方法なら仮に管理職が休業する場合であっても，補充はその人員に支払われる賃金よりもはるかに低賃金で抑えられる利点があり，出産・育児休業の際に問題化する欠員補充という問題を２つの利点に換えて解決できる効果的な支援策である．このように，同社の家族支援制度は「労使双方に利益をもたらす（win-win situation）ビジネス戦略」として意味をなしている．

3　日本の企業内保育所――エトワール海渡の事例[10]――

エトワール海渡は，1902年に創業されたファッション商品総合企画および全国専門小売店への卸売りを行う会員制総合商社である．従業員約1,200名，男女比は３：７で850名余が女性社員であり，戦力となっている．従業員の平均年齢は29歳で，総合職，一般職の区分はなく，全員が「新総合職」と呼ばれる知的専門職として働いている．従業員には男女の区別はなく，経験や能力により待遇を受ける．[11]

エトワール海渡の家族支援政策には，まずフレックスタイム／時間短縮勤務がある．子育て中はコアタイムを中心とした午前10時〜午後4時半勤務か，

あるいは遠隔地からの通勤であれば10時半始まりで勤務することが可能であり，給与体系は変わらず，短縮分賃金がカットされる仕組みである．この制度で難しいのは職場不在時の業務引継ぎであるが，同社では上司と部下の協力体制によって仕事に支障を来たさぬよう業務にあたっている．職場は女性が大多数で若い従業員も多いため，「自分も育児中は協力してもらった」「自分も将来は協力してもらうことになるから」というような考えが職場全体に浸透し，協力体制が比較的得られやすいという．

同社には在宅勤務もあり，デザインや広告，企画など職種によっては電話，ファクシミリ，電子メールなどを駆使して自宅での仕事が可能である．長時間職場にいることで評価されるのではなく，時間によらず与えられた仕事を達成する「成果主義」によって評価されるが，この場合の成果主義とは，問題視されているような労働時間と個人生活時間の境のない事実上の労働強化ではなく，質を重視した業績評価を意味する．集中して働く方が効率も良いという医学的根拠に基づいた考え方から，基本的に残業はなく通常定時である6時には退社でき，残業があっても7時頃までである．

再雇用制度については，登録制度があり再就業時に以前の部署へ戻れる制度になってはいるが，実際には仕事から離れると状況に付いて行きづらく，「敷居が高くなるような感覚」が生じ，子育てが一段落しても職場復帰する人員はかなり少ないのが現状である．

エトワール海渡の企業内保育所「エトワール保育園」は1977年，かねてから女性従業員の多くが結婚や出産により離職することを残念に思っていた社長の発案により誕生した．この保育園の特徴を以下に述べる．

企業内保育所を設立する際に最重要課題となるのは，まず安全面である．エトワール保育園では安全面対策には細心の注意が払われ，施設面での査察検査でも「成績優秀」との評価が下されている．また避難訓練，防災点検を定期的に行い，避難訓練時以外でも普段から非常時に備えて子どもの生命を預かるための万全の体制が取られている．

企業内保育所の設立は，通勤が大変な都心では「物理的に無理」だと考えられてきた．しかし同社のケースでは，この問題がフレックスタイム制との組み合わせによってうまく解決されている．東京日本橋に位置するエトワール保育園では従業員の車通勤はほとんどなく地下鉄や電車が通勤手段であるが，10時出勤にすることで7～9時頃までに集中する通勤ラッシュを回避し子どもと一緒に通勤可能である．また，帰宅時も4時までに勤務を終了しラッシュアワー前に岐路に着くことができる．さらに，この通勤時間は親子のコミュニケーション時間としても活用できる．エトワール海渡では保育園設立以前からフレックスタイム制を導入し，子どもを地域の保育園へ送迎する朝夕の忙しい時間に配慮しており，認可保育所で見られたような保育所終了時刻を気にして迎えに急ぐ必要もない．

さらにエトワール保育園には画期的な制度として「病児保育」がある．エトワール海渡には従業員用クリニックが存在し，子どもの病気が風邪や発熱などさほど重くない状態であれば，クリニックと保育従事者の協力体制によって仕事を中断せず保育をまかせられ，企業内病児保育が可能となっている．また，毎日の子どもの様子については連絡帳や母の会，送迎時の会話を通して連絡を取り，従業員は子育ての不安やストレスについても相談し，悩みも解消できる．

保育面では，10カ月から3歳児までの混合保育で，利用者の中には3歳以降の利用を希望する声もあるため，3歳児でも受け入れ可能ではあるが，現状はコミュニティ教育の面から地域での社会化を求めて3歳で卒園する場合が多い．唯一の問題点は，たとえば子どもが2人となり，第1子を地域の保育園か幼稚園に入園させ，第2子は企業内保育所に預ける場合，事実上の掛け持ちが無理となることである．これについては，アメリカで見られるような企業内学童保育などの何らかの解決策を講じる必要があるだろう．

エトワール保育園は全従業員を対象とし，保育料は無料である．他企業の多くが保育所の採算が取れない理由で設立を断念する中，エトワール海渡は保育園に関する人件費，光熱費，施設等の諸費用を従業員から一切徴収せず，四半

世紀も運営してきた．エトワール保育園の運営費は保育士等の人件費が3,500万円，管理運営費等が800万円だが，1997年からは労働省の育児・介護雇用安定助成金支給を受け，1998年度は年間360万円の助成金を得て，実質経費は3,940万円となった．「福利厚生は保険のようなもの」と割り切られている．企業内保育所は，保育園があるおかげで従業員が効率よく業務にあたることができ，仕事の能率向上につながり，業績向上によって運営維持が可能，という好循環によって正当化されている．また，人集めという人事戦略で開始した支援ではなかったが，家族支援政策がライフプランに合うことで入社する者も増加し，結果的には良い人材が集まるようになっている．

　一般の認可保育所を凌ぐエトワール保育園の成功は，①育児休業制度およびフレックス制度との組み合わせがあり，家庭生活と職業生活の両立が可能であること，②社内直営クリニック（内科医，整形外科医）が存在し，病児保育があること，③安全面で万全の体制が整っていること，④事業所が一カ所に集中し，全従業員が利用できる地の利にあり従業員間に公平感があること，そして，⑤保育園を運営して行くだけの良好な業績が上がり，働きやすい職場環境→効率アップ→業績向上という好循環を生んでいるという要因によるものといえる．

第3節　育児支援の課題と展望

1　企業内保育所の効果と課題

　上記2ケースからいえることは何か．ひとつは，アメリカでは家族支援が労使双方に利益をもたらす戦略ととらえられていることである．アメリカ企業においては個人の能力を重視する代わりに終身雇用がなく，従業員の忠誠心は日本に比べて希薄で離職率が高く，離職率の低下が課題である．そのため，優秀な従業員保持のための職場の環境整備が必要とされている．育児支援にはPR効果があり，リクルート手段ともなり，さらに人員コスト面での利点もある．

パタゴニアでは従業員の多くが専門技術や経験を有し，他の人材と容易に交換することが難しいため，家族支援制度が結果的にはコスト節約と優秀な人材確保につながるビジネス戦略として意味をなしているのである．

エトワール海渡では戦略というとらえ方はしていないが，家族支援の有効性は認識されている．企業内保育所制度によって女性の離職率は低下し，効率良い積極的労働効果が見られる．同社の女性の平均勤続年数は7～8年（男性同25年）であるが，保育園利用者については平均勤続年数15年と全体平均の倍になっており，企業内保育所はキャリア継続にプラスに作用していると示唆される．企業側では，保育所の効果として，①キャリア継続する女性の増加，②離職してしまう人員についても，就業期間は仕事への積極的で効率良い取り組みがあること，③良い人材確保に至っているという点をあげて保育所設置について肯定的な評価を下している．女性従業員側からも「仕事を辞めることを考えたことがない」「保育園のおかげで続けられる」という意見が聞かれ，企業の家族支援政策によって仕事と家庭生活の両立を当然と見なす意識や職場文化が培われている．

日米企業の事例に見る発見には幾つかあるが，特に次の特徴にまとめられる．①企業内保育所の提供で優秀な人材保持が促進され労使双方に恩恵がある，②無理とされてきた都市部での保育所がフレックスタイムにより可能である，③育児休業中などの代替人員問題がドミノ方式により解決されているということである．このような育児支援ケースは男女共同参画時代をリードしていく企業のあり方と果たすべき支援役割を示唆するものといえよう．

2 育児休業にみる現状

次に保育所との両輪をなすともいえる育児休業の現状を見る．日本では1992年に育児休業法が施行され，育児休業制度を有する事業所は1996年の36.4％から1999年には53.3％と増加した．さらに2002年4月1日より育児休業制度が改正となり，育児休業を就業規則に盛り込まねばならなくなった．

改正育児休業法の変更点は，2001年11月より，育児・介護休業による解雇やその他の不利益な取り扱いの禁止，職業家庭両立推進者選任（努力義務），2002年4月より育児・介護を行う労働者の時間外労働制限（1ヵ月24時間，1年150時間を越える時間外労働を制限），勤務時間の短縮等における措置対象の対象年齢幅拡大（3歳未満までを義務，小学校就学前までを努力義務），および子の看護のための休業措置と育児・介護を行う労働者の配置（転勤）への配慮努力義務である．残業については，就業前の子どもを有する労働者は，残業を1ヵ月24時間，1年間150時間までとしてもらうよう事業主に対して申請することができ，申し出を受けた事業主はその時間を超える残業を強いることはできない．[12]

このような休業後の不利益な取り扱いの罰則化および支援措置努力は，育児・介護休業を公然の権利として享受しやすくすることを意図したものである．改正育児休業法では，事業主は3歳未満の子どもを有する労働者［男女］に対して，①短時間勤務制度，②フレックスタイム制，③始業・就業時刻の繰上げ・繰下げ，④所定外労働をさせない制度，⑤事業所内託児施設の設置や運営などの「何らかの措置」を講じなければならなくなったが，3歳から就業前の子どもを有する労働者については「努力規定」で強制力がなく，今後は就学前までを対象とするよう改正が望まれる．

また，このような法が存在しても，実際に利用される制度でなければ意味がない．しかし，日本企業の多くには育児休業取得を罪悪視するような職場の雰囲気がある．2000年8月の旧労働省調査によると，職場の雰囲気のために育児休業取得を断念せざるを得ない企業が4割強もあり，厚生労働省第1回21世紀出生時縦断調査（2002年10月21日発表）では，2002年度育児休業法改正後，常勤の仕事を続けている母親で育児休業取得（予定を含む）者は80.2％だが，父親の取得率はわずか0.7％である．

この数字に潜む問題とは何か．ひとつは，育児休業制度が正社員にしか適用されないという事実である．現況では女性就労形態は，パート，派遣，アルバイトなど正社員以外での働き方が多くを占めている．また，経済不況により，

労働市場では非正社員による正社員の代替が進展している．しかし，現時点で育児・介護休業法をはじめとするほとんどの家族支援制度は正社員のみの権利とされ，非正社員にはその恩恵がない．また，正社員であっても，育児休業後復帰した際の冷遇が問題となっている．改正育児休業法では，休業を理由に不当な待遇を禁じているが，配置転換，転勤については努力義務であるため，総合職から一般職へと希望しない全く異なる分野への配置転換や，残業が不可能であるために査定で不当な評価を受けるケースも実際にある．それは，これらの処遇の基準判断が企業に委ねられているためである．しかし冷遇もやむなしとするこの現状のままでは，一方で高らかに男女共同参画を謳っても，平等雇用は絵空事のままである．たとえば，規定は努力義務でなく，罰則を伴った法強制力を持ったものとしなければならない．そのためには，雇用の均等と人権擁護が進むアメリカのように，権限力のある雇用機会均等委員会（EEOC: Equal Employment Opportunity Commission）が行うような徹底した法の執行状態の指導，監査を行う必要がある．

育児休業取得率の統計に見る取得率の男女差もあまりにも大きいものである．人員削減，業務のハイテク化等により労働ペースは年々その速度を増し，仕事量もかつてなく膨大なものになっているが，そのような労働環境下での育児休業取得は，現場での仕事の遅れを意味し，取得時にためらいが起こることは否めない．まして日本型雇用慣行で基幹労働者として従事してきた男性社員の育児休業取得を「論外」とする暗黙のプレッシャーがあることは，父親の育児休業取得率が1％にも満たないことが物語っている．しかしながら，働きやすい労働環境整備と平等雇用を目指す上では，この男女格差の是正は不可欠であり，厚生労働省も2002年9月発表の「少子化対策プラスワン」では，その一歩として育児休業の取得率の目標値を男性で10％，女性で80％と設定し，制度実体化への取り組みを図っている．

育児・介護休業が取得しづらい理由の一つには，性別役割分業意識以外にも，育児休業中の職場での代替補助員確保の難しさがある．この点は上記事例で例

証したエトワール海渡社のような協力体制の土壌を築き上げるか，パタゴニア社のような画期的なドミノ方式を導入して育児休業中の負担を軽くする制度を設ける必要があろう．

3 育児支援の展望

　2000年に開催された国連特別総会・女性2000年会議では，男女が共同で家事・育児の責任を負い育児サービスや育児休業（parental leave）の充実などを図る「家族にやさしい政策」が盛り込まれ，家族支援要求の世界的潮流は顕著なものとなっている．

　日本では少子化問題がこの要求を後押しする形として進められている．厚生労働省は少子化対策強化のために，2003年の通常国会に都道府県や従業員300人以上の企業に対し，5年間の「行動計画」策定を義務づけることを柱とした「次世代育成支援対策推進法案（仮称）」を新法として提出する予定である（300人未満の企業については，これを努力義務として国や都道府県等より策定を要請する）．この行動計画内容は，保育サービスの充実，妊娠中や子育て中の人が安心して外出できる「子育てバリアフリー」の取り組みを想定し，計画策定企業のうち，子育てと仕事の両立支援に積極的な企業を厚生労働省が認定する制度も創設される．また，国家の外部機関である「次世代育成支援センター（仮称）」の新設も盛り込まれ，企業への育児支援制度などの情報提供，計画策定に関する相談を行い，自治体においては，子育て支援サービス情報把握をする「子育て支援コーディネーター」が配置される．また，育児休業についても，企業の実情に応じ，計画に目標値を盛り込むよう取り組みが行われる[13]．

　働く女性の増加に伴い共働き世帯が増加し，それによって労働者の家庭生活と職業生活の両立を図るための支援要求が高まっている．1999年6月に男女共同参画社会基本法の制定以降，さまざまな取り組みが行われ，上記のように法制度や政策も少子化対策と連動して家族支援方向で進展している．しかし，経済状況によるコスト節減の雇用体制の中，そのシステム改善がないまま均等

待遇を謳う状態があるのも事実であり，今後は単なる形式上の制度ではなく，実体の伴った制度推進が課題とされる．日本では公立保育所を中心とした認可保育所の整備に力を注いできたが，実質的な受け皿の拡大を図る意味で，ニーズに対応できる柔軟な保育の受け皿を選択肢として増やすことが鍵であり，育児支援制度の実施母体である職場，特に企業の役割は重要である．本章では企業内保育所の事例において企業支援の有効性を示し，改正育児休業法をとおして制度と現状の乖離を是正する必要性を指摘した．少子化対策と連動した男女共同参画目標に政府の打ち出す政策を実のあるものとし，仕事と家庭の両立を推進するためには，実際の職場である企業こそが画期的なエンジンの役割を果たすことが今まで以上に求められているのである．

付記

本章の企業事例部分は拙稿「キャリア形成のための企業支援政策―企業内保育所の企業事例エトワール海渡―」『日本労務学会誌』（日本労務学会，1999 年）第 1 巻第 2 号，(pp. 13-23) および「ファミリー・フレンドリー企業―アメリカの企業変遷に見る―」『日本労務学会誌』（日本労務学会，2002 年）第 4 巻，第 1 号（pp. 64-73）にその後の研究成果により加筆・修正を施したものであり，全体の分析・研究成果は 2002 年度同志社大学学術奨励研究費によるものである．

注

1) 「妻と夫の仕事時間と家事関連時間の調査」総務省「社会生活基本調査」平成 8 年
2) 総務庁統計局「就業構造基本調査」平成 9 年
3) 厚生労働省「第 1 回 21 世紀出生児縦断調査」2002 年
   『毎日新聞』2002 年 10 月 22 日付
4) 『読売新聞』2002 年 11 月 19 日付
5) 厚生労働省「社会福祉施設等調査報告」2000 年
6) 財団法人 21 世紀職業財団「平成 14 年度版両立支援事業のご案内―『仕事』と『家庭』の両立を応援します―」
7) ファミリー・フレンドリーの概念については，拙稿「ファミリー・フレンドリー企業と育児支援政策」社会政策学会『社会政策学会誌』第 8 号，法律文化

社，2002 年を参照のこと．
8) U. S. Bureau of Census, *Current Population Report* 53 (Washington D. C.: GPO, 1996), p. 70.
9) 詳しくは拙稿「ファミリー・フレンドリー企業―アメリカの企業変遷に見る―」『日本労務学会誌』第 4 巻，第 1 号，2002 年，pp. 64-73 を参照のこと．
10) 誌面の都合上細部を割愛したため，詳細については拙稿「キャリア形成のための企業支援政策―企業内保育所の企業事例エトワール海渡―」『日本労務学会誌』第 1 巻第 2 号，日本労務学会，1999 年，pp. 13-23 を参照のこと．
11) 山岡熙子・赤岡功・筒井清子・長坂寛・渡辺峻『労働問題リサーチセンター助成調査報告 企業経営における女性の能力活用と経営戦略の変化の可能性』21 世紀男女共同参画労働者像共同研究グループ，1997 年，p. 60
12) この規定が適応外となるのは，日雇い労働者，1 年未満の勤務経験者，配偶者が専業主婦等で子どもの世話ができる場合である．
13) 『読売新聞』2002 年 11 月 8 日付

参考文献
中村艶子「女性のキャリアと育児―日米企業の企業事例」『日本労務学会第 28 回全国大会研究報告論集』1998 年
中村艶子「米国企業による家族支援の意義―1998 年「仕事と家族会議」に見る―」『同志社アメリカ研究』第 35 号，同志社大学アメリカ研究所，1999 年
橋本宏子『女性労働と保育 母と子の同時保障のために』ドメス出版，1992 年
山岡熙子『新雇用管理論 女子雇用管理から生活視点の人材活用経営へ』中央経済社，1995 年
山岡熙子『21 世紀社会の構造と男女共同参画経営―グローバル・フェアネスの経営を求めて―』千倉書房，2001 年

第10章

アンペイド・ワークと主婦の労働

　1970年代以降,経済の構造の変化とグローバル化がすすみ,工業国での既婚女性の雇用者化が著しい.しかし主婦がペイド・ワークと家事労働を二重負担することと,男性がアンペイド・ワークをあまりしないという状況は大きく変化していない.

　主婦のアンペイド・ワークのルーツは賃金労働であるペイド・ワークの成立過程と表裏一体である.世帯経済の工業化は世帯経済への商品流入と労働の担い手の変遷として現れる.世帯経済へ流入する商品は男性の世帯経済内の仕事を消滅させ,世帯経済からでた男性はペイド・ワークに従事する.反面,女性は世帯経済にとどまり,流入した商品があらたに発生させた労働を行う.また商品流入で代替できないケアワークを行う.コストが高すぎて商品化できないことも主婦が行う.その結果,世帯経済労働が家事労働として主婦に集中した.

　さらに世帯単位の維持と生活水準の上昇を求める人々はより多い商品消費と主婦の存在を手放さない.また税や社会保障の諸制度もアンペイドの家事労働をする主婦の存在を前提する.家事労働は市場経済ベースではアンペイドでも,経済活動全体からみれば有用な労働で欠かせない.主婦の労働の成立のルーツをふまえ,適切に評価し報いる新しい基準を手に入れることがペイド・ワークとアンペイド・ワークを適切にリンクさせることにつながる.アンペイド・ワークの適正な認識と評価にこそ雇用平等政策展開への手がかりが隠されているのである.

第1節　アンペイド・ワーク概念と家事労働

1　グローバル経済とアンペイド・ワーク概念

　日本をはじめ欧米などの工業国においてアンペイド・ワーク問題は，労働力の女性化の進行とともにまずは主婦の家事労働の問題であった．しかし1970年代以降の経済構造の変化により加速した労働力の女性化は，それ以外のアンペイド・ワーク問題もほぼ同時に明示的にした．市場経済から除外されていたインフォーマルな経済領域における労働が経済のグローバル化にともない明瞭になったのである．

　たとえば，中南米やアジア・アフリカなどの途上国ではインフォーマル領域の労働や法的に規制されていない労働が存在する．特に燃料あつめや水くみ，自家消費用の農産物の栽培労働などのサブシステンス・ワークを担うのはおもに女性である．それは生存維持労働として不可欠であるにもかかわらず無報酬であり，当該地域の労働力コストを低く押しとどめる．

　従来，途上国の生存維持労働は国民経済計算や各国のGNP・GDP統計で経済活動とされないために家事労働と並んで「見えざる労働」，「労働ではない消費活動」であった．しかしグローバル経済の分析に刺激されて経済活動の国際的定義の拡大がすすむ．1982年のILO勧告によって，経済活動は収入を目的とするあるいは利潤を期待できるすべての労働を含み，経済的財とサービスの生産には市場向け，交換目的，自家消費用などの農業生産物のすべての生産と加工が含まれることになった．この定義の採用は女性と経済活動を市場経済だけに限定せず新しいパラダイムでとらえ直すことを意味した．

2　経済活動概念の拡大とインフォーマル・セクターの認知

　この拡大された枠組みで工業国の女性のインフォーマル経済・セクターの労働もとらえることが可能となる．1994年にカナダで開催されたアンペイド・ワークの測定と評価の会議では，アンペイド・ワークが基本的に非市場の労働

であり，直接に報酬の支払われていない労働や搾取，不払い労働も含む．さらに家庭内の家事労働，友人や知人や親戚の相互援助そしてボランティア活動や地域活動も該当するとした．こうした労働は，報酬が第一目的ではないが社会の維持や形成に不可欠で，経済的発展にかかわり市場活動に大きな影響を与える．

したがって新しいパラダイムで生産と再生産をふくめたトータルな経済活動を前提すれば，これら世帯経済や地域生活のインフォーマルなアンペイド・ワークの領域も経済分析の対象となる．1990年代からのヨーロッパの社会政策や労働経済分析の中では，インフォーマル領域とそこでのアンペイド・ワークを視野に納めることがごく当たり前になっている（図10−1）．

たしかにアンペイド・ワークの測定は投入量や産出量による統計が存在しない．1975年の国際女性年の「世界行動計画」でまず「時間利用調査」の重要

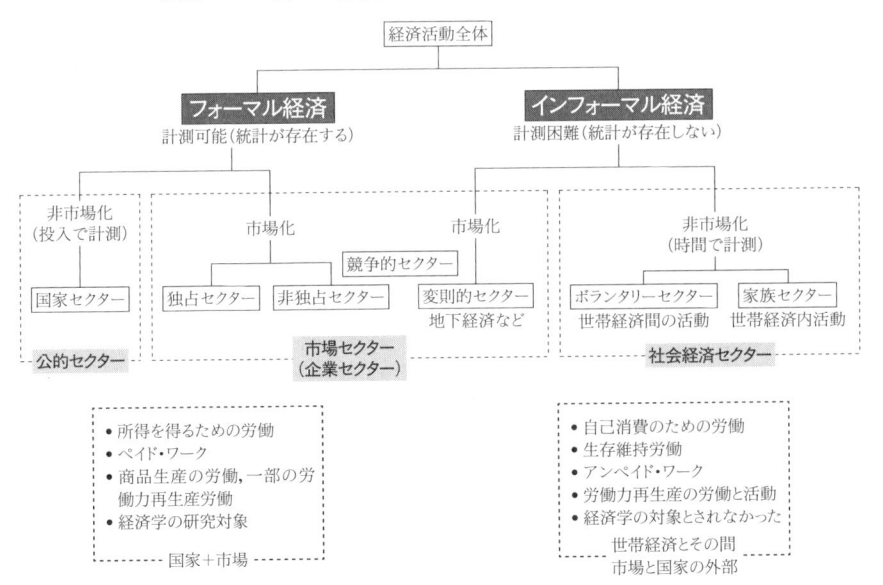

図10−1　新しい経済パラダイム：社会経済領域の認知

出所）Wheelock, J., *Husbands at Home*, London, Routledge, 1990, p.18 をもとに筆者が作成

性が指摘され，その方法論の検討と分析がすすめられた．具体的にはアンペイド・ワークの貨幣価値への換算の基準や経済的活動と非経済的活動の測定，国連の国民経済系計算体系やGNP, GDPに基づくアンペイド・ワークの推計が存在する．

3 賃労働の残余部分と主婦

1970年代以降，育児・介護などケアを中心とする家族的責任を担うと同時に雇用労働に従事する女性は，いずれの先進工業国でも増大した．特に既婚女性の労働力化はパートタイム就労など雇用形態の多様化でも促進された．女性の労働力の量的増加にたいして質的充実の実現には雇用における処遇の平等化が求められる．その焦点となるのが女性のアンペイド・ワークとペイド・ワークとの二重負担のバランス調整である．もちろん同時に男性の家族的責任への政策的対応も整えられねばならない．その両者が適切になされないとき，人々はケアワークの家族的責任の負担を嫌って合計特殊出生率は低下する．しかし現在の日本では，この関連政策も必ずしも順調に成果はあげていない．そしてその最大の原因は家事労働をめぐる男女の対応の違いにある．

男女共同参画社会に関する世論調査結果では，まだ男女とも約半数が「男は仕事，女は家庭」を容認している．また出産子育てによる仕事の影響調査では保育施設に入所の子どもの場合，母親の22.1％が仕事を辞め，14.0％が勤め先を変え22.3％が育児休業を取得している．しかし父親は89.0％が変化なしと答えている[1]．このように家事労働と男女の役割分担は，女性労働力の増加傾向に比べるとその状況変化はいまだ少ない．

意識変化を求める声の高まりと政策実施にもかかわらず，そして女性が雇用の場に進出しているにもかかわらず，なぜ依然と主婦が主に家事労働をすることが求め続けられ容認されるのか．女性だけが出産・授乳が可能であることもその一因をなすだろう．もちろん賃金水準や昇進昇格で男性が優位に立つ工業化社会の賃金・労働条件，さらに専業主婦擁護の税制や社会保障の現状も，

人々に男女の家庭内分業を要求する．同時に社会の技術水準やライフスタイルも深くかかわる．

いずれにしても17世紀頃までは男女ともに農耕に従事していた．しかし18から19世紀にかけて脱農業すなわち工業化を経過して，男性がペイド・ワーク，女性がアンペイド・ワークをおもにうけもつ工業社会が成立した．その過程ではペイド・ワークが成立すると，世帯経済の労働のうちペイド・ワーク化した残余部分がアンペイド・ワークとなった．アンペイド・ワークである家事労働とその担い手である主婦の成立の歴史的経過には，工業化の展開と表裏をなしている．加えて女性に家事労働担当を固定する要因は，消費生活とそこで不可欠なアンペイド・ワークに由来する．

したがって本稿では家事労働が主婦に集中し，労働力再生産の労働として位置づけられるに至る工業化のプロセスを検討する．そして主婦が世帯経済と社会のアンペイド・ワーカーである現状を確認することから雇用平等政策展開への手がかりをさぐることとしたい．

第2節　主婦の確立と労働量の増減

1　世帯経済の工業化と「家事労働」の成立

今日の「工業化社会の家事労働」を定義するために工業化以前の家庭や家族である世帯経済（ハウスホールド，household）を基盤とした経済活動をまずみていこう．産業革命以前の農業を主な生業としていた経済発展の段階では，人間の生存のための労働は第1次産業に相当する農業生産（あるいは漁業や林業）と絡み合って成立していた．イリイチによれば，それぞれの地域に根ざしたという意味で「ヴァナキュラーな領域」[2]（固有の，土着の領域）で生活資料（サブシステンス）の生産を行う場である（図10−2）．

食糧を栽培する農業労働をする人間が，それを口にするための製粉や調理の労働をも行った．生産と消費の場が同一の世帯経済であり，おなじ世帯経済の

図10-2 世帯経済と工業化社会の家事労働

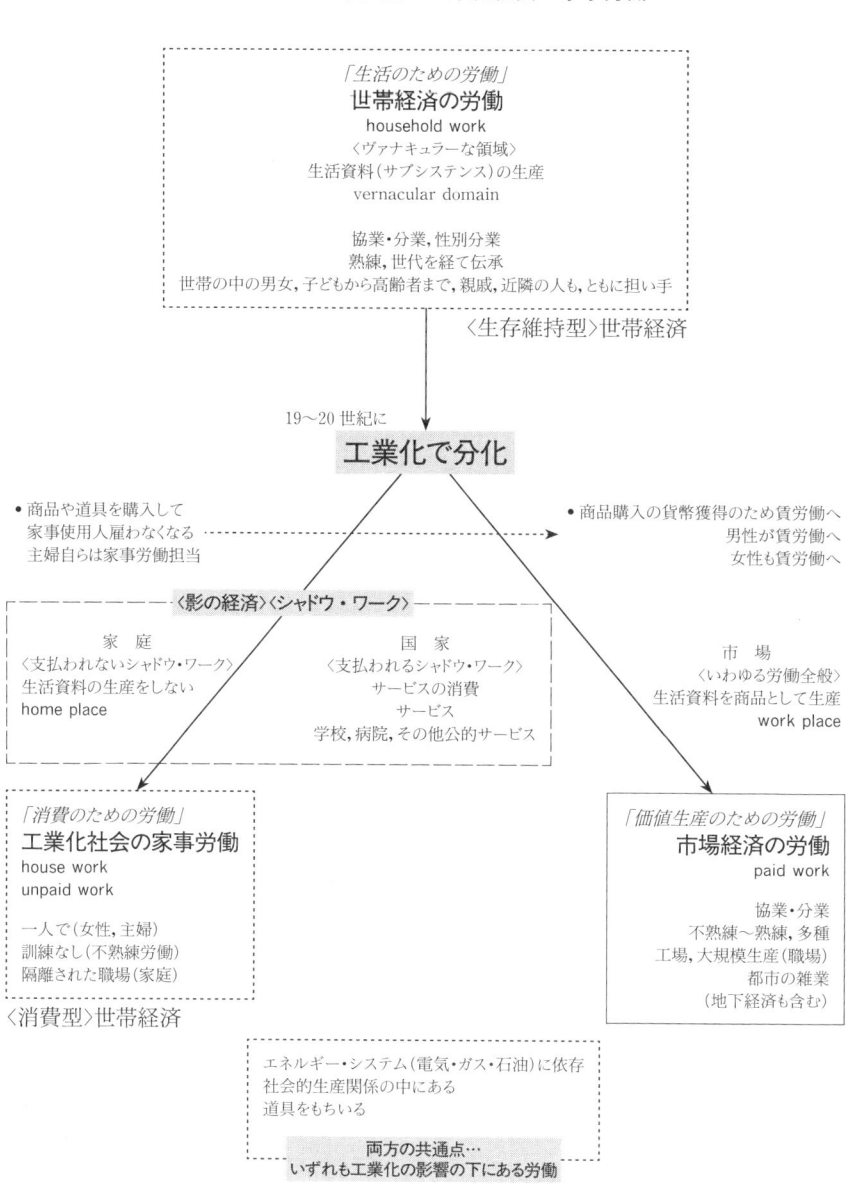

「生活のための労働」
世帯経済の労働
household work
〈ヴァナキュラーな領域〉
生活資料(サブシステンス)の生産
vernacular domain

協業・分業, 性別分業
熟練, 世代を経て伝承
世帯の中の男女, 子どもから高齢者まで, 親戚, 近隣の人も, ともに担い手

〈生存維持型〉世帯経済

19～20世紀に
工業化で分化

- 商品や道具を購入して
家事使用人雇わなくなる
主婦自らは家事労働担当

- 商品購入の貨幣獲得のため賃労働へ
男性が賃労働へ
女性も賃労働へ

〈影の経済〉〈シャドウ・ワーク〉

家　庭	国　家	市　場
〈支払われないシャドウ・ワーク〉	〈支払われるシャドウ・ワーク〉	〈いわゆる労働全般〉
生活資料の生産をしない	サービスの消費	生活資料を商品として生産
home place	サービス	work place
	学校, 病院, その他公的サービス	

「消費のための労働」
工業化社会の家事労働
house work
unpaid work

一人で(女性, 主婦)
訓練なし(不熟練労働)
隔離された職場(家庭)

〈消費型〉世帯経済

「価値生産のための労働」
市場経済の労働
paid work

協業・分業
不熟練～熟練, 多種
工場, 大規模生産(職場)
都市の雑業
(地下経済も含む)

エネルギー・システム(電気・ガス・石油)に依存
社会的生産関係の中にある
道具をもちいる

両方の共通点…
いずれも工業化の影響の下にある労働

出所) 筆者作成

構成員が生産の労働と消費のための両方の労働を行った．その意味で，産業革命以後の賃労働と家事労働に相当する労働は，工業化以前には世帯経済労働として混然一体化していた．そして〈世帯経済労働〉は生産のための労働であると同時に消費のための労働でもあった．世帯経済内の男女は協力し，さまざまな仕事を分担して働いた．もちろん子どもや高齢者も協業し分業した．それは地域の実情へ対応する多様性である．そしてその熟練は世代を経て伝承されていた．このとき世帯経済の「女性は家族のために生活の資を供する家の女主人」であった．[3)]

　こうした生産と消費の両者を行う世帯経済を〈生存維持型〉の世帯経済とする．これに対し工業化以後，世帯経済は〈消費型〉となる．つまり生活物資の生産の場ではなくなり，世帯経済の労働は賃金で購入した商品消費のための労働になる．〈消費型〉世帯経済は市場経済にとっては生産に必要な労働者の労働力生命の維持という日々の労働力再生産と子どもを生み育てる世代的労働力再生産にかかわる．しかし市場経済の外部の労働であるため報酬が伴わない．つまりアンペイド・ワークとしての家事労働である．

　さて〈消費型〉世帯経済の成立は2つの変化の様相が想定できる．ひとつは急激な生産手段との分離による生産労働の消失である．もうひとつは生活物資の商品化の進展に対応した，消費労働の相対的に長期の変化である．前者は土地の囲い込みなどで農地を追われ，都市に流入した人々の賃労働者世帯経済にみられる．後者は農業をいとなむ世帯経済が工業化商品の消費の増大によって世帯経済労働を変化させる過程として想定できる．後者の場合，世帯経済の労働の担い手と労働の内容の変化は工業化商品の流入と増大に対応して現れる．とりわけ工業化過程が100年あまりかけて進行した19世紀後半から20世紀初頭のアメリカの世帯経済の変化のケースからそれが明瞭によみとれる．

2　家事労働の担い手

　工業化は農業から工業への世帯の生業の転化である．そして世帯経済の工業

化はペイド・ワークによる生計費の獲得であると同時に，生活物資の商品化である．その転換は突然にあらゆる生活物資がすべて商品に変わるのではない．徐々に数年から数十年かけて商品が世帯内に入り込む経過をたどる．工業化による商品の消費は〈古い世帯経済労働〉を不要にし，〈新しい世帯経済労働〉部分を生じさせる．

たとえば，アメリカの1860年代には機械製粉が普及し小麦粉は購入するものになる．これ以前，人々は小麦を栽培し収穫し，自ら製粉して食糧とした．世帯経済内で自給していた小麦粉の「店屋で購入する小麦粉への転換は男性と少年を世帯内のもっとも時間がかかる作業である水車小屋や石臼での粉ひきから解放した．そして挽き割り粉から小麦粉へ，簡単なパンから手間暇かかるパンへの転換は，世帯経済が小麦粉を購入しうるのに必要な現金と，パンの準備をするのに必要な主婦（あるいは使用人）の時間の両方をまかなえるようになったことを意味する」[4]．

また1870～1910年代に暖炉に代わってストーブが登場し，燃料が薪から石炭や灯油へと転じた．それは木を切り薪を作る男性の労働を不要にした．複数の火口やオーブン機能を備えたストーブの出現は料理の種類を多様化し，女性たちに多くの料理法を習得することを求めた．さらにストーブをさび付かせないために毎晩必ず行う必要がある掃除は「料理と同様に典型的に女性に割り当てられ，女性だけがするしごとになった」[5]．

既製品の布は人々が所有することを望む衣類の量を増大させ，19世紀半ばの家庭の主婦は家族のための縫い物に忙殺された．また電気洗濯機の出現が，それまで家事使用人か週1回の通いの洗濯女が行っていた洗濯を主婦一人で行う労働へ変えていく．また真空掃除機の購入以前には家内中の敷物掃除は年に数回だけ，家族以外の手伝いも頼んで家族全員で行うものであった．購入後は床の掃除は主婦一人が，毎日行うことになる．また水道や給湯設備の充実の結果，毎日入浴できて清潔度は増進する一方で，水回り掃除はすべて主婦の仕事となった．

第10章 アンペイド・ワークと主婦の労働

　工業化以前，馬や馬車の扱いは男性の仕事であった．したがって男たちが買い物や運搬をした．しかし自動車の出現と普及は買い物や家族の送り迎えを主婦の仕事に変えた．こうした工業化による世帯経済への商品や器具類の流入は，生活物資を調達入手する労働を減少させ，それらを消費する労働を増加させた．結果的に男性の仕事は世帯経済から消滅していき主婦のしごとが増加した．

　工業化の初期段階はもちろん21世紀でも世帯経済でいっさいの消費労働を行わず，市場から購入する商品とサービスだけでその必要をみたすことは平均的な所得と生活水準においては不可能である．工業社会では各人あるいは各世帯の賃金水準が購入する商品量を制約し，同時にそれぞれの時点の技術水準が市場に供給可能な商品の種類や量に限界をあたえる．そして一定の生活水準を実現するためには工業化による商品を消費する労働を行う誰かが自分自身を含め必ず求められる．

　工業化されていても〈隔離された職場〉の世帯経済で，主婦は〈一人で〉あらゆる仕事を〈訓練なしで〉片づけていく．工業化社会の世帯経済労働が電気やガス・石油にエネルギーを依存し，社会的生産関係の一部を構成し，道具・器具をもちいる点は市場経済の労働と共通する．専業主婦（house wife）は世帯経済を「就労前の子どもたちが住み，夫が憩い，夫の所得が消費される場所の守り役」であるとイリイチは定義している．

　しかし〈消費型〉世帯経済への移行の際に，成人男性は賃労働者化して世帯経済労働から抜けていく．子どもは工業化と同時進行する学校教育への参加度の上昇で，やはり世帯経済労働に従事しなくなる．また使用人や手伝いの人々は賃労働者化して世帯経済から去る．そして残ったのは主婦一人であった．順次に進展した生活物資の商品化は，消費のための世帯経済労働を女性だけが行う家事労働へと変容させていく．

　これに対して急激な〈消費型〉世帯経済が成立するとき，男女ともにペイド・ワークで働かざるを得ない．男性が失業し，女性が職を得ることも珍しくない．その場合，エンゲルスが『イギリスにおける労働者の状態』でえがくよ

うに世帯経済をいとなむ消費のための労働は男性がすることまれでない．しかし，子どもを妊娠出産し，授乳するケア関連の主な労働は女性しかできない世帯経済労働である．それが適切になされないとき，次世代の労働力に問題が生じる．したがってケアワークをする必要から成人女性は世帯経済に残される．

3　ケアワークをめぐる関係性と主婦労働の管理的要素

　世帯経済労働のケアワークは乳幼児の世話や子守りにとどまらない．けがの治療や病人の看護など健康回復に関するケア，障害者や高齢者のための介護など多岐にわたる．このケアワークも工業化の進展で変化した．薬草の利用や古来の治療法は市販の薬にかわっていく．医師・看護婦（師）など医療専門家が社会的に養成され医療設備と技術の整備がすすむと，けがや病人の治療が次第に家庭から病院施設へ移った．さらに最後の世話をする葬儀業者も出現する．

　ただしコストや技術，その他の理由で商品化が困難なケア関連労働は工業化以降も世帯経済内部に残った．とりわけ乳児の世話は微妙な判断力が必要とされる仕事として主婦自身が行い続けた．これに対し幼児以上の子守は手伝いや使用人に任せる段階を経て乳母という職業が形成されていた．アメリカの19世紀の若年単身者の移民の女性の場合，住み込みや通いの乳母や子守になった．ところが20世紀にはいると農家やホワイトカラー層である中流家庭から家事使用人が消滅していく．家事使用人は住み込みのため24時間拘束されただけでなく，職業として社会的評価が低かったためである．むしろ労働負荷は大きくとも労働時間内だけの拘束である工場労働者が人々に好まれる働き口であった．

　ケアワークが主婦に残される世帯経済労働となる理由は，商品化の困難性だけではない．第1に「ケアリング労働がそれをしている人の切り離せない活動[7]」だからである．ケアワークの労働対象は人間である．そのため担い手と対象となる人間との関係性によって，労働のモチベーションや成果に確実に差が生じる．第2に，ケアはしつけ，家庭の規範など管理的労働の要素が大きい．

第10章　アンペイド・ワークと主婦の労働　199

ケアは個々の人間に関する情報と随時適切な判断力を必要とするために，世帯経済の外部の人間にはゆだねにくい．事実，工業化以前に手伝いや使用人を含めて多くの人手が世帯経済内部に存在したときでも，ケアワークの特定部分は世帯経済の中核をなす人物，しかも主婦あるいはそれに相当する位置付けの女性が担当する労働だった．したがって，工業化の進行で乳母や住み込み家庭教師の消滅が進行し，学齢期の子どもたちのしつけと生活全体の管理とが一体化するとき，育児は主婦の主要な労働となっていく．

　世帯経済の領域，すなわち家庭は社会の工業化が進んでいくときの波をかぶらずにすむ最後の砦となりえなかった．確かに世帯経済はイメージとしては工業化からもっとも遠い．しかし，事実は世帯経済こそが社会の工業化による膨大な商品の流入と男性労働力の流出という変化の波をまともに受けた．その結果，工業化以前の〈生存維持型〉世帯経済の労働は変貌した．確かに流入する商品は世帯経済労働を消滅させた．技術やコスト的に商品化が困難な労働は，ケアワーク関連を中核として世帯経済の労働として残される．そして商品消費による生活水準の上昇で新たに発生した労働が世帯経済労働へ加わっていく．その追加される家事労働の担い手として残されたのは主婦だった．20世紀の主婦労働は生産労働でないアンペイド・ワークであっても実は市場経済にとって重要な役割を持つ．

第3節　市場経済と主婦のアンペイド・ワーク

1　生活水準と快適さ

　生活水準は単に生存しているだけのレベルから〈快適さと健康〉が達成されている水準までかなりの幅がある．また歴史的段階や地域によっても異なる．工業化以前は人々の流動性が低く，他の地域や他の階層をかいま見ることはまれで，人々が自らの生活以外を知る機会はほとんどなかった．しかし工業化以降，商品経済の拡大や流通交通の活発化に加え，映画や雑誌など多様なメディ

アが多くの人々によい生活が何かを知らせる機能を果たした．そして誰もがよい生活を知り求めるようになる．

　厳寒でも暖かい部屋，栄養のあるおいしい料理，清潔な衣類，いつでもお湯のでる洗面所，そうしたものは工業化以前は人口の多数を占める人々とりわけ労働者階級や地方に住む人々にとっては夢やあこがれでしかない．生活の〈快適さと健康〉をその実質的内容とする生活水準をアメニティと呼ぼう．工業化以前の歴史でアメニティは人々の必需品ではなかった．なぜなら近代以前はもちろん，近代以降も長い間アメニティの実現は裕福さと同義だったからである．そして世帯経済内でそれを達成するには一定の量の生活物資や道具類という富だけでなく，何よりも人手が不可欠である．

　しかし工業化で道具とりわけ家電製品と電気，ガス，水道などライフラインの普及は少ない人手での快適で清潔な生活を維持する可能性を開いた．ただアメニティを実現するには「誰か」，つまり，主婦がそれらのサービスを利用し器具を操作する必要がある．工業化社会は商品やサービスとして多くのものを世帯経済へ供給したが，アメニティを実現するとき必要な世帯経済の労働は21世紀の現在でも消滅することはない．そしてその労働は，これまでみた工業化の歴史的経過が示すように世帯経済内の成人女性，主婦へと集中してきた．

　したがって工業社会では生活水準の上昇の実質は，世帯経済の購入商品とそれを消費するための主婦労働に依存している．ゆえに消費のための労働の担い手の不在，すなわち主婦の不在は世帯経済のアメニティ水準を確実に低下させる．いいかえれば，工業社会の生活水準の上昇とアメニティは，主婦が購入した物資や器具をもちいて世帯経済での家事労働を行うときはじめて現実のものとなる．

　たしかに主婦が工業化社会の世帯経済の唯一の労働の担い手となる理由のひとつは生活物資の商品の技術的コスト的限界にある．しかし技術革新でその限界が徐々にある程度解消されていっても，家計所得水準の制約とケアワークの存在は，世帯経済単位での生活スタイルとアメニティへのこだわりとして主婦

の家事労働の縮小を阻んでいる．

2　世帯経済の集合体としての市場

　工業化社会の世帯経済で豊富な生活物資と充実した器具を駆使しても単身者の生活は必ずしも効率がよくない．逆に世帯経済の規模を超える大人数の集団での生活は効率性で優るとしても，実際には広範な広がりとしては存在しない．したがって工業化によって婚姻を核とする世帯経済は核家族として社会的生産のための労働力再生産を行う単位を構成する．世帯経済単位という小さな共同性を維持管理するための労働としても，工業化以降の主婦の家事労働の機能がある．

　私たちが世帯経済の単位を維持し続けるのにも理由がある．そのひとつは世帯経済の共同性による効率性である．ごく近年まで単身者はいずれかの世帯経済に使用人や徒弟，下宿人として寄宿する．あるいは寺や修道院など世帯経済以外の独立した経済単位に所属しないかぎり生活と生存は困難であった．たとえ個人で家屋敷や畑を所有していても，まったく使用人をおかず，食べ物から衣類・住居をすべて単独で整えて生活することは容易でない．まして住居や家財を所有しない者が単身で生活可能になっていくのは，市場経済が発達し外食や単身者用住居などが整い始めてからである．

　もうひとつの理由は関係性である．親子，夫婦などの婚姻と血縁による親しい関係を基礎とする生活は，愛情関係から行動上の指揮命令系統の統率面に至るまで物質的指標で示し得ない経済効果をもつ．パートナーや肉親に対する執着と責任感は男女を問わず，また市場経済の場でも世帯経済の場でもそれぞれの労働へのモチベーションの基礎を形成する．もちろん逆にこれが扶養と被扶養の関係性から支配と束縛の様相をおびることもまれではない．

　さらに世帯経済という単位は市場経済を支える存在でもある．世帯経済は市場をつくる生きた細胞そのものである．効率性と関係性などの理由から世帯経済単位の生活が人々によって求められ維持され続けることは，世帯の数だけ冷

蔵庫や自動車などの商品が販売可能なことを意味する．膨大な数の世帯経済の集合体が市場経済の需要の主要部分を確実に構成している．その意味で世帯経済と市場経済の両者は，主婦のアンペイド・ワークを内包する世帯単位の生活を前提している．

3 日本の社会政策と主婦の労働の評価

　20世紀末から21世紀にかけて全般的な労働力の女性化はより一層進む．とりわけ既婚女性の雇用者化は著しい．これは女性が世帯経済のアンペイド・ワークと市場経済のペイド・ワークの両方を行う事態の拡大を意味する．それはパートで働く女性の量的拡大に象徴されている．パートを雇用する側は仕事量の繁閑への対応調整が容易であり，賃金水準を抑制できる．特に社会保険料負担がないのは女性パート労働を低コストにする．

　現在の日本の税制とおもな社会保障制度は世帯単位を基本とする．高度成長期から1980年代にそれが制度化されていく時期は，日本で脱農業と工業化がすすみ雇用者世帯の専業主婦比率がピークを示したときでもある．専業主婦は雇用者である夫の被扶養者であり，妻としてアンペイド・ワークに従事し所得がない．そのため彼女は税や社会保険料を負担できない．つまり，雇用者の世帯経済の場合，主婦は夫の世帯経済のアンペイド・ワークを担当する妻，子の母という資格で年金や医療の社会保障上の権利を与えられる．

　この制度は企業にも波及する．企業は配偶者手当の支給制限額を妻の年間所得の103万円としている．また年間所得130万円は年金・医療の保険料免除の被扶養条件である．こうした税，社会保険，賃金制度における被扶養の妻を優遇する諸制度は，年収を抑制して税や保険料を拠出しないパート既婚女性の出現を誘導した．高度成長期から1980年代につくられた日本の社会保険制度と税制は，主婦に被扶養者の地位を確保したままでの雇用者化を選択させる機能を持つ．〈疑似専業主婦〉ともいえる主婦のパート労働者化である．

　家事労働というアンペイド・ワークを理由にパートにとどまる主婦の存在は，

市場経済にとって安価なペイド・ワークの源泉となる．主婦は同時に世帯経済で消費生活のためのアンペイド・ワークも担う．さらに少子高齢化で国家財政が関与せざるを得なくなった育児や介護などケアワークをアンペイドで負担する存在である．地域社会でもボランティアなど多様なアンペイド・ワークの担い手は女性が中心となる．そして21世紀，女性の労働はアンペイドとペイドの両方で，そしてすべてのセクターで経済活動を支えていることが明らかになってきた．

アンペイド・ワークが歴史的にも原理的にも社会の生産活動を可能にする機能を持つことは，ここまで世帯経済労働の変遷を確認することで明らかになった．すなわち，アンペイド・ワークは，間接的であるが社会の富の生産を労働力の再生産としての生活というその実質において支える存在である．しかし，これについての人々の認識は低くその社会的評価は依然として適正になされていない．またその経済的評価も，男女の現時点でのペイド・ワーク水準のみを基準としてなされるという限界をもつ．

世帯経済のルーツは20世紀の市場経済に基づく労働評価の限界を示していた．私たちはまずアンペイド・ワークを適切に評価し報いるための新しい基準を手に入れることから始める必要があるだろう．そのためにはおそらくペイド・ワークベースだけでない，もっと別の価値観を求めることになる．ここからアンペイド・ワークとペイド・ワークを適切にリンクする道が開かれるだろう．そしてアンペイド・ワークの適正な認識と評価にこそ雇用平等を実現する政策展開への手がかりが隠されているのである．

注
1) 厚生労働省「地域児童福祉事業等調査」（平成12年）
2) イリイチ，I., 玉野井芳郎・栗原彬訳『シャドウ・ワーク』1981年, pp. 118-120.
3) 同上，p. 216
4) Cowan, Ruth Schwarts, *More work for mother,* New York, Basic Books,

Inc., Publishers, 1983, pp. 47-50.
5) *Ibid*., pp. 61-2.
6) 同上，pp. 215-6.
7) ヒメルバイト「"無償労働"の発見："労働"概念の拡張の社会的諸結果」『日米女性ジャーナル』No. 20, 1996年, pp. 124-125.

参考文献

久場嬉子「家庭における労働の評価」社会保障研究所『女性と社会保障』東京大学出版会, 1993年

久場嬉子「「家事労働論争」から「無報酬労働」論の展開へ」『女性学研究3』勁草書房, 1994年

久場嬉子・竹信三恵子『「家事の値段」とは何か アンペイド・ワークを測る』岩波書店, 1999年

竹中恵美子『戦後女子労働史論』有斐閣, 1989年

服部良子「家族的責任」玉井金五・大森真紀編『社会政策を学ぶ人のために』世界思想社, 2000年

服部良子「労働力として質量ともに充実」井上輝子・江原由美子『女性のデータブック 第3版』有斐閣, 2000年

服部良子「ケアワークとボランタリー・セクター」竹中恵美子編『労働とジェンダー』明石書店, 2001年

ヒメルバイト「"無償労働"の発見："労働"概念の拡張の社会的諸結果」『日米女性ジャーナル』No. 20, 1996年

ロバーツ, E., 大森真紀・奥田伸子訳『女は「何処で」働いてきたか イギリス女性労働史入門』法律文化社, 1990年

若尾祐二『奉公人の社会史』ミネルヴァ書房, 1986年

Alcock, P., *Social Policy in Britain,* London, Macmillan Press Ltd., 1996.

Cowan, Ruth Schwarts, *More work for mother,* New York, Basic Books, Inc., Publishers, 1983.

Illich I., *Shadow Work,* Marion Boyars, 1981.（玉野井芳郎・栗原彬訳『シャドウ・ワーク』岩波書店, 1981年）

Kendall, J. & Knapp, M., *The voluntary sector in the UK,* Mnchester, Manchester University Press, 1996.

Lewis, J., *Women and Social Policis in Europe,* Hants, Elgar Pulishing Limited, 1993.

Lewis, J., "Gender and welfare in the late nineteenth and early twentieth centuries," in *Gender, Health, and Welfare*, Digby & Stewart ed., London, Routledge, 1996.

Strober, M. H., ホーン川嶋瑤子訳・末尾解説「フェミニズムのレンズを通して経済学を考える」『日米女性ジャーナル』No. 17, 1994年.

Espin-andersen, *The Three Worlds of Welfare Capitalim,* Campridge : Polity Press, 1990 ; Lewis 1993.

Wheelock, J., *Husbands at Home,* London, Routledge, 1990.

第11章

持続可能な経営社会のための
ワークシェアリングと平等処遇

　いま経済のグローバル化，世界的不況，失業率上昇が進む中で，雇用維持と雇用創出のための「ワークシェアリング」が模索されている．「ワークシェアリング」で方法的にまず連想されるのは労働時間短縮，パートタイム労働そして人件費節減である．1979年に女子差別撤廃条約が国連総会で採択され，世界女性行動が進むなど20世紀第4四半期には国際的潮流として女性の地位向上と参画がかなり公認されるようになった．しかし最近の世界経済の動向は女性の平等雇用や性別役割分業に必ずしも前向きな影響を与えているとはいえない．

　自由な市場競争を原理とするアメリカ主導のグローバリゼーションがあたかも唯一絶対的グローバル・スタンダード（国際基準）のように拡散する傾向の中で，社会経済問題への対応に苦慮する政府，企業，労働組合は多い．そうした中で注目されているのが，北欧モデルであり，そしていまオランダモデルである．本章では日本の雇用管理，労働の多様化政策の改革のためにも，とりわけオランダモデルのもつ斬新性に注目したい．それは独特のパートタイム労働制度の導入とアンペイドの家事・ケア労働の労働概念への統合によって産業界にも労働生活にも新たなアイディアを発展させようとしている．21世紀はある国，ある種の勝ち組企業の短期極大利潤追求で「貧富の両極化」を形成し，地球を短命にする時代ではない．ジェンダーの視点による労働の分かち合い概念を考えたい．

第1節　ワークシェアリング政策のアイディアとその論点

1　ワークシェアリングの発端と定義

「ワークシェアリング」という言葉は最近日本でも広く使われる用語となってきた．「ワークシェアリング」とは簡単にいうならば，不況等で雇用を要する仕事の総量が少なくなり，失業者が増加傾向となった時に，現存する仕事を労働者間で分かち合って，失業の発生を少しでも防ごうとする労働政策である．このような政策が日本で注目されるようになったのは，ごく最近のことであるが，ヨーロッパ諸国では，1973年第4次中東戦争を契機に起こったオイルショックの頃から注目されていた．最近ではアメリカ主導のグローバリゼーションの拡散により，世界的に不況が深刻化する中でヨーロッパでの労働政策は1980年代当時の「ワークシェアリング」の域を超えて，多様に発展し，むしろ「雇用創出」といった概念に包摂される傾向にある．今の世界的労働問題も発展途上国の貧困問題も経済のグローバル化，市場経済主義の台頭と規制緩和に深く関連していることは最初に押さえておきたい．

「ワークシェアリング」を共通理解しうる基本的考え方として，当初の定義を跡づけておこう．この政策をもっとも早く公式に提唱したのはECだといわれるが，EC委員会は1978年に，これを「就業を希望するものに対する雇用機会を増加させるために経済における総雇用量を再配分すること」と中性的に定義して提案した．続いて提示された「ワークシェアリング」の顕著な定義にはOECD（Organization for Economic Cooperation and Development, 経済協力開発機構）とILO（International Labor Organization, 国際労働機関）によるものがある．OECDは1982年にこれを「就業者と失業者の間でより公正に仕事を分かち合うこと」と定義し，また同じく1982年にILOは「一時的であると考えられる人員過剰問題に直面した場合に人員削減を回避するために，労働時間を短縮することによって現存する人員に仕事を分担させること[1］」（傍点表示は筆者による）とそれぞれ多少とも異なったニュアンスの定義を行っている．OECDの定義

は政策の結果の「公正」に注目した概念であるがその方法はどちらかといえばECの定義とともにマクロの視点での定義だといえよう．ILOのものは今日日本でいわれる「緊急避難型」の原型ともいえる特徴をもつ．これらの原初的定義づけは，今問題となってきたワークシェアリングのあり方や本質を考える場合の参考になる．なお文化の違いも含めていま日本で進められているワークシェアリングの論議とヨーロッパ諸国の考え方とは，質的に多少とも相違があるといえよう．

　なお私は本章で「ワークシェアリング」（労働の公正配分）を考えるにあたって，現在一般的にいわれているその概念より，やや領域を広げた捉え方を提示しようとしている．

2　ヨーロッパ諸国における多様なアプローチとEU的グローバリズム

　ワークシェアリング政策は，これが雇用労働を必要とする仕事の総量が就業希望者の総労働量より少ない場合の労働の分かち合いである限り，1人当たりの平均労働時間は何らかの形で短縮されなければならない．これにはさまざまな方法が考えられる．

　① ILOパートタイム労働条約の目的と採択過程

　これに関連して記憶に強く残っているのは，1993年，1994年にILO総会の議題に上ったILOパートタイム労働条約・勧告（以下，「パート労働条約」と略記）の審議過程である．この国際労働基準は1994年に第2次討議を経て採択となったが，その採択に大きな力となったのはEU諸国の政府代表の賛成票であったといえよう．知っている人も多いと思うが，国連機関の会議の中でもILO総会は加盟各国の政労使代表をメンバーとして3者構成で行われる独特の方法を誇るものである．パート労働条約は，本来，世界のどこでもパート労働者の多くは女性であり，その女性パートが雇用労働において差別される傾向にあるという実態を，基準策定によって公正化することを目的としていた．しかし当時すでに，後述の市場競争型グローバリゼーションが進行していた折，米国・

カナダなどの政府や使用者代表は「保護は不要」という規制緩和論で，パート労働条約制定には反対，しかしEU圏諸国の政府代表は第1目的とは多少異なる目的で労働者側と同調して賛成票を投じ，この条約の採択を望んだ．これら政府の条約支持の主要目的は，パートの条件を固め，パート化を容易にすることによる失業対策が考えられていた (ILOパート労働条約・勧告については，詳しくは山岡，2001年を参照)．

② EU諸国の雇用対策の実際

ところで現実はたとえばドイツではパート労働条約以前から，女性を中心とするパート労働者に対する労働条件も均等化する兆しを見せ (1985年就業促進法)，労働組合もパート労働者を含めて労使協議 (労使共同決定のための「経済委員会」) に臨む方法をとっていたが，労組は基本的には「パート労働の促進よりはフルタイム労働者の労働時間短縮を」という見解をもっていた．フランスでは1960年代以降，サービス業を中心に女性労働者の比率が増加し，パート労働の推進も提示されていた．しかし雇用安定策としてはフランスは1982年にすでに週労働時間39時間制を，1998年からは実質週35時間制を導入するなどの法制によってマクロレベルの労働時間短縮政策がとられてきた．なお2002年9月，新しい政権下で年間超過勤務時間の上限の緩和により，この35時間制が実質39時間に近い所定労働に緩和される種類の「給与・労働時間・雇用促進」法案が閣議で了承され，今後の方向性は不透明との情報もある (『JIL労働情報』No. 243)．

ところでこのように長期化するEU諸国の労働問題の原因は，1990年代に入ってますます強化されるアメリカ主導のグローバリゼーションに伴うトランスナショナルな経済競争の激化にあるといえよう．世界にはアメリカ的市場原理こそ唯一のグローバル・スタンダードだという見方もあるが，いかにトランスナショナルな規制緩和論が押し寄せようと，北欧も含めヨーロッパ社会には伝統的に社会保障的風土があり，安定した国民生活の保障を保持しようとする政策がEUの共同の理念として発達させられている．「EU的グローバリズム」

第11章　持続可能な経営社会のためのワークシェアリングと平等処遇　211

と呼べるものである．国ごとに選択の余地が与えられた多様なアプローチの背後にEC時代から絶えずEC委員会の決定とそれに基づくEC指令が加盟国に沿うべき基準として示されてきた．その意味で各国の方向が大きく変わることはありえない．

③　オランダおよび北欧の取り組みのモデル性

こうした情況の中で強力なモデルとして注目されることとなったのが後に述べるオランダ・モデルである．ドイツではEUパート労働指令に加え，オランダにおけるパート政策の成功の影響を受けて，第2章で述べられているようなパート制度強化の政策が2000年の法改正で実施されることとなった．

一方，北欧の諸国では総体としてワークシェアリングといった方法は採られていないと受け止められるが，男女の平等政策や高福祉政策では世界のモデルとして注目を集め，困難な労働問題の発生時もその政策が問題の悪化をカバーしているかに見える．たとえばスウェーデンでは1990年代初頭には大きな経済危機に襲われたとも聞く．1995年にEUにも加盟したこの国がいかにして危機を乗り越えたかも関心をもつべきであろう．

3　ワークシェアリングとジョブシェアリング

ここでワークシェアリングのひとつの方法としても捉えられる「ジョブシェアリング」について触れておこう．ジョブシェアリング（Jobsharing）はワークシェアリングのひとつの方法としても捉えられるが，同義の語ではない．「ジョブシェアリング」とは典型的には「1人分の職務を特定の2ないし3人の労働者が組となって1週の仕事日あるいは1日の午前と午後などで分け合って連帯して責任担当するパートタイム就労の一形態」である．当然，各労働者の労働時間は「パートタイム」となり，さらに1〜2名の雇用創出が実現できるのである．一般にワークシェアリングはヨーロッパで開発されたアイディアであって，規制緩和主義のアメリカではあまり行われていないと考えるが，ジョブシェアリングは欧・米どちらにも存在する．アメリカでも女性の就業はパート

しか得にくい傾向があり，これをアンダーエンプロイメント (underemployment) として問題視する向きもあるが（山岡 1991 年），そうした中で，ジョブシェアリングは，主として女性の両立支援，就業継続，能力活用を強化する目的で活用されていると見ることができよう（アメリカでもこれを「ワークシェアリング」と呼ぶこともあるという——G. S. Meier, 1997 年）．いずれにしてもワークシェアリングの特殊形態ともいえるジョブシェアリングというパターンは，当初は主として女性を対象に，就業継続と能力活用に適合する「パート労働」の形態として発達したものであるといえよう．

ところで後述のオランダモデルにおける革新的パート制度では，この方法が女性に限らず，男女共同参画の家庭生活をも可能にする方法として活用されていることが注目されなければならない（本章第 3 節 2 参照）．

第 2 節　日本における雇用制度の変革と男女共同参画の視点

1　日本的雇用慣行の変化と雇用の多様化・非正規化

日本におけるワークシェアリングは，「日本的雇用慣行の変化」と「労働の規制緩和」の進展における日本的特長を抜きにして考えることはできない．

「規制緩和」推進については日本でもかなり早い時期から問題視されていた．前川リポート（国際協調のための経済構造調整研究会報告書）が出されたのは 1986（昭和 61）年 4 月であり，日本の貿易黒字に関連して，日本の市場開放と内需拡大が問題となっていた．しかし「規制緩和」への本格的取り組み，とりわけ，1992 年のバブル経済崩壊以後の経済立て直しや最近の失業率上昇，それに対処する方法としてのワークシェアリングの論議にまでも発展する「労働の規制緩和」が，明確に政治・社会の問題になったのは，1990 年以後のことである．当初，労働関係の規制緩和は 1987（昭和 62）年 9 月の労働基準法（以下，「労基法」と略記）改正により，90 年代半ばに完成する「労働時間短縮」から始まった．日本の長時間労働は長い年月をかけて 90 年代の半ばに法制上の

第 11 章　持続可能な経営社会のためのワークシェアリングと平等処遇　213

解決をみるはずであった．

　日本でも第 1 次オイル・ショックの頃（1973 年＝昭和 48 年頃），一時的に正社員が雇用調整され，パートに置き換えられるという事態もあり，低成長ないし安定成長時代という呼び方がされた時代への移行とともに終身雇用制の崩壊の兆しは見え始めていた．その間にもパートの増加と多様化は進み，やがて 1985 年に労働者派遣法が制定されるなど女性を中心に，雇用の多様化は進んでいた．しかし日本経済が EU 諸国ほど落ち込むこともなく持ちこたえていたのは日本的雇用慣行に守られてのことともいえよう．日本で政府が「非正規雇用者」という概念をはじめて公式に打ち出したのは，1989 年 9 月，旧労働省「就業形態の多様化に関する実態調査報告書」においてであった[2]．しかし 90 年代に入ると，政府は急速に規制緩和策への取り組みを強め，やがてその政策は労働分野にも及び，終身雇用，年功序列などの日本雇用慣行が変化に向かうこととなった．

　日本の規制緩和政策の背景には 2 つの種類の要因の重複による日本経済の低迷があることが特徴である．ひとつは先進諸外国の経験と同様，世界経済のグローバル化，それに関連する自由貿易主義と国際レベルの市場競争である．これに勝ち抜くためのコスト節減は企業にとって至上命令となる．もうひとつの要因は 1992 年当時のバブル経済の崩壊による安定成長時代の終焉である．この後者が今にまで続く不良債権問題とデフレ不況を呼び起こす契機となった．二重の要因による日本経済の苦境克服で着目されたのはまず，人件費節減である．1995 年 5 月，旧日経連は「新時代の『日本的経営』——挑戦すべき方向とその具体策」という研究プロジェクト報告書をまとめ，日本的経営の改革を提示した．日本の産業界が向かう方向として終身雇用の縮小，能力主義の強化，雇用形態の多様化などを内容とする雇用における規制緩和と合理化のモデル提示である[3]．以後，政府も基本的にこの方針に沿って労働の規制緩和を断行している．有期雇用による契約社員制度，裁量労働制の拡大，派遣労働のネガティブリスト化等々，新たな法改正が次つぎと行われる一方，企業では，正社員を

削減し，多様化されたパート，契約社員，派遣労働者など非正規雇用者を正社員代替として置き換えて活用する傾向が大幅に進められている．

2 日本的ワークシェアリングと男女雇用者たち

失業率が2001年の夏に日本では前例のない5％に達して以来，「ワークシェアリング」は，日本人の誰もが，知っている種類の言葉となった．日本の労使それぞれがこの政策を真に望んでいたかどうかには多分に疑問がある．しかし失業率の上昇は見逃しえない社会問題であり，労使の間では，日本に適合する「ワークシェアリング」の研究がEU諸国の事例などを参考にしながら始められていた．2001年12月には政府も加わってこれのあり方と導入を目指して，「政労使ワークシェアリング検討会議」が組織され，2002年3月29日にはこの会の中間合意が発表された．しかし形式的には合意に達したとはいえ，実質はこれに求める労使の期待はかなり食い違っており，共通理解を得た概念とは言い難い．

日本でのワークシェアリング検討の基盤となる考え方は「ワークシェアリングに関する研究会」(座長：今野浩一郎学習院大学教授) の研究結果にあるといえよう．平成13 (2001) 年4月26日に発表された同研究会の「調査研究会報告書」によれば，「ワークシェアリングとは，雇用機会，労働時間，賃金という三つの要素の組み合わせを変化させることを通じて，一定の雇用量を，より多くの労働者の間で分かち合うことを意味する」(定義)．またワークシェアリングはその目的から次の4タイプに類型化できることが示されている

1．雇用維持型 (緊急避難型)
2．雇用維持型 (中高年対策型)
3．雇用創出型
4．多様就業対応型

2002年3月29日の政労使合意で当面追求されることになったのは，上記4類型中，「緊急避難型」と「多様就業対応型」の2つのタイプのものである．

第11章　持続可能な経営社会のためのワークシェアリングと平等処遇　　215

ところで産業界の現実は前項で記した状況にあり，企業はバブル崩壊の付けを解消しながら，国際競争力を保つためにできる限り合理化を図ろうとする．その方法の主要なひとつが人件費節減である．そのためにワークシェアリングの合意のもとでも「多様就業対応型」の推進という形で正社員の多くをリストラ，あるいは出向，転籍させる一方で，前項で記した非正規代替が進められることになる．ここで代替される雇用の多くはパート，派遣等の女性労働者である．なぜ正社員を削減して非正規雇用者に代替させるのか？　それは日本では非正規の処遇体系が正社員と異なり，低コストで保障も少なく雇用できるからである．実際1997年に男女雇用機会均等法が改正されても，パート・派遣等の非正規雇用者には育児・介護休業制度も適用されず，最近は僅少な手当ての上乗せで責任ある職務の担当に当てるなどパート労働者の多様な活用も推進されている．派遣労働法の新たな改正も含め，非正規の中での多様化と能力主義が差別を残しながら進められている．このような非正規代替の進行にもかかわらず，女性非正規労働者は雇用調整の第1位の対象であり，35歳定年制という語が通用するように年齢制限を受けるケース，さまざまなセクシュアル・ハラスメントの事例もマスコミで取り上げられたりしている．このような非正規の差別的活用は表11－1の雇用統計からも読み取ることができる．一方，雇

表11－1　日本の最近の完全失業率と有効求人倍率 (2001年7月～2002年12月)

(%)

	2001年				2002年					
	7月	9月	11月	12月	1月	3月	5月	7月	10月	12月
平　均	5.0	5.3	5.5	5.6	5.3	5.2	5.2	5.4	5.5	5.5
男　性	5.2	5.4	5.8	5.8	5.4	5.3	5.5	5.5	5.9	5.6
女　性	4.7	5.2	4.9	5.1	5.1	5.1	5.3	5.2	5.1	5.3
有効求人倍率	0.60	0.5	0.53	0.51	0.51	0.51	0.53	0.54	0.56	0.58

備考）失業率は男性より女性の方がかなり低いが，これは男性正社員の削減，女性の非正規雇用採用への転換を意味する．女性の正社員就業の機会は次第に難しい傾向である．
出所）総務省「労働力調査」

用維持の形の中で残された正社員はワークシェアリングの合意に含まれた賃金抑制は求められるが，仕事量の低減も人員の補充も行われないケースが多く，多くの過労状況を生み，問題化している．諸外国では日本のソークシェアリングはワークシェアリングではないという批判も生じている．

このようにして男女共同参画社会基本法ができ，1997年には努力義務ばかりが目立つ1985年制定の男女雇用機会均等法（以後「85均等法」と略記）が改正強化されても，規制緩和が平等雇用の発展を押さえ込む傾向となった．世界女性会議で「貧富の両極化」，「貧困の女性化」を生むと問題視の声が強かったグローバリゼーションないし規制緩和の影響が，日本ではワークシェアリングの過程でまさに現実化してきたといえよう．

3　日本の社会の革新と女性・マイノリティの参画の条件整備

失われた10年とも呼ばれる日本経済の低迷の1990年代の目立った現象に，もうひとつの顕著な問題がある．いくつかの著名な大企業で起こった企業不正，政府高官の倫理の欠如の問題である．薬害エイズ，雪印乳業事件，日本ハムなどの偽証表示事件等々である．こうした問題のいくつかは内部告発や外部NGO団体の活動により明らかにされた．かくして日本の労働実態の異常も含め，経済的価値の追求を第一とする考え方の転換と企業倫理の育成が求められている．そのためには日本的経営の内輪主義に替えて，多様な価値観の導入が着目され始めている．このことは女子差別撤廃条約での性別役割分業の解消の意味や，女性に代表される，マイノリティの参画に世界のある部分で熱いまなざしが向けられるようになったこととも関係がある．この種の観点が21世紀には「ワークシェアリングの新しい見解」の中に組み入れられてくるべきであろう．

「ワークシェアリングか雇用創出か」は，今どのように考えればよいであろうか．EU諸国では「ワークシェアリング」より「雇用創出」が注目される傾向にあることはすでに第1節で触れた．しかし私はそれとはやや異なるひとつ

第11章　持続可能な経営社会のためのワークシェアリングと平等処遇　217

の見解をもつ．「ワークシェアリング」は現行ある労働の分かち合いを中心とする．「雇用創出」は「需要創出」にも関連するものであり，資源や物的欲望に限りがないことを前提とする経済的豊かさの追求パターンである．今，地球環境問題にせよ世界の公正な分かち合いにせよ，「持続可能な地球社会」の中での分かち合いという考え方が注目され始めている．日本の高度成長期には労働分配率より，パイを大きくするという理論に労働組合も賛同を示していた．この反省期が今訪れている．2002年11月開催の第10回地球経済人サミットの基調講演をしたドイツ連邦議会議員，E. U. ワインゼッカー氏は「すでに繁栄している国のゼロ成長は悪くない．……経済成長だけを優先する社会は長続きしない」と述べている（『日本経済新聞』2002年12月6日）．こうした条件を満たす企業理念の形成には，多様な価値観の導入が必要であり，そのためのさまざまな条件整備が行われなければならない．ポジティブ・アクション，アンペイド・ワーク，高齢者や子どものケア，障害者のノーマリゼーションなどいろいろある．また2002年7月19日に発表された日本のパートタイム労働研究会の最終報告に含まれる，パート労働者の均等処遇や正社員パートの制度化なども大きい課題である．こうした問題に新しい見地を切り開いているものに北欧モデルや最近のオランダモデルがある．最後の節で国際的モデルともされうるオランダの政策モデルを検討しておきたい．

第3節　オランダモデルの特徴と国際的モデル性

1　オランダモデルと革新的パートタイム労働制度

　日本でもとりわけ関心がもたれているオランダモデルすなわち，オランダ型ワークシェアリングは，1970年代から始まったオランダの深刻な経済危機を奇跡的に回復に導いた政策モデルである．最近は「オランダにおける隠れた失業問題」とか，「国民の働く意欲の低減」などと問題点発生の指摘を新聞等で見ることもあるが，どのような政策でも長期間には解決すべき問題も生ずるの

が普通であろう．その種の問題の検討は別の機会に譲り，ここでは，地球社会の公正，職業労働と生活，ジェンダーの観点等から，オランダがどのように考えようと，「それでもなお」と注目したい点に焦点を当てて，その先進性と国際的モデル性を明らかにしたい．

① オランダモデルの概要

オランダモデル構築の取り組みは，1982年の政労使による「ワッセナーの合意」に始まる．オランダモデルは方法的構成要素としての次の3つの柱と別名「ポルダーモデル」と呼ばれる文化的背景をもつ．

a．賃金抑制の合意
b．革新的パートタイム労働制度
c．税制・福祉制度の見直し

「ポルダー（干拓）モデル」はオランダのおかれた地理的条件に国民が一致して対応しなければならない必然性から培われた協調的文化である．EUで早期に形成されたワークシェアリングの定義については第1節1で述べたが，経済危機解消を求めるオランダのワークシェアリングのモデルには最初から「賃金抑制―賃上げなき雇用確保」がセットされていたことはひとつの特徴である．このシステムが，いかにして労働側によって受け入れられたかは重要なポイントであろう．

② 正社員に組み入れられた差別なきパート労働者制度

オランダモデルのメインは何といっても「革新的パートタイム労働制度」の積極的導入である．ここで「革新的」というのは，まずパート労働者に対する身分・処遇差別を禁じた点にある．これによって労働者間の正規社員と非正規社員という区別が解消され，パート労働者はすべて同資格の正社員とされた．その後，さらに画期的制度として，個々の労働者の自由意思で労働時間を選択できる制度が導入されたのである．こうした制度の完成には「ワッセナーの合意」から15年もの年月を要したが，これを確実化したのは1990年代の入ってからの法制化の推進，特に次の2つの法律の制定である[4]：

第 11 章　持続可能な経営社会のためのワークシェアリングと平等処遇　219

1996 年 7 月制定　労働時間を理由とする差別禁止法
2000 年 2 月制定　労働時間を増減する権利に関する法律

③　所得の低減を補う政策

ところでパート労働の選択には，賃金抑制による生活の質の低下がどのように補われるかが問題になるであろう．これについて企業側は雇用の確保に努め，パート労働者に対する平等処遇政策の実行にも努めたといわれる．政府は労働側の要望も受けて，財政改革による財政支出の節減により減税や公共料金の引き下げ措置など労働者の負担の軽減に努める取り組みが行われた．労働者は短縮勤務の時間を家事・育児に当て，外部に委託が必要になる経費を節約すること等が示唆された．これは公共的サービスをカットして，国民負担に切り替えるという意味とは本質的に異なることを理解すべきである．この見解がやがて「コンビネーション・シナリオ」の提起に発展したものと考えられよう．

当初はパート労働者の多数は女性労働者であったが，やがて男性労働者のパート選択者の比率も徐々に伸びを示す傾向となり，1983 年の 6.8％ から 1996 年には 16.1％ に上昇（ドイツは 3.6％，フランスは 5.3％），1983 年当時 9.7％ だった失業率は 2001 年には 2.2％ まで下がっている．

2　コンビネーション・シナリオとアンペイド・ワーク

「コンビネーション・シナリオ」とは 1996 年にオランダ政府が設定した政策ガイドラインであり，共働き家族の有償労働を 2010 年を目標に夫婦合わせて，1.5 にすることを提示した．この 1.5 の意味は，① 夫 1.0 ＋ 妻 0.5 ＝ 1.5，② 0.75 ＋ 0.75 ＝ 1.5 のいずれが想定されているかはジェンダーの視点からは重要である．夫はフルタイムで 1.0 を稼ぎ，家庭役割を持つ妻は家事・育児を外注しながら 1.0 を働くのではなく，パートタイムで 0.5 働いて賃金抑制に協力し，残る 0.5 は無償の家事・育児労働（unpaid work）にといったアイディアが潜在していたかもしれない．しかしこのシナリオの設定には，「職業生活と個人ないし家庭生活の分かち合いをどう設定すべきか」というテーマが込められてお

り，この政策の中で，労働者の生活における有償労働と無償労働（paid work と unpaid work）とが労働者個人の全労働の中で，同時に夫婦の分業の中で，どのように分かち合われるべきかの課題の解決も進められていると聞く．2001年秋にオランダを訪れた日本の女性調査団は社会雇用省，オランダ労働組合連盟(FNV)，女性労組等々の要人（多くは女性）から，0.75＋0.75＝1.5が目指されていることの情報を得ているというし，また2002年5月10日にオランダ大使館主催で開催されたオランダモデル・シンポジウムでも予想以上にこの夫と妻の配分率の動向に関心がもたれている様子が話されていた．最近のオランダでは人間の働き方として「無償のケア労働と有償労働の収入とのコンビネーション」が重視され，スペインとスウェーデンの参加を得て国際共同プロジェクトとして「ケア・エコノミー」という実験にも取り組まれているという．2001年11月には「雇用とケア法」も成立したことなどから，国際的視野で労働生活の質と量にかかわる新しい展開を期待することができよう．

なおこうしたシナリオの目的通りの実現には，少なくとも2つ条件が前提となっていることを指摘しておかなければならない．ひとつはすでに述べた性・就業時間等による処遇差別がないことである．第2はパートタイム労働の具体的就業方法である．オランダでのパート労働は日本での多くのケースのように1日の就業時間が短いということではない．パート労働での働き方にはいくつかのタイプのものがあり，個人が選択することができる．たとえば，週30〜35時間勤務＝4日勤務の「大パートタイム労働」と呼ばれるタイプでは，勤務日は家庭や個人の都合で選びながら，ジョブシェアリングをしているわけである．このほか週約20時間労働の「ハーフタイム労働」というパターンもある．こうした方法のパートの選択が可能なために子どものケアのための在宅を夫と分け合うこともできるのである．

3　新しいワークシェアリング概念と残された問題

オランダモデルは，「ワークシェアリングで分かち合うのは何か」について，

21世紀に国際的モデルとなりうる新しい概念の基盤を提起したといえよう．それは従来のわれわれの常識とはひどく異なったものかもしれないが，序章で示された意味での女性やマイノリティの参画可能性を踏まえて，次の3つの分かち合いを含めた設計を提起している．

a．労働者間のペイドワーク（有償労働）の分かち合い
b．各労働者の総労働時間内でのペイドワークとアンペイドワークの配分（分かち合い）
c．男女間・夫婦間もしくは国際間でのペイドワークとアンペイドワークの分かち合い

それでは企業の競争力はどうなのか？　オランダの奇跡は今のところ経済的安定にも前進があることを示している．また「持続可能な地球環境」が問題になっている折，世界中の企業が過剰な経済的利益のみを追求することには問題があるとも考えたい．

本章で残された問題としては，今ILOでも非正規雇用の分野にまで幅を広げて考え始められた「インフォーマル・エコノミーとディーセント・ワーク」の問題もある[7]．このことについては課題の名称の提示だけに留めて，別の機会に譲るが，女性や発展途上国の差別労働に関するものとして関心をもってもらいたいテーマである．

注

1) 労働大臣官房政策調査部編『ワークシェアリング　労働時間短縮と雇用，賃金』1990年
2) 山岡熙子『グローバリゼイション下の雇用の弾力化と非正規雇用』『女性と労働21』Vol.10, No.39, 2002年参照．
3) 山岡熙子『21世紀社会の構造と男女共同参画経営』千倉書房，2001年，第6章参照．また日経連労政部長小柳勝二郎「日経連が提唱する新雇用・処遇システム」『季刊労働法』179号参照．
4) 井田敦彦「オランダにおけるワークシェアリング」国立国会図書館調査及び立法考査局『外国の立法』No.211, February 2002年

5)「均等待遇とワークシェアリング 〜女たちのILO・オランダモデル調査報告書〜」均等待遇アクション2003事務局，2002年
6)長坂寿久『オランダモデル』日本経済新聞社，2000年，pp. 20-21
7)山岡熙子前掲「21世紀社会の構造と〜」，第5章第2節(4)，第8章第4節参照

参考文献

山岡熙子『新雇用管理論 女子雇用管理から生活視点の人材活用経営へ』中央経済社，1995年

林雅彦・遠藤希代子，フランス緊急報告「週35時間労働制がもたらした影響」JIL『海外労働時報』No. 321，2002年

Meier, G. S., *Job Sharing A new pattern for quality of work and life,* The W. E. Upjohn Institute, 1979.

ダグラス・ラミス／斎藤茂男「ナゼ日本人は死ヌホド働クノデスカ？」岩波ブックレット No. 198，1991年

Visser, J. & A. Hemerijck, *A Dutch Miracle Job Growth, Welfare Reform and Corporatism in the Netherlands,* Amsterdam University Press, 1997.

索　引

あ　行

IMF経済危機 …………………………81
ILO 123号勧告 …………………………6
ILO第156号条約 ………………………15
ILOパートタイム労働条約 …………209
アイデンティティ ……………………137
　　──の確立 ………………………135
IBM ………………………………22, 23, 99
アファーマティブ・アクション
　　………………………9, 12, 20, 22, 86, 95
アメニティ ……………………………200
アンペイド・ワーク
　　…………………18, 28, 161, 190, 192, 195, 219
EEOC ……………………………………94
育児および介護休業制度 ……………121
育児・介護 ……………………………192
育児・介護休業法 …………………11, 13
育児・介護休業者職場復帰プログラム
　実施奨励金 …………………………175
育児・介護費用安定助成金 …………175
育児・介護費用助成金 ………………175
育児・介護ホームオフィス制度 ……159
育児休業 …………………………………11
育児休業代替要員確保等助成金 ……175
育児休業法 ………………………………30
育児休業制度 …………………………45, 80
育児休職奨励金 …………………………79
育児サポート制度 ………………121, 125
育児支援 ………………………………172
育児両立支援奨励金 …………………175
いじわる転勤型 ………………………119
伊勢丹 ……………………………………30
一斉入所 ………………………………173
一般職 …………………………………112
EU的グローバリズム …………………209
EUパート労働指令 ……………………211
イリイチ, I. ………………………193, 203, 204
インフォーマル・セクター（領域）……190
インフォーマル・エコノミー ………221
ヴァナキュラーナ領域 ………………193
ウィメンズ・カウンシル（JWC）→ジャパ
　ン・ウィメンズ・カウンシル
請負単価 ………………………………164
エイボン …………………………………31

駅前・駅型保育所 ……………………174
エグゼンプト社員 ……………………157
エトワール海渡 ……………………179, 183
NGO団体 ………………………………216
NGOフォーラム …………………………3
M字型カーブ ……………………………57
エンパワーメント ………………………13
親時間制度 ………………………………45
オランダモデル ……………………211, 217

か　行

介護休業制度導入奨励金 ……………175
介護勤務時間短縮等奨励金 …………175
解雇差別 …………………………………84
解雇差別違反 ……………………………83
会社人間 …………………………………64
カウンセリング ……………………139, 143
家事労働 ……………………………193, 195
家族の責任 ………………………6, 41, 192
カタリスト ………………………………96
カタリスト賞 ……………………………96
家庭責任を持つ婦人の雇用に関する勧告
　……………………………………………7
ガラスの天井 ………………10, 90, 91, 97
看護休暇制度導入奨励金 ……………175
間接差別 …………………………10, 13, 39
カンター, R. ………………………………i
機会均等2000年賞 ………………………95
基幹職 …………………………………116
基幹労働者 …………………………117, 172
企業内異動 ……………………………123
企業内保育所 …………………………174
疑似専業主婦 …………………………202
基準賃金性 ……………………………167
規制緩和 ……………………………14, 208
基本法 …………………………………12, 13
キャリア ………………………………131
キャリア・カウンセリング …………147
キャリア形成 ………………………130, 133
キャリア・パターン ………………131, 132
キャリア・モデル ……………………145
QWL（労働生活の質） ………………155
教育訓練 ……………………………123, 146
キリン型 …………………………………63
緊急避難型 …………………………209, 214

均等法 …………………………………85
勤労基準法 ……………………………74,78
クォータ制 ……………………………42,43,48
グラス・シーリング
　…………………………89,90,95,101,102,105
グラス・シーリング委員会 ……………94,95
グラス・シーリング委員会報告書 ………97
グラス・シーリング法 ……………90,94,99
グローバリゼーション ………17,86,208,209
グローバル化 …………………3,20,97,105,190
グローバル経済 ………………………190
グローバル・スタンダード ……………5,85
ケア・エコノミー ………………………220
ケアワーク ……………………………198,199
経営の知識集約化 ……………………153
経済のグローバル化 …………………207
契約社員 ………………………………15,214
契約職 ……………………………………81
コア人材 ………………………………113
高学歴女性 ………………60,63,67,68,69
広義の世界女性行動計画 ………………3
工業化社会 ……………………………200
公正労働基準法 ………………………157
公民権法 ………………………………20
　1991年公民権法 ………………………94
公民権法第7編 …………………………94
国際婦人年 ……………………………2
国民経済系計算体系 …………………192
国連女性の10年 ……………………2,3,4
国連女性の10年後半期プログラム ……7
コース別雇用管理 ………………………13
コース別雇用管理制度 ………111,116,121
国家賞 ……………………………………95
個の尊重 ………………………………161
雇用型テレワーク ………………………155
雇用機会均等委員会 …………………185
雇用機会均等法制 ………………………39
雇用形態の多様化 ……………………192
雇用創出 ………………………………216
雇用調整 ………………………………213
雇用とケア法 …………………………220
コンビネーション・シナリオ ……………219
コンプライアンス ………………98,103,104

さ 行

再雇用制度 ……………………………180
再就職型 ………………………………132
在宅勤務 …………122,154,155,157,159,176
在宅勤務制度 …………………………159
在宅ワーク …………………………152,155,163
在宅ワーカー …………………………167
裁量労働制 ……………………………15,121
サテライト・オフィス …………………142,158
サービス産業 …………………………152
差別解雇 …………………………………81
差別禁止法 ………………………………85
差別から参画へ …………………………8
暫定的参画促進措置 ……………………9
JWC →ジャパン・ウィメンズ・カウンシル
ジェンダー ………21,23,32,67,68,97,102,105
ジェンダー・フリー ……………………2,5,68,99
時間短縮勤務 …………………………179
事業所内託児施設 ……………………175
事業所内託児施設助成金 ……………175
事業所内保育施設 ……………………174
仕事と家庭の両立 ……………113,133,157
シージーエム ……………………………54
市場経済 ………………………………201,202
　──の労働 …………………………197
市場経済主義 …………………………208
社会的責任投資 ………………………104
社会的マイノリティ ……………………10
シャドウ・ワーク ………………………204
ジャパン・ウィメンズ・カウンシル
　…………………………23,25,26,27,159
就業継続率 ……………………………118
就業形態 ………………………………152,153
就業者保護法 ……………………………40
(1985年) 就業促進法 …………………47
自由契約社員 …………………………166
終身雇用 ………………………………213
就労形態 ………………………………152,153
　──の多様化 ………………………154
主婦労働 ………………………………198
少子化対策プラスワン …………………185
少子高齢化 ……………………………203
昇進 ……………………………………118
昇進・昇格差別 …………………………83
情報化社会 ……………………………152
職業意識 ………………………………135
職業選択 ………………………………135
職場ストレス …………………………138
職場内セクハラ …………………………84
職場における男女平等待遇法 …………39
職場保育施設 ……………………………80
職務給 …………………………………157,167

女子再雇用制度 ……………………………30
女子差別撤廃条約 ……………………………5
女性管理職 ………………………………108
女性管理職数 ……………………………145
女性雇用管理基本調査 …………………108
女性総合職 ………………………………117
女性の基幹職化 …………………………110
女性のキャリア形成 ……………………130
女性の地位委員会 …………………………2
女性ホワイトカラー ……………………105
ジョブシェアリング …………………142,211
新国際経済秩序の確立 ……………………5
人事雇用管理システム …………………123
新総合職 …………………………………179
ステレオタイプ ……………………………99
生活（ライフスタイル）に合せた働き方
　…………………………………………161
成果主義 …………………………………125
生活水準 …………………………………200
正規雇用者 ………………………………156
正規労働者 ………………………………152
性差別 ……………………………………86
正社員代替 ………………………………214
制度的なメンタリング …………………145
性別役割分業 ………………………7,133,137
性別役割分業観 …………………………133
政労使ワークシェアリング検討会議 …214
世界行動計画 …………………………11,14
世界女性会議 ………………………………2
世界女性行動計画 ………………………2,5
セクシュアル・ハラスメント
　……………………………………13,40,41,43
世帯経済 ……………………………193,201
世帯経済労働 ……………………195,196,203
積極的改善措置 ……………………12,48,103
1991年公民権法第2編 ……………………94
1985年就業促進法 …………………………47
専業主婦 …………………………………197
専門職 ……………………………………118
総合職 ………………………………112,116
ソーシャル・サポート ………139,141,146
SOHO（独立自営労働者）
　………………………………152,154,163,166

た 行

第1次オイル・ショック …………………213
待機児童 …………………………………173
退職差別 ………………………………81,84
ダイバーシティ・マネジメント
　………………………………20,21,22,23,28,29,31,32
ダグラス＝有沢の法則 ……………………64
多様就業対応型 …………………………214
多様な価値観の導入 ………………………10
短時間勤務 ………………………………176
短時間社員制度 ……………………………17
男女共同参画 …………………………2,8,9,192
男女共同参画基本計画 ……………………11
男女共同参画計画 …………………………13
男女共同参画社会基本法（基本法）……11
男女共同参画2000年プラン ………………11
男女雇用機会均等法（均等法）
　…………………………………11,74,108,130
男女雇用平等法 ……………………74,84,85
男女差別禁止法 ……………………………74
男女平等法 …………………………………40
男女役割分担 ………………………………93
知識産業 …………………………………152
知識労働 …………………………………153
長期的人事戦略 …………………………160
長時間労働 ……………………………131,212
賃金差別 …………………………………83
ディーセント・ワーク …………………221
定年差別 …………………………………83
テレコミューティング …………………155
テレワーク …………………………151,155
転換差別 …………………………………83
同一（価値）労働同一賃金 ………39,142
独立自営労働者 …………………………163
トークン ……………………………92,105
トータル・イー・クオリティ ……………44

な 行

内部昇進 …………………………………110
ナイロビ将来戦略 …………………………4
二重保育 …………………………………174
日本IBM ………………………………24,25
日本型雇用慣行 …………………………109
日本雇用慣行 ……………………………213
日本的ワークシェアリング ……………214
日本テレワーク協会 ……………………156
認可保育所 …………………………173,174
ネットオフィス …………………………166
年功序列 …………………………………213
年齢階級別労働力率 ……………………130

は 行

配偶者手当 ………………………………202
配置転換 ……………………………118,123
配置・転換差別 ……………………………83

パイプライン	95, 98
バカロレア	54
派遣労働(者)	16, 152, 214
パタゴニア	177
バーチャル	163
パートタイマー	16, 132
パートタイム	37, 47, 51, 178
パートタイム・有期法	47
パートタイム労働	7, 50, 51, 217, 220
パート労働法	11, 46
パート労働者	152
ハーフタイム労働	220
バブル崩壊	158, 213
P&G	31
非雇用型テレワーク	155, 165
非正規雇用者	75, 214
非正規社員	16, 17
評価基準	139
評価方法	139
病児保育	181
平等参画	2
平等法	74, 75, 77, 78, 79, 81, 82, 83, 85, 87
ファミリー・フレンドリー	45, 99, 177
ファミリー・フレンドリー企業	12, 29, 175
フェミニズム	5
ブルーカラー	112
フルタイム	37, 47
フレックス	178
フレックスタイム(制度)	121, 142, 175, 179, 183
ペイ・エクイティ→同一(価値)労働同一賃金	
平均勤続年数	109
平均週間労働時間	133
米国IBM	24
ペイドワーク	161, 192
へき地保育所	174
ベネッセコーポレーション	29
ベビーホテル	174
ベンチャー企業	156, 163
ポジティブ・アクション	5, 9, 13, 14, 31, 39, 40, 43, 47, 70, 104
募集・採用差別	83
ホームターミナル制度	159
ボランタリー・セクター	204
ボランティア活動	191
ポルダーモデル	218
ホワイトカラー	112

ま行

マイノリティ	92, 96, 97, 98, 99, 216
マインドウェア	28, 31, 32
前川リポート	212
松下電器産業	30
民間保育施設	80
無認可保育所	174
名誉退職	81
メンター	93, 143
メンタリング	25, 142, 143, 147
メンタリング・プログラム	146
メンティ	143
モバイル	155
モリソン	90, 91

や行

有期雇用	15, 16
有期契約期間	15
有給産前産後休暇	78
幼児保育法	79

ら行

ライフスタイル	161, 193
ライフライン	200
連邦育児手当法	45
連邦平等法	40, 48
労使協議	210
労働環境	142
労働環境は改善	130
労働基準法	14, 74
労働時間短縮	210, 212
労働時間法	45
労働者派遣法	11, 16, 213
労働に合せた生活	161
ロール・モデル	143

わ行

分かち合い	5
ワークシェアリング	46, 142, 207
ワークスタイル	161
ワーク/ライフ・バランス	25, 26
ワッセナー合意	218

執筆者紹介 （執筆順＊は編者）

＊**山岡　熙子**（やまおか　ひろこ）（序章1・2，第11章）
1962年　一橋大学大学院商学研究科博士課程中退
　　　　山梨学院大学経営情報学部教授兼大学院公共政策研究学科教授を経て
現　在　東京都立商科短期大学名誉教授　　経済学博士
専門分野　経営社会学，労務管理論，女性労働論
主要著書　『21世紀社会の構造と男女共同参画経営』千倉書房　2001年
　　　　　『新雇用管理論―女子雇用管理から生活視点の人材活用経営へ』中央経済社　1995年
　　　　　『経営官僚制と人間問題』千倉書房　1986年

＊**筒井　清子**（つつい　きよこ）（序章3，第5章）
1960年　大阪大学大学院経済学研究科博士課程単位取得退学
現　在　京都産業大学経営学部教授
専門分野　経営学，人的資源管理論
主要著書　『男女共同参画と女性労働』（共著）ミネルヴァ書房　2000年
　　　　　『管理の基礎』（車戸實編）八千代出版　1986年
　　　　　『賃金管理』啓文社　1977年

馬越恵美子（まごし　えみこ）（第1章）
1998年　慶應義塾大学大学院経済学研究科修了
現　在　桜美林大学経営政策学部教授　　博士（学術）
専門分野　異文化経営論，国際経営学
主要著書　『異文化経営論の展開』学文社　2000年
　　　　　『心根〔マインドウェア〕の経営学』新評論　2000年

齋藤　純子（さいとう　じゅんこ）（第2章）
1979年　東京大学教養学部卒業
現　在　国立国会図書館調査及び立法考査局主査，亜細亜大学非常勤講師
専門分野　ドイツ研究，政治学，労働問題，女性学
主要著書・論文
　　　　「ドイツ自治体の男女平等政策：その法的根拠，政策内容，政策推進力」『女性学研究』
　　　　（10号）　2001年
　　　　「北欧諸国の男女平等政策―ノルウェー・スウェーデン・デンマークの場合―」（レファレンス556号）　1997年
　　　　『欧米における在住外国人の権利保障―特にその政治的社会的参加の権利をめぐって』平成4年10月　東京都議会議会局　1992年

Ben Abdelaziz Faten（ベン　アブデラジズ　フェテン）（第3章）
2002年　京都産業大学大学院経済学研究科博士課程修了
現　在　国連世界保健機関（WHO）神戸センター　テクニカルオフィサー　博士（経済学）
主要論文　Female Labor Force Participation and Education : A Comparative Study between Japan and Tunisia. 京都産業大学大学院博士論文

明　泰淑（ミョン　テスク）（第4章）
1998年　龍谷大学大学院経営学研究科博士課程修了
現　在　札幌大学経営学部助教授　　博士（経営学）
主要論文　『韓国の労務管理と女性労働』文眞堂　1999年
　　　　「韓国企業の女性労働」（藤井治枝・渡辺峻編著『各国企業の女性労働』）ミネルヴァ書房　1999年
　　　　「韓国日系企業における異文化コミュニケーション」（片岡信之・三島倫八編著『アジア日系企業における異文化コミュニケーション』）文眞堂　1997年

大内　章子（おおうち　あきこ）（第 6 章）
1999 年　　慶應義塾大学大学院商学研究科博士課程修了
現　　在　　三重大学人文学部講師　　博士（商学）
専門分野　　経営学，人的資源管理論
主要著書・論文
　　「アメリカ企業における賃金・報酬制度―1990 年代後半の動向を中心にして―」（廣石忠司・福谷正信・八代充史編『グローバル化時代の賃金制度』）社会経済生産性本部生産性労働情報センター　2002 年
　　「ウチ社会と女性―日本の企業経営の特質―」慶應義塾大学博士論文　1999 年

関口　和代（せきぐち　かずよ）（第 7 章）
2003 年　　亜細亜大学大学院経営学研究科博士課程修了
現　　在　　東京富士大学経営学部専任講師　　博士（経営学）
専門分野　　人事・労務管理，産業・組織心理学
主要著書・論文
　　「人材育成におけるメンタリング」亜細亜大学大学院博士論文　2003 年
　　「看護職のキャリア形成の促進要因に関する研究」『富士論叢』（第 47 巻第 2 号）東京富士大学　2002 年
　　「キャリア発達を促す諸要因に関する研究」『産業・組織心理学研究』（第 14 巻 1 号），産業・組織心理学会　2001 年

下崎千代子（しもざき　ちよこ）（第 8 章）
1980 年　　大阪市立大学大学院経営学研究科後期博士課程中退
現　　在　　神戸商科大学商経学部教授
専門分野　　労務管理
主要著書　　『新しい企業の経営課題』（共著）白桃書房　1996 年
　　『人事情報システム』日科技連出版社　1993 年
　　『現代企業の人間行動』白桃書房　1991 年

中村　艶子（なかむら　つやこ）（第 9 章）
1999 年　　同志社大学アメリカ研究科博士後期課程満期退学
現　　在　　同志社大学言語文化教育研究センター専任講師
専門分野　　アメリカ研究，女性労働
主要著書　　「日本多国籍企業におけるセクシュアル・ハラスメント問題」（守屋貴司・平澤克彦編『国際人事管理の根本問題』）八千代出版　2001 年
　　「アメリカ企業の働く女性」（柴山恵美子・藤井治枝編『各国企業の働く女性たち』ミネルヴァ書房）2000 年

服部　良子（はっとり　りょうこ）（第 10 章）
1984 年　　京都大学大学院経済学研究科博士課程単位取得退学
現　　在　　大阪市立大学生活科学部助教授
専門分野　　社会政策，女性労働論，アンペイド・ワーク経済論
主要著書・論文
　　「ケア・ワークとボランタリー・セクター」（竹中恵美子・久場嬉子編著『労働とジェンダー』）明石書店　2001 年
　　「労働力として質量ともに充実」（井上輝子・江原由美子編著『女性のデータブック　第 3 版』）有斐閣　1999 年
　　「家族的責任」（玉井金五・大森真紀編著『社会政策を学ぶ人のために』）世界思想社　1997 年

──── グローバル化と平等雇用 ────

2003年3月30日　第一版第一刷発行

編著者　筒井清子・山岡熙子
発行所　㈱学　文　社
発行者　田　中　千津子
　　　　東京都目黒区下目黒3-6-1　〒153-0064
　　　　電話03(3715)1501　振替00130-9-98842

落丁・乱丁本は，本社でお取替え致します。印刷／株式会社亨有堂印刷所
定価は売上カード，カバーに表示してあります。http://www.gakubunsha.com

©2003　Tutsui Kiyoko & Yamaoka Hiroko　Printed in Japan　　ISBN4-7620-1234-3